U0609326

中国核与辐射安全法规标准体系顶层设计

国家核安全局　主编

中国原子能出版社

图书在版编目（CIP）数据

中国核与辐射安全法规标准体系顶层设计 / 国家核安全局主编. —北京：中国原子能出版社，2020.12
ISBN 978-7-5221-1158-2

Ⅰ. ①中… Ⅱ. ①国… Ⅲ. ①核防护–安全法规–标准体系–中国②辐射防护–安全法规–标准体系–中国
Ⅳ. ①D922.54

中国版本图书馆 CIP 数据核字（2020）第 261251 号

中国核与辐射安全法规标准体系顶层设计

出版发行 中国原子能出版社（北京市海淀区阜成路 43 号 100048）
策　　划 王　青
责任编辑 蒋焱兰
装帧设计 崔　彤
责任校对 冯莲凤
责任印制 潘玉玲
印　　刷 河北文盛印刷有限公司
经　　销 全国新华书店
开　　本 787 mm×1092 mm 1/16
印　　张 22.75
字　　数 380 千字
版　　次 2020 年 12 月第 1 版 2020 年 12 月第 1 次印刷
书　　号 ISBN 978-7-5221-1158-2 定　价 **98.00** 元

网址：**http://www.aep.com.cn** **E-mail：atomep123@126.com**
发行电话：**010-68452845**
版权所有 侵权必究

《核与辐射安全法规标准体系顶层设计》

编　委　会

主　任　刘　华

副主任　郭承站　汤　搏　江　光

委　员　刘　璐　巢哲雄　郝晓峰　康玉峰

潘　苏　张志刚　俞　军　李京喜

陈建平　杨掌众　冯建平　任洪岩

康椰熙　周树勋

编　写　组

组　长　巢哲雄

副组长　李静云　董瑞林

成　员　孟　德　李　研　刘　一　孙业丛

胡　健　朱亚胜　梁雪元

序　言

党的十八大以来，全面依法治国新理念新思想新战略引领法治中国建设新征程。2017 年 9 月 1 日，习近平总书记签署 73 号主席令，发布了核安全领域的专门法——《中华人民共和国核安全法》，为建立层次清晰、科学有效、合理可行的核与辐射安全法规标准体系提供了基本遵循。

生态环境部（国家核安全局）在过去 30 多年的监管历程中，始终坚持以法规标准作为核与辐射安全监管的基本保障，充分借鉴国际先进经验，全面总结国内外核与辐射安全的良好实践，逐步构建了从高、从严的中国核与辐射安全法规标准体系，为确保核与辐射安全奠定了坚实的法治基础。“十四五”时期，是我国核能与核技术利用事业发展的关键时期，是实施核电“走出去”战略的重要机遇期，社会公众对核能发展的关注度也将不断提高，这些都对进一步健全核与辐射安全法规标准体系提出了更高的要求。

为贯彻落实习近平总书记全面依法治国新理念新思想新战略，依法保障核能核技术安全高效发展，生态环境部（国家核安全局）依据《中华人民共和国核安全法》，充分借鉴国际经验，充分结合我国国情，充分听取专家意见，充分反映业界需求，组织制定了《中国核与辐射安全法规标准体系顶层设计》，完善了核与辐射安全法规标准体系的施工图和路线图，为持续推进核安全治理体系和治理能力现代化提供法治基础。

未来，生态环境部（国家核安全局）将继续坚持依法治核，全面提升核安全监管法治化水平，全面提升核安全保障能力，全面推进核安全治理体系和治理能力现代化，为中国从核大国向核强国转变提供强有力的支撑。

生态环境部副部长

国家核安全局局长

2020 年 12 月

目　录

一、核与辐射安全法规标准体系顶层设计方案

核与辐射安全法规标准体系顶层设计方案

中国已经成为核能与核技术利用大国。截至 2020 年 12 月，我国共有运行核电机组 49 台、在建核电机组 13 台、现役民用研究堆 19 座、核燃料循环设施 19 座、在用放射源 14.6 万枚、射线装置 19.8 万台（套）、核技术利用单位 7.8 万家。核电机组运行数量世界第三，在建数量世界第一，总量世界第二。“十四五”时期，将是我国核能与核技术利用事业发展的关键时期，是实施核电“走出去”战略的重要机遇期，社会公众对核能发展的关注度也将不断提高，这些都对进一步健全核与辐射安全法规标准体系提出了更高的要求。

全面贯彻落实习近平总书记全面依法治国新理念新思想新战略，推进核安全治理体系和治理能力现代化，必须坚持依法治核，进一步完善与我国核能与核技术利用事业发展水平相适应的核安全法规标准体系，为核与辐射安全监管提供根本性、全局性、长期性的制度保障，依法保障核能与核技术利用事业安全高效发展。

生态环境部（国家核安全局）根据《中华人民共和国核安全法》的新要求，充分借鉴国际经验，充分结合我国国情，充分听取专家意见，充分反映业界需求，组织制定《中国核与辐射安全法规标准体系顶层设计》，进一步完善核与辐射安全法规标准体系提供路线图和施工图，为不断推进核安全监管体系与监管能力现代化提供了法治基础。

一、指导思想与工作目标

深入贯彻党的十九大精神和习近平总书记全面依法治国新理念新思想新战略，以总体国家安全观和“理性、协调、并进”的中国核安全观为指导，落实党中央、国务院决策部署，服务统筹推进“五位一体”总体布局和协调推进“四个全面”战略布局，满足核能与核事业安全高效发展的需要，承前启后，筑牢核安全法治防线，迎接新挑战，实现新作为，取得新成效。

构建新时期核与辐射安全法规标准体系，以核与辐射治理体系与治理能力现代化为目标，建立健全科学、系统的法律法规顶层设计，总结体系存在的突出问题，总结日本福岛核事故教训，汲取以国际原子能机构为代表的国际先进法规标准的经验，发挥法规标准顶层设计的规范、引领和支撑作用，使不同法规之间层级清楚、关系明确、定位清晰，提高可操作性和可适用性，为新时期核与辐射安全法规标准体系建设提供总蓝图、路线图、施工图。

二、核与辐射安全法规标准现状分析

我国的核安全法规标准体系由法律、行政法规、部门规章、标准和导则组成。通过全面仔细的梳理统计，现行的核与辐射安全法规共 131 项，其中《核安全法》《放射性污染防治法》等法律 2 项，《民用核设施安全监督管理条例》等行政法规 7 项、部门规章 27 项、导则 95 项。

现行有效核安全标准共 100 项，核安全标准又可分为国家标准（包括强制性国家标准和推荐性国家标准）、环境标准和行业标准三类。其中，强制性国家标准（GB）32 项、推荐性国家标准（GB/T）14 项、环境标准（HJ）32 项、能源标准（NB）22 项。

核与辐射安全法规标准数量统计图

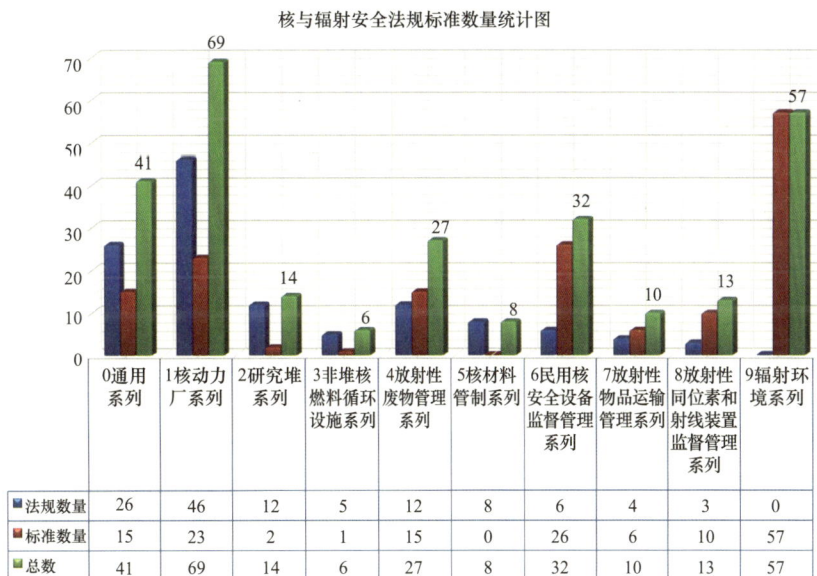

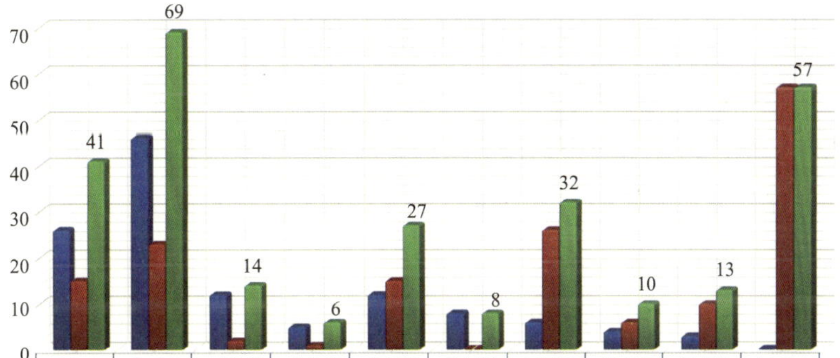

	0通用系列	1核动力厂系列	2研究堆系列	3非堆核燃料循环设施系列	4放射性废物管理系列	5核材料管制系列	6民用核安全设备监督管理系列	7放射性物品运输管理系列	8放射性同位素和射线装置监督管理系列	9辐射环境系列
法规数量	26	46	12	5	12	8	6	4	3	0
标准数量	15	23	2	1	15	0	26	6	10	57
总数	41	69	14	6	27	8	32	10	13	57

综合分析我国现行核安全法规标准体系，存在以下特点。

（一）体系框架比较科学

参照国际原子能机构的安全标准系列，结合我国数十年核安全工作实践，核与辐射安全法规有国家法律、国务院行政法规、部门规章、标准、导则等层次，基本形成五层金字塔结构；覆盖了核设施、核技术利用、放射性废物、放射性物品运输、核事故应急、核安全设备、核材料管制，为依法治核、保障我国核能与核技术利用事业安全高效发展起到了重要作用。

（二）制度设计卓有成效

现行法规标准体系考虑我国特殊国情，紧扣核安全主要矛盾，重点在核设施设计、运行安全规定中对严重事故形成了较为系统和全面的考虑，并且安排了较为严格的核安全设备管理要求。相对完善的核与辐射安全法规标准体系保障了我国核与辐射安全成果，自国家核安全局成立以来，未发生国际核事件分级表（INES）2 级及以上的安全事件或事故；全国辐射环境质量总体良好；环境电离辐射水平处于本底涨落范围内；核设施周围环境电离辐射水平总体无明显变化；环境电磁辐射水平总体情况较好；电磁辐射发射设施周围环境电磁辐射水平总体无明显变化。

（三）部分内容有待完善

一方面，法规标准绝大部分集中在核电厂方面，核燃料循环、核材料管制相关的法规标准相对较少，铀钍矿及伴生放射性矿开发利用、放射性物品运输、电磁辐射管理方面的缺项较多，相关制（修）订工作亟待开展。另一方面，技术项目内容不尽完备，可操作性不足，部分领域缺乏具体指导安全审评工作的导则和技术文件，审评工作不得不直接引用国外的核安全导则和标准，审评工作缺乏合法支撑。部分导则内容缺乏可操作性，对监管审评技术支撑力度不够。

（四）立法资源投入不足

现有 27 部规章中，20 世纪 90 年代制定的有 14 部，占 52%。95 部导则中，有 60 部是 20 世纪制定发布的，有 79 部导则是福岛核事故前发布的，而 IAEA 安全标准在福岛核事故后有 50 多部正在制定或者修订。我们对于标准导则的制（修）订工作资源投入明显不足，制（修）订工作进度明显滞后于 IAEA 安全要求制（修）订进度，中国标准导则编制或修订的经费、人力和物力的投入力度有待加大。

（五）国际经验转化不深

我国核与辐射安全部门规章和导则，与国际原子能机构的相关安全要求和技术导则在形式上、内容上基本一致，但在一定程度上也存在本土化不够彻底，实用性不足的现象。法规条目较“安全要求”更细，分类不如“安全要求”系统，可操作性不够、与实际有一定脱节。在实践过程中还发现，有的部门规章和导则在制定形式、发布程序和实质性内容三个方面与中国现行《立法法》《标准化法》《行政法规制定程序条例》《规章制定程序条例》等法律法规存在需要接轨的问题。这个问题也是世界上其他国家在引进吸收 IAEA 法规标准过程中普遍存在的问题。

我国核与辐射安全监管事业正处在重要的战略机遇期，同时也面临新形势新任务对核安全工作提出的新要求。因此，亟需开展核与辐射安全法规标准顶层设计研究，全面详尽梳理核与辐射安全法规标准，接轨国际先进核安全法规标准体系。

三、顶层设计原则思路

（一）坚持确保安全

以满足核与辐射安全监管工作实际为导向，充分征集业务部门在核与辐射安全监管实践中对法规标准的需求，充分发挥业务部门在法规标准制（修）订各个阶段中的积极作用，充分听取专家和监管对象的意见和建议，实现工作重心三个转变：从建设项目审评监督向保障核设施持续运行安全转变；从经验式监管向标准化规范化监管转变；从抓顶层设计向抓全面落实转变。

（二）坚持系统完善

落实《核安全法》的新要求，在系统梳理核与辐射安全现有的法规标准的基础上，重点补充完善放射性物品运输、放射性同位素和射线装置、铀钍矿及伴生放射性矿开发利用、核燃料循环以及电磁辐射管理领域的部门规章、导则和标准，同时加强对时效性不足的现行规章、导则和标准进行系统修订，及时跟进 IAEA 进行升版，不断完善核与辐射安全法规标准体系。

（三）坚持层次清晰

核与辐射安全法规标准体系严格按照国家法律、行政法规、部门规章、国家强制性标准、国家推荐性标准、核安全导则和行业标准以及技术文件组成的五层金字塔体系进行补充完善。加强研究论证，统筹兼顾，把具有制（修）订必要性、紧迫性、可行性，在法规标准体系中定位清晰、调整范围和主要内容明确、具有研究基础的项目列入顶层设计表。国际原子能机构有关选址、设计、运行、质保的规定明确对应为部门规章层级。

（四）坚持接轨国际

法规标准制（修）订既要充分体现我国核与辐射安全监管的实践经验，不断提高可操作性，又要充分吸取国际先进经验，与 IAEA 等国际先进安全标准接轨。跟进国际原子能机构法规标准的最新进展，在充分体现我国核与辐射安全监管实践经验的基础上，汲取国际先进经验，始终保持我国核与辐射安全法规标准体系与国际原子能机构先进的标准体系接轨，构建一套起点高、实用性强，既与国际先进水平接轨，又符合我国国情的核与辐射安全法规标准体系。

（五）坚持体系自洽

法规标准制（修）订必须以核与辐射安全法规标准体系建设为基础，注重全局谋划，加强合法性审查，保证法规标准制（修）订的合法性、保障整个法规标准体系的合理性、协调性。加强研究论证，提高核与辐射安全法规标准的指导性、实效性和自洽性，为推进核与辐射安全监管体系和监管能力现代化建设提供法制保障。

（六）坚持科学统筹

紧紧围绕核与辐射安全监管工作，根据现实工作需求，系统梳理核与辐射安全相关的部门规章、标准以及导则等，确定需要制（修）订的规章清单，需要修订、转化为标准的文件清单，需要新制定的标准清单，统筹制定核与辐射安全法规标准制（修）订清单，根据监管需要的轻重缓急，突出重点，合理确定规划制（修）订项目类别、数量和优先级别。定期更新发布中国核与辐射安全法规标准状态报告以及中国现行核与辐射安全法规标准清单。

四、核与辐射安全法规标准体系设计

（一）借鉴国际经验，确立五层金字塔结构

1. IAEA 安全标准五层金字塔

根据国际原子能机构（IAEA）标准体系图，国际原子能机构的标准分为 3 大层级、5 小层，包括安全原则、一般和特殊安全要求、一般和特殊安全导则。

IAEA 标准体系的第一层级是 1 部《基本安全原则》（Safety Fundamental，SF），系统介绍了保护核安全的基本安全目标和准则，目前《基本安全原则》的版本为 2006 年 11 月 7 日版，IAEA 出版号为 STI/PUB/1273。《基本安全原则》为 IAEA 标准体系第二大层级的《安全要求》（Safety Requirements，SR）提供了基础。

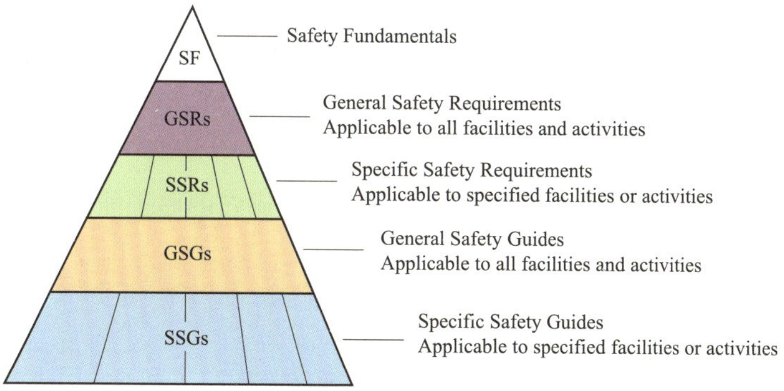

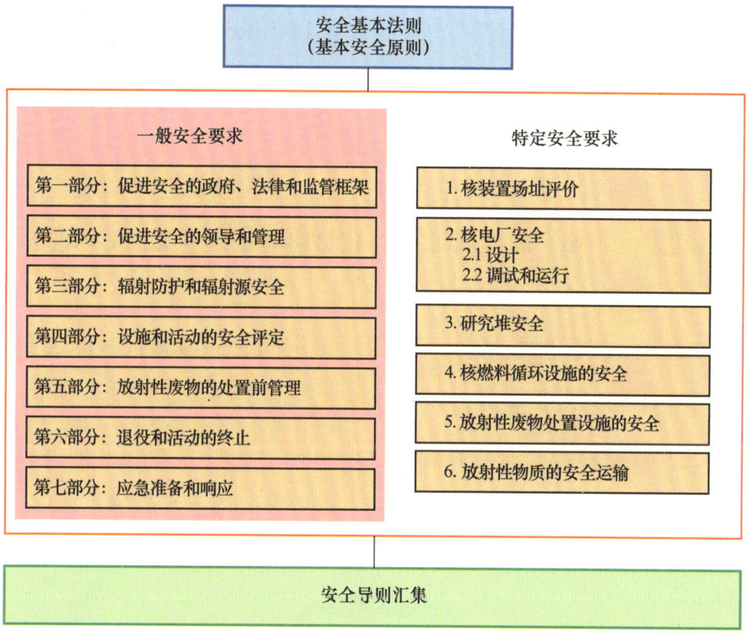

《安全要求》又分为两层，包括一般安全要求（General Safety Requirements，GSR）7 部，特殊安全要求（Specific Safety Requirements，SSR）7 部，这些标准作为完整且一致的系列文件，确立了必须满足的安全要求，受《基本安全原则》的目标和准则的约束，一般安全要求和特殊安全要求包括总体要求和相关要求。

IAEA 标准体系的第三大层级是《安全导则》(Safety Guides，SG)，提供有关如何遵守《安全要求》的建议和指导，表明国际上一致认为有必要采取建议的措施或等效的替代措施。

《安全导则》也分为两层，包括一般安全导则（General Safety Guides，GSG）24 部，特殊安全导则（Specific Safety Guides，SSG）95 部。这些安全导则介绍了国际良好实践，并越来越多地反映了最佳实践，以帮助用户努力实现更高的安全水平。

IAEA 在《原子能机构规约》中明确，IAEA 安全标准对成员国没有法律约束力，但成员国可自行酌定采用这些标准，以便在本国制定有关设施和活动的法规中参考使用。

2. 美国核安全法规标准体系

美国核安全法规标准框架以 1946 年 8 月 1 日颁布的原子能法为统领，分为五个层次。

第一层次为原子能法。

第二层次为联邦法规，其中第 10 部分“能源”规定了和平利用原子能通用的和特殊的原则和准则，具有法律效力。其中，10CFR50 中有 16 个附录，涉及生产和应用设施的执照发放的各个方面，附录 A 是通用设计准则 GDC。

第三层次为美国核管理委员会（NRC）制定的一整套的管理导则（R.G），它提供了符合法规要求的指导和可行的解决办法。美国核管会导则实施细则分成 10 个方面，包括动力反应堆、研究实验堆、核材料和核燃料装置、环境和场所等，与我国有相近的分类办法。

第四层次是美国核管理委员会（NRC）制定的有关参考性技术文件，主要有 NUREG 文件和 NUREG/CR 文件。

第五层次为美国核电标准和规范，属于与原子能有关的工业标准范畴，是具体贯彻法规和导则的技术文件，如 ASME、ANSI/ANS、ASTM、IEEE 等，主要由各行业协会和学会制定。

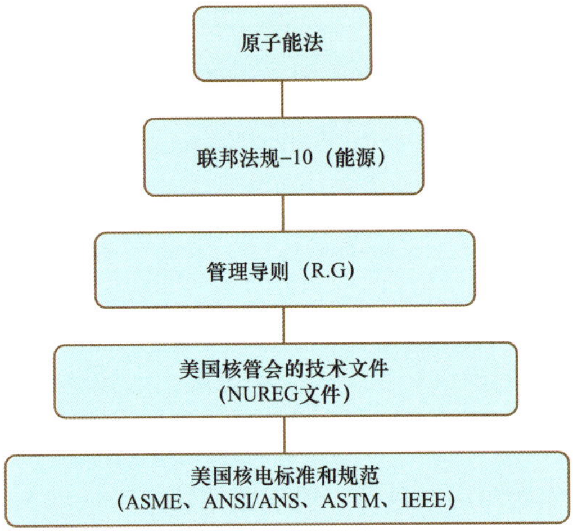

与中国不同的是，美国的强制性技术标准要求都在法律法规中制定，美国政府没有单独的标准审批机构，所以含有强制性技术标准要求的法律法规，在美国

称为“技术法规”。我国的强制性国家标准（GB）是强制性的技术标准要求，相当于美国的“技术法规”。

3. 中国核与辐射安全法规标准五层金字塔

一般而言，法律法规以及标准的发布程序，决定其法律效力的大小。例如，法律由全国人大或者全国人大常委会发布，主席签署主席令；行政法规由国务院发布，总理签署国务院令；规章由部委发布，部长签署部令。

根据 2018 年 1 月 1 日施行的新《标准化法》第 10 条的规定，强制性国家标准由国务院批准发布或者国务院授权的部门批准发布；推荐性国家标准由国务院标准化行政主管部门制定；行业标准由国务院有关行政主管部门制定，报国务院标准化行政主管部门备案。因此，根据发布程序，核安全强制性国家标准与部门规章处于相同层级，HJ 行业标准与核安全导则处于相同层级。

国际原子能机构的标准体系，对建立我国核安全法规标准体系具有借鉴意义。我国的法律和行政法规对应 IAEA 的《基本安全原则》（Safety Fundamental，SF），我国的部门规章和核安全标准对应 IAEA 的《安全要求》（Safety Requirements，SR），我国的核安全导则和 HJ、NB、EJ 等行业标准对应 IAEA 的《安全导则》（Safety Guides，SG）。

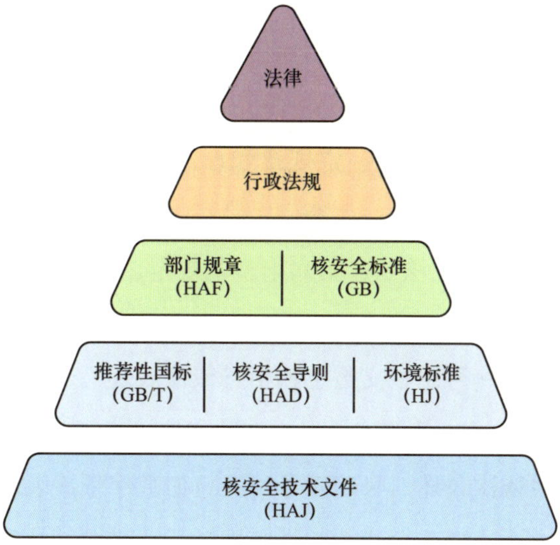

（二）沿用良好实践，厘清法规标准体例

HAF、HAD 法规体系是在吸收借鉴国际原子能机构的先进经验基础上，融合我国 30 多年核与辐射安全监管实践经验建立起来的，是业内共同遵循的重要法规标准，为保障核与辐射安全发挥了非常重要的作用。因此，总体上建议按照中国法规标准制（修）订相关的法律法规的要求，做到既吸收国际经验，又接轨中国实际，逐步完善现有 HAF、HAD 法规体系，继续发挥 HAF、HAD 法规体系的作用。

IAEA 在 2010 年发布的《核法律手册》中指出，核安全法规标准起草国不能照搬 IAEA 的标准体系，理由有三点：

一是 IAEA 标准可能包含与法规起草国国内法规框架矛盾或冲突的规定，如果没有透彻理解这些法规的含义，通常很难制定国内法规。

二是 IAEA 标准的翻译问题。外国术语对于希望适用或遵守国内法的人而言，可能是难以理解的或令人困惑的。

三是 IAEA 标准定期更新可能给直接引用这些标准的国家执行标准造成困扰。IAEA 标准对于监管者、许可证申请者和持有者，都不是简单易得，并可能受制于定期变化这一事实。

因此，IAEA 的《核法律手册》中明确，“法规标准起草国必须根据本国国情和本国法规标准制定的程序和体系，对 IAEA 提供的标准作出相应的调整，按照与本国法规框架相一致的方式重新组织 IAEA 法规的关键条款”。

按照 IAEA《核法律手册》的要求，结合中国法规标准制（修）订相关的法律法规的要求，我们进行了认真深入的研究，并咨询了曾经与我们遇到类似问题的中国民用航空局法规司和标准司，研究了民航局吸收联合国国际民航组织经验、接轨中国法律法规要求来制定规章和标准的经验，在体例方面，采取如下接轨方案。

在法规的形式方面，《立法法》第六十一条规定，“法律规范根据内容需要，可以分编、章、节、条、款、项、目。编、章、节、条的序号用中文数字依次表述，款不编序号，项的序号用中文数字加括号依次表述”。《行政法规制定程序条例》第六条规定，“章、节、条的序号用中文数字依次表述，款不编序号，项的序号用中文数字加括号依次表述，目的序号用阿拉伯数字依次表述”。

在标准的形式方面，核安全相关的强制性国标、推荐性标准以及 HAD 导则的编码方式（1.1，1.2 等顺序编码），都与中国标准制定相关法规规定的形式相同，已经接轨。

形式方面的接轨是一个容易解决的问题。建议下一步在制（修）订 HAF 规章过程中，我们可以按照《立法法》和《行政法规制定程序条例》的要求，规章条款的序号用中文数字依次表述，款不编序号，项的序号用中文数字加括号依次表述。强制性国标、推荐性标准以及HAD导则继续按照现行的方式编码即可。

（三）完善接轨方案，提升法规标准内涵质量

1. 法规与上位法接轨方案

规章方面，按照《立法法》《行政法规制定程序条例》和《规章制定程序条例》的要求，制定规章应当在规定管理相对人（例如，核电企业就是国家核安全局的管理相对人）履行的义务的同时，还要规定其相应的法律责任和处罚措施，因此规章对于管理相对人的要求具备约束性和后果性，并由国家强制力保证实施，因此还具有强制性。

中国民用航空局与核安全法规标准一样，民航相关法规标准也具有高度国际接轨的特点。多年前，中国民用航空局在吸收采纳联合国国际民航组织法规制定规章的过程中，也遇到了同样困扰，国际民航组织是没有强制力的国际组织，因此其制定的法规不会有法律责任条款，直接翻译国际民航组织制定的法规，不符合中国关于规章制定实质性内容方面的要求。

因此，民航局根据中国关于规章制定的实质性内容方面的要求，将国际民航组织法规做适应性修改，即吸收国际民航组织法规中的有效性条款，对其内容做出适合国情的规定，而不是照搬国际民航组织法规。同时，增加制裁性的内容，即在民航规章中增加了法律责任和处罚规定的内容。近年来，民航局在消化吸收国际民航组织法规的基础上，已经发布了217项部门规章。

建议借鉴民航局制定规章的经验，解决HAF规章对应为部门规章的问题，下一步在对《核电厂厂址选择安全规定》（HAF101）、《核动力厂设计安全规定》（HAF102）、《核动力厂运行安全规定》（HAF103）以及《核电厂质量保证安全规定》（HAF003）等HAF规章的修订过程中，适当加入对核电厂的相关法律责任和处罚规定的内容，满足中国对部门规章的要素要求，以部门规章的形式发布。

导则方面，因为《核安全导则》是具有核与辐射安全监管特色的文件，与上位法没有冲突，建议继续沿用，保持稳定性。30多年核与辐射安全监管实践证明HAD具有足够的权威性和有效性，业内对HAD已达高度共识并遵守。《核与辐射安全导则》的审批程序决定其法律效力与HJ标准一样，可以和HJ标准一样以生

态环境部公告的形式发布。

2. 标准与上位法接轨方案

《核安全法》第二条规定“在中华人民共和国领域及管辖的其他海域内，对核设施、核材料及相关放射性废物采取充分的预防、保护、缓解和监管等安全措施，防止由于技术原因、人为原因或者自然灾害造成核事故，最大限度减轻核事故情况下的放射性后果的活动，适用本法。”第八条第二款规定“国务院有关部门按照职责分工制定核安全标准。核安全标准是强制执行的标准”。

《标准化法》第二条规定“本法所称标准，是指农业、工业、服务业以及社会事业等领域需要统一的技术要求”。第十条规定“对保障人身健康和生命财产安全、国家安全、生态环境安全以及满足经济社会管理基本需要的技术要求，应当制定强制性国家标准”。《标准化法》还明确，国家标准分为强制性标准和推荐性标准，行业标准是推荐性标准。

因此，核安全标准的定义应为对核设施、核材料及相关放射性废物采取充分的预防、保护、缓解和监管等安全措施，需要统一的技术要求，并且是强制性的国家标准。这是界定和划清核安全标准与其他核工业标准或行业标准的界线。核安全标准具有以下特征：一是涉及对象为核设施、核材料及相关放射性废物；二是采取统一的技术要求，对涉及对象采取充分的预防、保护、缓解和监管等安全措施；三是涉及对象与人身健康、生命财产安全、国家安全、生态环境安全和经济安全直接相关；四是强制性国家标准。

根据新《标准化法》的分类，核安全标准体系中，强制性国家标准即 GB、推荐性国家标准即 GB/T、推荐性行业标准即 HJ、NB、EJ 等。此外，部分标准制（修）订年代久远，随着科技进步，现有标准中有的技术已经不能满足当前工作的需要。而且由于过去对于强制性标准和推荐性标准的分类并不是特别清楚，造成有些方法性标准制定为强制性标准，有些应该制定为强制性标准的，却制定为推荐性标准。因此，应当按照新《标准化法》的要求，加快制（修）订一批满足核与辐射安全监管新形势、新要求的标准。

（四）规范工作程序，理顺法规标准制（修）订机制

1. IAEA 安全标准制（修）订工作程序

IAEA 安全标准委员会（CSS）是由政府高级官员组成的常设机构，负责制定与核、辐射、运输和废物安全相关的标准和其他监管文件，对机构安全标准综合

审查，并就安全监管方面的总体方案向总干事提供咨询。

IAEA 安全标准委员会（CSS）职能包括：

一是就制定机构安全标准的方法和策略提供指导，特别是为了确保标准之间的连贯性和一致性；

二是解决涉及机构安全标准准备和审查过程的委员会提交给它的未解决的问题；

三是按照机构审查过程要求，将安全标准、安全原则和安全要求的文本提交给理事会批准，确定安全标准发布的适用性和权威性；

四是就安全标准问题、相关监管问题以及机构的安全标准活动和相关计划，包括促进标准在全球范围内的应用，提供建议和指导。

IAEA 安全标准委员会（CSS）下设应急准备和响应标准分委会、核安全标准分委会、辐射安全标准分委会、运输安全标准分委会、废物安全标准分委会等五个分委会，《安全原则》和《安全要求》是经过理事会批准制定，《安全导则》经总干事批准，由副总干事牵头制定，按照 14 步流程开展安全标准的制（修）订工作：

步骤 1：准备草案大纲；

步骤 2：内部审查草案大纲；

步骤 3：审查委员会制定的草案大纲；

步骤 4：审查安全标准委员会制定的草案大纲；

步骤 5：起草安全标准草案；

步骤 6：对安全标准草案的第一次内审；

步骤 7：委员会对安全标准草案的第一次审查；

步骤 8：向成员国征求意见；

步骤 9：讨论成员国的意见；

步骤 10：对安全标准草案进行第二次内审；

步骤 11：委员会对安全标准草案的第二次审查；

步骤 12：审查安全标准委员会的安全标准草案；

步骤 13：纳入 IAEA 安全标准体系；

步骤 14：正式发布安全标准。

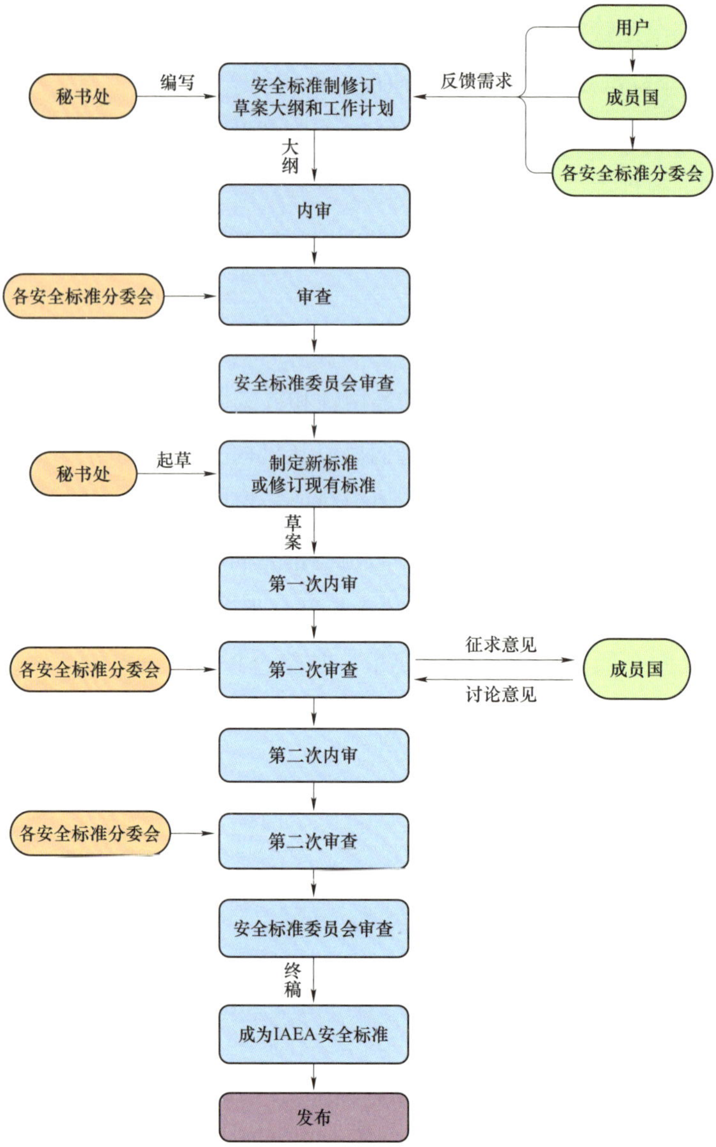

2. 中国法规制（修）订工作程序

《立法法》第八十四条规定“部门规章应当经部务会议或者委员会会议决定”，第八十五条规定“部门规章由部门首长签署命令予以公布”。据此，部门规章应当经部务会审议通过后，以“部令”的形式发布。

现行 HAF 法规体系中有多个规章是 90 年代以“国核安法字”文件形式发布的，因为当年我国还没有制定《立法法》《行政法规制定程序条例》以及《规章制定程序条例》，对于法规发布程序没有严格的要求。

根据现行《立法法》《行政法规制定程序条例》《规章制定程序条例》以及《环

境保护法规制定程序办法》的要求，不以“部令”形式发布的文件，从立法形式上判断，依法不能认定为部门规章。

因此，在规章发布程序方面的接轨，是一个容易解决的问题。对于规章的发布程序，最近几年出台的法律法规都做出了明确的规定。下一步，我们在规章制（修）订的过程中，按照法律法规规定的程序发布即可。导则由国家核安全局自行编制发布，可沿用当前工作程序。

根据《核与辐射安全法规制（修）订工作指南》，规章制（修）订流程如下。

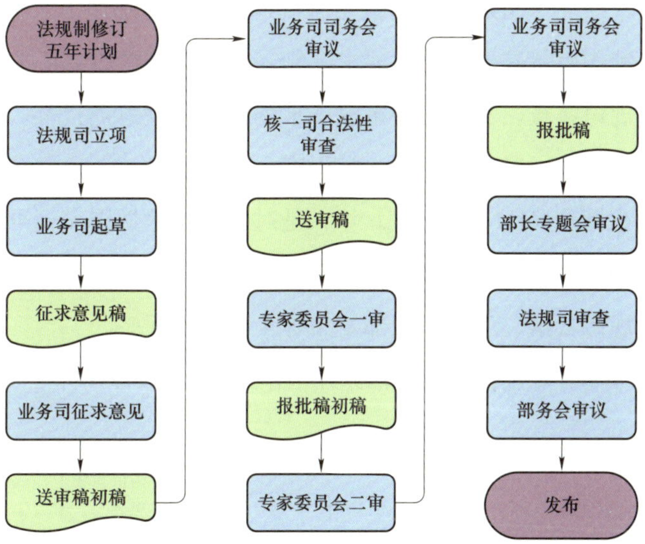

根据《核与辐射安全法规制（修）订工作指南》，导则制（修）订流程如下。

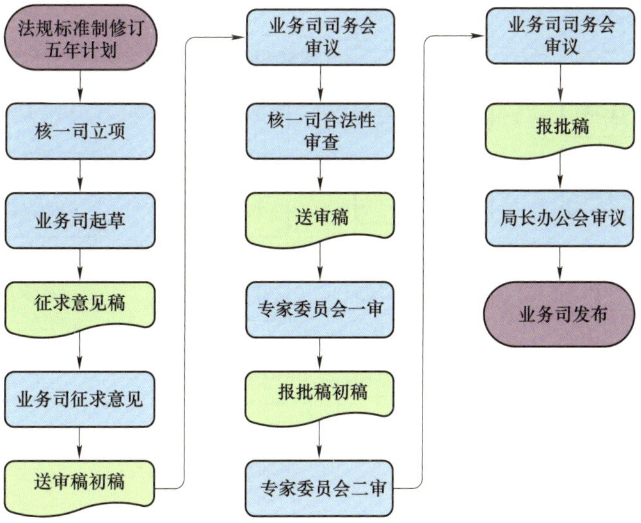

3. 中国标准制（修）订工作程序

核安全领域主要涉及强制性国家标准、推荐性国家标准和行业标准，除了强制性国家标准（GB）以外的标准，都是推荐性标准。

强制性国家标准（GB）是对保障人身健康和生命财产安全、国家安全、生态环境安全以及满足经济社会管理基本需要的统一的技术要求，制（修）订需经过司务会审查、部长专题会审议、法规司审查、部常务会审议、市场监督管理总局批准、生态环境部和市场监督管理总局共同发布等 6 项主要程序。

推荐性国家标准（GB/T）是对满足基础通用、与强制性国家标准配套、对各有关行业起引领作用等需要的技术要求，制（修）订需经过司务会审查、部长专题会审议、法规司审查、部常务会审议、市场监督管理总局批准、生态环境部和市场监督管理总局共同发布等 6 项主要程序。

推荐性行业标准（HJ、NB、EJ 等）是对没有推荐性国家标准、需要在全国某个行业范围内统一的技术要求。HJ 标准制（修）订需经过司务会审议、局长办公会审议、法规司备案、生态环境部发布等 4 项主要程序。

根据《核与辐射安全标准制（修）订工作指南》，推荐性标准制（修）订流程如下。

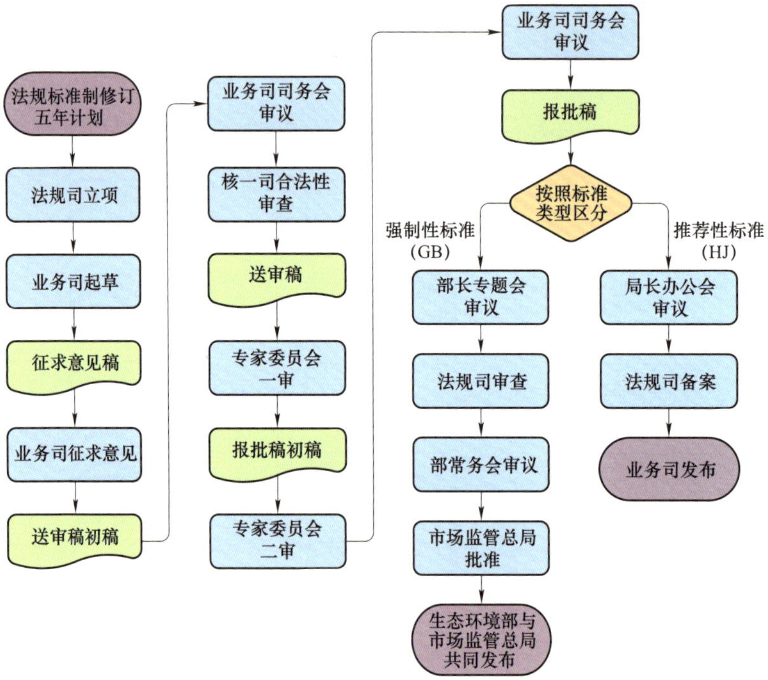

核安全标准是贯彻落实和细化核安全法律法规要求的技术规范，是开展核与

辐射安全审评、监督、监测以及执法等工作的具体依据和尺度。《核安全法》规定，核安全监管要以核安全标准为技术依据。我国一直以核安全监管以导则作为主要的监管依据，发挥了标准的作用。

随着中国在标准制（修）订方面的法律制度的变化，核安全导则的法律效力有限，不利于核安全监督执法工作的有效展开。特别是为落实核安全法要求，保障核安全监管工作顺利开展，迫切需要把核安全导则中涉及到技术要求的内容转换为核安全标准，涉及到管理方面的内容转换为核安全规章。

（五）满足工作需求，稳步推进法规标准制（修）订工作

1. IAEA 安全标准制（修）订项目概览

1974 年，IAEA 启动核安全标准（NUSS）计划以来，历经以下阶段。

一是创立阶段。1974 年 9 月，为完成计划，成立了由 IAEA 13 个成员国的监管人员组成的高级咨询组，并核准五个领域的文件草案后递交总干事，包括：政府组织、选址、设计、运行和质量保证等 5 个方面，为每个领域制定一个称作“规范”的具体标准。但尚未体现系统性和完整性。

二是维护阶段。1985 年完成了第一套文件，形成 15 份安全规范和 55 种“安全导则”。1988 年成立核安全标准咨询组（NUSSAG）以监督文件的维护。初期活动之一是制订一份覆盖整个核安全标准计划的文件，该文件成为 IAEA“安全丛书”中第一份“安全基本原则”文件，并成为起草《核安全公约》的基础。这些文件不是也不能代替技术标准和技术程序，只是说明什么是判断有关核动力厂安全的设计概念是必须考虑的，是一种参考性的文件。

三是发展阶段。在 20 世纪 90 年代中期，IAEA 开始对其安全标准计划进行大检查，包括修改监督委员会的结构和确定旨在更新整套标准的系统方案，已经形成的新标准具有高水准并且反映成员国的最佳实践。IAEA 核准出版了若干“安全基本法则”类安全标准，如 1993 年 6 月发布的《核设施安全的安全标准》、1995 年 3 月发布的《放射性废物管理安全的安全标准》、1995 年 6 月发布的《辐射防护和辐射源安全的安全标准》等。

四是推广阶段。2000 年，秘书处启动编写一套统一的原则文本的工作。《基本安全原则》草案文本是在寻求广泛国际一致意见的基础上制订的，目的是确保《基本安全原则》能够为原子能机构的所有成员国所遵循。协助成员国适用安全标准和评价其有效性。这些安全服务能够有助于共享真知灼见，IAEA 继续促请所

有成员国都能利用这些服务。

五是强化阶段。2011 年福岛核事故发生后，IAEA 采取了强化核安全标准的行动，对标准体系进行全面修订。2011 年 6 月 20 日，IAEA 在维也纳召开了为期 5 天的部长级国际核安全大会。召开此次大会的目的是总结日本福岛核电站事故的教训，探讨加强国际核安全体系的途径。会议期间，各国代表就强化核安全标准、在核安全领域加强国际协调与合作、加强相关信息透明与交流等方面阐述了各自的立场。IAEA 的成员国通过了大会宣言，强调了来自日本以及 IAEA 对于开展综合的和充分透明的福岛核电站事故评估的需求，包括对相关的 IAEA 安全标准的评估，以便能从中吸取教训。

在福岛核事故后，IAEA 共修订安全标准 51 部：7 部一般安全要求中的 6 部完成了升版，占比 86%；7 部特殊安全要求中的 7 部完成了升版，占比 100%；24 部一般安全导则中有 4 部完成了升版，占比 16%；95 部特殊安全导则中有 38 部完成了升版，占比 40%。详细情况见下表。

	一般安全要求	特殊安全要求	一般安全导则	特殊安全导则
标准总数	7	7	24	95
修订数	6	7	1	38
修订率	86%	100%	16%	40%

从 2014 年至 2019 年 5 年间，IAEA 共修订了安全标准 32 部：其中 7 部一般安全要求中的 6 部完成了升版，占比 86%；7 部特殊安全要求中的 6 部完成了升版，占比 86%；一般安全导则中有 1 部完成了升版，占比 4%；95 部特殊安全导则中有 19 部完成了升版，占比 20%。详细情况见下表。

	一般安全要求	特殊安全要求	一般安全导则	特殊安全导则
标准总数	7	7	24	95
修订数	6	6	1	19
修订率	86%	86%	4%	20%

目前，IAEA 计划制定 133 部标准，现已制定发布 124 部，目前有 56 部正在制定流程中，其中 45 部处于修订状态，91%的标准已经制定，41%的现有标准正在修订中。

2. 我国核与辐射安全法规标准制（修）订项目设计

我国 HAF 规章中，90 年代制定的共 14 部，占 52%，福岛前发布的共 19 部，占 70%，2000 年—2009 年制定或修订 4 部，2010 年至今制定或修订 9 部。

在标准方面，我国核安全相关标准中 GB 所占比例仅为 21.9%，且主要集中在辐射环境领域，核电厂、核设备和放射性废物管理等领域 GB 标准较为缺失，大部分标准都以推荐性国家标准、环境标准和行业标准存在，按照新《标准化法》的规定，推荐性国家标准、环境标准和行业标准的法律效力有限，在实际使用中并不做强制要求。

经过充分征集业务部门的工作需求，充分听取专家学者和监管对象的意见和建议，拟定了中国核与辐射安全法规标准顶层设计表，分别对 10 个领域需要制（修）订的法规、标准、导则等项目做了详细的设计。

在通用系列，一是根据《核安全法》要求，强化各核设施营运单位落实核安全主体责任要求，强化相应的安全评价、资源配置和财务能力，必要的技术支撑、持续改进的能力以及应急响应能力和核损害赔偿财务保障能力，优先修订《核动力厂营运单位的应急准备和应急响应》（HAD002/01—2010）、《研究堆应急计划和准备》（HAD002/06—1991）、《核燃料循环设施营运单位的应急准备和应急响应》（HAD002/07—2010）和《核临界事故剂量测定》（GB/T 15847—1995）。二是落实《核安全法》配套制度，制定规划限制区管理制度、放射性废物处理许可制度，升级核安全许可证管理制度、信息公开制度等方面法规，优先制定《核安全信息公开办法》，修订《核电厂营运单位报告制度》（HAF001/02/01—1995）、《研究堆营运单位报告制度》（HAF001/02/02—1995）、《核燃料循环设施的报告制度》（HAF001/02/03—1995）和《核电厂操纵人员执照颁发和管理程序》（HAF001/01/01—1993）。三是完善质保安全法规，充分消化吸收 GSR PART2—2016 等国际上最新版本的管理体系规范标准中的相关要求，制定《核动力厂管理体系安全规定》，参照我国现有核安全规范的格式和内容，修订《核电厂质量保证安全规定》（HAF003—1991）。

在核动力厂系列，根据工作需要和国际安全标准更新情况，一是修订《核电厂厂址选择安全规定》（HAF101—1991）及其出台时间较为久远的配套系列导则《核动力厂地震危险性评价》（HAD101/01—1994）、《核电厂厂址选择的大气弥散问题》（HAD101/02—1987）、《核动力厂厂址选择及评价的人口分布问题》

（HAD101/03—1987）、《核动力厂厂址评价中的人口分布问题》（HAD101/04—1989）、《核动力厂厂址选择与水文地质的关系》（HAD101/06—1991）、《核电厂厂址查勘》（HAD101/07—1989）、《滨河核动力厂厂址的洪水灾害》（HAD101/08—1989）、《滨海核动力厂厂址设计基准洪水的确定》（HAD101/09—1990）、《滨海核动力厂厂址设计基准洪水的确定》（HAD101/10—1991）、《核动力厂运行安全规定》（HAF103—2004）、《核动力厂厂址设计基准热带气旋》（HAD101/11—1991）、《核动力厂地基的岩土工程问题》（HAD101/12—1990），制定《核动力厂厂址评价中的火山危害》；二是在设计方面实现福岛后新建核电厂安全目标，完善《核动力厂设计安全规定》（HAF102—2004）配套系列导则，修订《核动力厂的抗震设计与鉴定》（HAD102/02—1996）、《核动力厂结构、系统和部件的安全分析》（HAD102/03—1986）、《核电厂内部飞射物及其二次效应的防护》（HAD102/04—1986）、《与核电厂设计有关的外部人为事件》（HAD102/05—1989）、《核动力厂反应堆安全壳和有关系统的设计》（HAD102/06—1990）、《核动力厂堆芯的设计》（HAD102/07—1989）、《核动力厂反应堆冷却剂系统及有关系统的设计》（HAD102/08—1989）、《核电厂最终热阱及其直接有关的输热系统》（HAD102/09—1987）、《核电厂保护系统及有关设施》（HAD102/10—1988）、《核动力厂火灾和爆炸物防护的设计》（HAD102/11—1996）、《核动力厂辐射防护设计》（HAD102/12—1990）、《核动力厂电源系统设计》（HAD102/13—1996）、《核动力厂仪表和控制系统的设计》（HAD102/14—1988）、《核动力厂燃料装卸和贮存系统设计》（HAD102/15—2007），制定《核动力厂确定性安全分析》《核动力厂 1 级概率安全分析》《核动力厂 2 级概率安全分析》等安全分析方面导则，引入“风险指引”型监管思想；三是修订《核动力厂运行安全规定》（HAF103—2004）及其配套系列导则，修订《核电厂调试程序》（HAD103/02—1987）、《核电厂堆芯和燃料管理》（HAD103/03—1989）、《核动力厂运行辐射防护》（HAD103/04—1990）、《核电厂在役检查》（HAD103/07—1988）、《核电厂维修》（HAD103/08—1993），制定《核动力厂修改》《核动力厂运行经验反馈》《核动力厂运行管理》《核动力厂网络安全》等相关导则，落实经验反馈制度，加强核电厂网络安全。

在研究堆系列，一是针对我国研究堆的堆型、用途、功率水平、设计原理、运行方式、安全特性等具有多样性的特点，基于研究堆安全分类的原则，体现不同类别研究堆的不同安全措施，修订《研究堆设计安全规定》（HAF201—1995）、

《研究堆安全分析报告的格式与内容》（HAD201/01—1996）和《研究堆运行安全规定》（HAF202—1995）。二是根据我国研究堆的安全监管实践，借鉴国际原子能机构的相关安全标准，对研究堆运行中的辐射防护、老化管理等方面进行补充，制定《研究堆运行限值和条件及运行规程》《研究堆设计和运行中的辐射防护》和《研究堆老化管理》。

在非堆核燃料循环设施系列，参考国际原子能机构核燃料循环系列安全标准进展情况及我国多年审评监督需要，一是修订原有《民用核燃料循环设施安全规定》（HAF301—1993）及其配套导则《乏燃料贮存设施的设计》（HAD301/02—1998）《乏燃料贮存设施的运行》（HAD301/03—1998）《乏燃料贮存设施的安全评价》（HAD301/04—1998）；二是制定《核燃料元件制造设施的安全》《铀纯化转化浓缩设施的安全》《核燃料后处理设施的安全》《核燃料循环设施流出物排放管理》《（后处理设施执业人员）摄入放射性核素引起的职业照射评估》，补足缺项，加强安全管理；三是修订《核燃料循环设施放射性流出物归一化排放量管理限值》标准，加强流出物管理。制定《核燃料循环前端设施安全分析报告的标准格式与内容》《核燃料循环前端设施选址阶段安全分析报告的格式与内容》等相应标准，提供有关报告格式与内容指导，提升规范化管理程度。

在放射性废物管理系列，一是修订《放射性固体废物贮存和处置许可管理办法》（HAF402—2013），体现放射性废物贮存和处置设施特点；二是加强核设施退役安全管理和废物治理，制定规章《核设施退役管理办法》《放射性废物安全管理办法》，修订《铀钍矿矿冶放射性废物安全管理技术规定》（GB 14585—1993）。完善《放射性废物安全监督管理规定》（HAF401—1997）配套导则，制定《核设施流出物审管控制》《放射性废物处置前管理的安全全过程系统分析和安全评价》《放射性废物的贮存》《放射性废物地质处置设施》《加工、处理和贮存放射性废物的质量管理》《医疗、工业、农业、研究和教学应用中产生的放射性废物管理安全》《核设施放射性废物处置前管理》《放射性废物处置的质量管理》《实践终止后场址审管控制的解除》《核燃料循环设施的退役》《生产、使用放射性物质或使用射线装置的医学、工业和研究设施的退役》《核设施退役的安全评价》《核技术利用放射性废物最小化》《放射性废物近地表处置安全全过程系统分析和安全评价》《近地表放射性废物固体废物处置设施安全分析报告标准格式与内容》，体现废物最小化、废物中等深度处置和清洁解控等新理念新要求，提高放射性废物管理水平；

三是按照福岛后监管工作新要求，制（修）订《放射性废物近地表处置场的环境影响评价报告标准格式与内容》《低、中水平放射性废物近地表处置场环境辐射监测的一般要求》（GB/T 15950—1995），完善环境辐射监测方面的标准。

在核材料管制系列，进一步做加强涉核反恐防范、核设施实物保护和核材料管制方面的工作。由于发布时间较早，相关法律法规不能满足当前实际需要，建议修订《中华人民共和国核材料管制条例》和《中华人民共和国核材料管制条例实施细则》（HAF501/01—1990）；修订《低浓铀转换及元件制造厂核材料衡算》（HAD501/01—2008），制定导则《核设施实物保护视频监控系统》和《铀浓缩厂核材料衡算》《后处理设施核材料衡算》，填补缺项，加强核设施实物保护。

在核安全设备监督管理系列，一是制定和完善核安全设备鉴定管理要求和制造活动关键工艺要求，完善核电厂在役检查无损检验技术能力验证体系，修订《民用核安全设备设计制造安装和无损检验监督管理规定》（HAF601—2007），制定导则《民用核安全设备质量保证管理要求》《民用核安全电气设备的核安全基本要求》《民用核安全机械设备的核安全基本要求》《民用核安全设备可靠性管理要求》《民用核安全设备活动单位的质量保证大纲和质量保证分大纲》；二是加强对进口民用核安全设备审评监督及安全检验，修订《进口民用核安全设备监督管理规定》（HAF604—2007）。

在放射性物品运输管理系列，结合业务需求，参考机构运输安全标准体系，补足放射性物品安全运输具体技术标准，制定导则《放射性物品运输容器结构分析的载荷组合和设计》，修订《放射性物质运输包装质量保证》（GB/T 15219—2009）、《放射性物质安全运输货包的泄露检验》（GB/T 17230—1998），制定标准《六氟化铀运输容器》《放射性物品运输容器的提升和栓系装置》《乏燃料运输容器结构分析的载荷组合和设计准则》《压水堆核电厂乏燃料组件运输容器通用技术条件》《放射性物品运输容器防脆性断裂的安全设计指南》《破损乏燃料》《乏燃料运输和贮存的包壳要求指南》《放射性物品运输容器安全重要部件分级》《B 型货包包容分析指南》《放射性物品运输容器临界安全分析指南》《放射性物品运输容器操作手册编制指南》《放射性物品运输容器冲击试验指南》《放射性物品运输容器耐热试验指南》《放射性物品运输和接收指南》《乏燃料公海铁联运核与辐射安全分析报告书标准格式与内容》。可参与到行业标准《压水堆核电厂新燃料组件运输容器通用技术条件》（NB/T 20184—2012）、《压水堆核电厂新燃料组件包装、运输、装卸和贮存规定》（NB/T 20141—2012）等的修订工作中。

在放射性同位素和射线装置监督管理系列，一是完善管理制度，修订《放射性同位素与射线装置安全许可管理办法》（HAF801—2008）、《放射性同位素与射线装置安全和防护管理办法》（HAF802—2008）；二是强化标准约束和规范，加强监管依据，修订《安装在设备上的同位素仪表的辐射安全性能要求》（GB 14052—1993）、《粒子加速器辐射防护规程》（GB 5172—1985），制定标准《工业γ射线探伤的辐射安全与防护要求》《放射治疗辐射安全和防护》《核技术利用放射性废物库运行管理》《放射源安全》《射线装置安全》《核医学辐射安全与防护》《放射性安检的辐射安全和防护》《核技术利用项目环境保护验收技术规范》《核技术利用项目环境影响评价技术规范》《核技术利用建设项目环境影响评价文件的内容和格式》《放射性同位素生产的辐射安全和防护》《核技术利用单位辐射安全许可证申请和核发技术规范》《核技术利用放射性废物库选址、建造管理要求》《放射性同位素与射线装置豁免管理要求》《核技术利用项目辐射工作场所辐射监测规范》《加速器（X射线）探伤装置辐射安全和防护》《放射性测井的辐射安全要求》《放射诊断辐射安全和防护》《消费品的辐射安全》。

在辐射环境系列，一是落实《中华人民共和国放射性污染防治法》要求，制定规章《辐射环境监测管理办法》，修订《电离辐射监测质量保证一般规定》（GB 8999—1988）、《核设施流出物和环境放射性监测质量保证大纲一般要求》（GB 11216—1989）、《环境核辐射监测规定》（GB 12379—1990）、《辐射环境监测技术规范》（HJ/T 61—2001）、《水中氚的分析方法》（GB/T 12375—1990）、《环境空气中氡的标准测量方法》（GB/T 14582—1993），《环境地表γ辐射剂量率测定规范》（GB/T 14583—1993）、《辐射事故应急监测技术规范》，制定标准《核事故应急监测技术规范》；建立对辐射环境的有效监测管理；二是加强电磁辐射环境管理，修订《环境影响评价技术导则　输变电工程》（HJ 24—2014）、《建设项目竣工环境保护验收技术规范　输变电工程》（HJ 705—2014）、《移动通信基站电磁辐射环境监测方法》（HJ 972—2018），制定标准《环境影响评价技术导则　广播电视》《建设项目竣工环境保护验收技术规范　广播电视》《建设项目竣工环境保护验收技术指南　铀矿冶退役》《建设项目竣工环境保护验收技术指南　铀矿冶》《环境空气中气溶胶中γ放射性核素的测定　γ解谱法》《就地γ解谱测量技术规范》《直流输电工程合成电场限值及其检测方法》《输变电建设项目环境保护技术要求》《变电站低频噪声限值》《环境影响评价技术导则 卫星地球上行站》《环境影响评价技术导则 雷达》《中波广播发射台电磁辐射环境监测方法》《短波广播发射台电磁辐射环境监测方法》；三是针对铀（钍）矿与伴生放射性矿山开发利用的放射性污染防治形势，修订《铀矿冶辐射防护和环境保护规定》（GB 23727—2009），制定《矿产资源开发利用辐射环境限值》《矿产资源开发利用伴生放射性废水处理技术规范》《伴生放射性物料贮存及处置辐射环境保护技术规范》。

五、保障措施

核与辐射安全监管系统各部门、各单位应紧紧围绕核与辐射安全监管工作，保证核与辐射安全法规标准制（修）订质量和效率；对核与辐射安全法规标准制（修）订实施有效控制，识别履行监管职责所需的各类规章、导则和标准，对其进行整体策划，明确编写要求；选择合格单位或人员完成规章、导则和标准的编制和审核，保证其正确、适用、协调、自洽；对核与辐射安全法规标准的编制、审核、批准、发布、使用和修改进行有效管理控制；定期发布最新有效核与辐射安全法规标准清单，确保相关人员能够及时获得所需文件；对法规标准体系文件定期进行系统审核和评价，必要时及时修订或升版，保持文件的正确性和适宜性。

（一）落实责任主体

针对每一个规划项目均明确牵头起草单位、责任人以及完成时限，做好统筹协调和服务推进工作，加强对核与辐射安全法规标准的编制、审核、批准、发布和修改工作的管理，加快法规标准制（修）订进程，提高核与辐射安全法规标准制（修）订质量和效率。法规标准归口管理部门与业务部门做好衔接配合，提前介入制（修）订工作，提高法规标准制（修）订工作的质量。

（二）严格考核评估

法规标准生命力在于使用执行。定期对顶层设计实施情况组织评估，实时把控规划实施进度，及时研究解决规划实施中出现的问题，总结推广好的经验做法，跟踪评价规划实施效果，及时上报重要情况。定期开展后评估工作，及时开展法规标准“回头看”，收集营运单位和监管部门、监督站使用意见，了解监管工作新形势新情况，及时发现不适用问题，对法规标准适用性加以评估。及时立、改、废、释一批法规标准，避免企业与监管部门“一法各表”现象。

（三）强化培训宣传

定期发布核与辐射安全法规标准状态报告和核与辐射安全法规标准清单，确保核与辐射安全监管人员、从业人员和其他相关人员及时获得所需的法规标准文件，并及时组织对核与辐射安全从业者的法规和标准的培训，使之准确掌握法规和标准的精神和内容，真正做到学法、知法、用法、守法。依托定期监督执法和依法行政培训机制，每年开展 4 期培训班。针对新出台法规，根据需要举办 1–2 期专项宣贯培训，推进法规标准实施和持续改进，往深里走，往心里走，往实里走。

（四）加强国际跟踪

进一步加强 IAEA 法规标准制（修）订信息渠道，建立跟踪 IAEA 安全标准制定的长效机制，派遣法规标准制（修）订工作人员参加 IAEA 安全标准审查工作会议，提高 IAEA 法规标准制（修）订工作参与度，提升我国核安全国际话语权，向国际社会讲好中国故事。对国际原子能机构没有中文译本的安全标准及时组织翻译，报送中国原子能机构，获得其官方授权，并作为官方中文版本发布在国际原子能机构的网站上，成为权威译本。

（五）开展前沿研究

开展福岛后 IAEA 标准制（修）订的热点领域和趋势研究、根据 IAEA 最新标准完善中国核安全法规标准体系研究、福岛核事故后美国核安全法规标准制（修）订的热点领域和趋势研究、美国核与辐射安全法规标准体系研究以及对中国的借鉴研究、法国核与辐射安全法规标准体系研究以及对中国的借鉴研究、OECD 核安全法规标准体系研究以及对中国的借鉴研究。

核与辐射安全法规标准体系顶层设计表

核与辐射安全法规标准顶层设计表（通用系列）

序号	名称	层级	制（修）订建议
1	核电厂操纵人员执照颁发和管理程序 HAF001/01/01（1993）	规章	修订
2	研究堆营运单位报告制度 HAF001/02/02（1995）	规章	修订
3	核燃料循环设施的报告制度 HAF001/02/03（1995）	规章	修订
4	核安全信息公开办法	规章	制定
5	核动力厂管理体系安全规定	规章	制定
6	核电厂质量保证安全规定 HAF003（1991）	规章	修订
7	核动力厂营运单位的应急准备和应急响应 HAD002/01（2010）	导则	修订
8	研究堆应急计划和准备 HAD002/06（1991）	导则	修订
9	核燃料循环设施营运单位的应急准备和应急响应 HAD002/07（2010）	导则	修订
10	核临界事故剂量测定 GB/T 15847—1995	标准	修订

核与辐射安全法规标准顶层设计表（核电厂系列）

序号	名称	层级	制（修）订建议
1	核电厂厂址选择安全规定 HAF101—1991	规章	修订
2	核动力厂运行安全规定 HAF103—2004	规章	修订
3	核动力厂修改	导则	制定
4	核动力厂地震危险性评价 HAD101/01	导则	修订
5	核电厂厂址选择的大气弥散问题 HAD101/02—1987	导则	修订
6	核动力厂厂址选择及评价的人口分布问题 HAD101/03—1987	导则	修订
7	核动力厂厂址评价中的外部人为事件 HAD101/04—1989	导则	修订
8	核电厂厂址选择与水文地质的关系 HAD101/06—1991	导则	修订
9	核电厂厂址查勘 HAD101/07—1989	导则	修订

续表

序号	名称	层级	制（修）订建议
10	滨河核动力厂厂址的洪水灾害 HAD101/08—1989	导则	修订
11	滨海核动力厂厂址设计基准洪水的确定 HAD101/09—1990	导则	修订
12	核动力厂厂址评价中的极端气象事件 HAD101/10—1991	导则	修订
13	核动力厂设计基准热带气旋 HAD101/11—1991	导则	修订
14	核动力厂地基的岩土工程问题 HAD101/12—1990	导则	修订
15	核动力厂的抗震设计与鉴定 HAD102/02—1996	导则	修订
16	核动力厂结构、系统和部件的安全分级 HAD102/03—1986	导则	修订
17	核电厂内部飞射物及其二次效应的防护 HAD102/04—1986	导则	修订
18	与核电厂设计有关的外部人为事件 HAD102/05—1989	导则	修订
19	核动力厂反应堆安全壳和有关系统的设计 HAD102/06—1990	导则	修订
20	核动力厂堆芯的设计 HAD102/07—1989	导则	修订
21	核动力厂反应堆冷却剂系统及有关系统的设计 HAD102/08—1989	导则	修订
22	核电厂最终热阱及其直接有关的输热系统 HAD102/09—1987	导则	修订
23	核电厂保护系统及有关设施 HAD102/10—1988	导则	修订
24	核动力厂火灾和爆炸物防护的设计 HAD102/11—1996	导则	修订
25	核动力厂辐射防护设计 HAD102/12—1990	导则	修订
26	核动力厂电源系统设计 HAD102/13—1996	导则	修订
27	核动力厂仪表和控制系统的设计 HAD102/14—1988	导则	修订
28	核动力厂燃料装卸和贮存系统设计 HAD102/15—2007	导则	修订
29	核电厂调试程序 HAD103/02—1987	导则	修订
30	核电厂堆芯和燃料管理 HAD103/03—1989	导则	修订
31	核动力厂运行辐射防护 HAD103/04—1990	导则	修订
32	核电厂在役检查 HAD103/07—1988	导则	修订
33	核电厂维修 HAD103/08—1993	导则	修订
34	核动力厂确定性安全分析	导则	制定
35	核动力厂 1 级概率安全分析	导则	制定
36	核动力厂 2 级概率安全分析	导则	制定

续表

序号	名称	层级	制（修）订建议
37	核动力厂运行经验反馈	导则	制定
38	核动力厂厂址评价中的火山危害	导则	制定
39	核动力厂运行管理	导则	制定
40	沿海核电厂海域安防技术规范	导则	制定
41	核电厂低空安防技术规范	导则	制定

核与辐射安全法规标准顶层设计表（研究堆系列）

序号	名称	层级	制（修）订建议
1	研究堆设计安全规定 HAF201—1995	规章	修订
2	研究堆运行安全规定 HAF202—1995	规章	修订
3	研究堆运行限值和条件及运行规程	导则	制定
4	研究堆设计和运行中的辐射防护	导则	制定
5	研究堆老化管理	导则	制定
6	研究堆安全分析报告的格式和内容 HAD201/01—1996	导则	修订

核与辐射安全法规标准顶层设计表（非堆核燃料循环系列）

序号	名称	层级	制（修）订建议
1	民用核燃料循环设施安全规定 HAF301	规章	修订
2	乏燃料贮存设施的设计 HAD301/02（1998）	导则	修订
3	乏燃料贮存设施的运行 HAD301/03（1998）	导则	修订
4	乏燃料贮存设施的安全评价 HAD301/04（1998）	导则	修订
5	铀纯化转化浓缩设施的安全	导则	制定
6	核燃料后处理设施安全	导则	制定
7	核燃料循环设施流出物排放管理	导则	制定
8	核燃料元件制造设施的安全	导则	制定
9	（后处理设施职业人员）摄入放射性核素引起的职业照射评估	导则	制定
10	核燃料循环前端设施安全分析报告的标准格式与内容	标准	制定
11	核燃料循环前端设施选址阶段安全分析报告的格式与内容	标准	制定

核与辐射安全法规标准顶层设计表（放射性废物系列）

序号	名称	层级	制（修）订建议
1	放射性废物安全管理办法	规章	制定
2	放射性废物处理、贮存和处置许可管理办法	规章	制定
3	核设施退役管理办法	规章	制定
4	核设施流出物审管控制	导则	制定
5	核设施放射性废物处置前管理	导则	制定
6	放射性废物处置的质量管理	导则	制定
7	放射性污染物料（设备）再循环再利用	导则	制定
8	核动力厂和研究堆的退役	导则	制定
9	核技术利用放射性废物最小化	导则	制定
10	核燃料循环设施的退役	导则	制定
11	核设施退役的安全评价	导则	制定
12	加工、处理和贮存放射性废物的质量管理	导则	制定
13	实践终止后场址审管控制的解除	导则	制定
14	放射性废物处置前管理的安全全过程系统分析和安全评价	技术文件	制定
15	放射性废物地质处置设施	导则	制定
16	生产、使用放射物质或使用射线装置的医学、工业和研究设施的退役	导则	制定
17	医疗、工业、农业、研究和教学应用中产生的放射性废物管理安全导则	导则	制定
18	放射性废物的贮存	导则	制定
19	低、中水平放射性废物近地表处置场环境辐射监测的一般要求 GB/T 15950—1995	标准	修订
20	放射性废物近地表处置场的环境影响评价报告标准格式与内容	标准	制定
21	近地表放射性固体废物处置设施安全分析报告的标准格式与内容	技术文件	制定
22	铀、钍矿冶放射性废物安全管理技术规定 GB 14585—1993	标准	修订

核与辐射安全法规标准顶层设计表（核材料管制系列）

序号	名称	层级	制（修）订建议
1	中华人民共和国核材料管制条例	条例	修订
2	中华人民共和国核材料管制条例实施细则 HAF501/01（1990）	规章	修订
3	低浓铀转换及元件制造厂核材料衡算 HAD501/01（2008）	导则	修订

续表

序号	名称	层级	制（修）订建议
4	铀浓缩厂核材料衡算	导则	制定
5	核设施实物保护视频监控系统	导则	制定
6	后处理设施核材料衡算	导则	制定

核与辐射安全法规标准顶层设计表（核安全设备系列）

序号	名称	层级	制（修）订建议
1	民用核安全设备设计制造安装和无损检验监督管理规定 HAF601—2007	规章	修订
2	进口民用核安全设备监督管理规定 HAF604—2007	规章	修订
3	民用核安全设备质量保证管理要求 HAD601/X	导则	制定
4	民用核安全电气设备的核安全基本要求	导则	制定
5	民用核安全机械设备的核安全基本要求 HAD601/X	导则	制定
6	民用核安全设备可靠性管理要求	导则	制定
7	民用核安全设备活动单位的质量保证大纲和质量保证分大纲	导则	制定

核与辐射安全法规标准顶层设计表（放射性物品运输系列）

序号	名称	层级	制（修）订建议
1	放射性物品运输容器结构分析的载荷组合和设计	导则	制定
2	六氟化铀运输容器	标准	制定
3	放射性物品运输容器的提升和栓系装置	标准	制定
4	乏燃料运输容器结构分析的载荷组合和设计准则	标准	制定
5	压水堆核电厂乏燃料组件运输容器通用技术条件	标准	制定
6	放射性物品运输容器防脆性断裂的安全设计指南	标准	制定
7	乏燃料运输和贮存的包壳要求指南	标准	制定
8	放射性物品运输容器安全重要部件分级	标准	制定
9	B 型货包包容分析指南	标准	制定
10	放射性物品运输容器临界安全分析指南	标准	制定
11	放射性物品运输容器操作手册编制指南	标准	制定
12	放射性物品运输容器冲击试验指南	标准	制定
13	放射性物品运输容器耐热试验指南	标准	制定
14	放射性物品运输和接收指南	标准	制定
15	乏燃料公海铁联运核与辐射安全分析报告书标准格式与内容	标准	制定

核与辐射安全法规标准顶层设计表（放射性同位素和射线装置系列）

序号	名称	层级	制（修）订建议
1	放射性同位素与射线装置安全许可管理办法	规章	修订
2	放射性同位素与射线装置安全和防护管理办法	规章	修订
3	放射源安全	标准	制定
4	射线装置安全	标准	制定
5	核技术利用项目辐射工作场所辐射监测规范	标准	制定
6	核技术利用单位辐射安全许可证申请和核发技术规范	标准	制定
7	放射性同位素与射线装置豁免管理要求	标准	制定
8	核技术利用建设项目环境影响评价文件的内容和格式	标准	修订
9	核技术利用项目环境影响评价技术规范	标准	制定
10	核技术利用项目环境保护验收技术规范	标准	制定
11	核技术利用放射性废物库运行管理	标准	制定
12	核技术利用放射性废物库选址、建造管理要求	标准	制定
13	放射性同位素生产的辐射安全和防护	标准	制定
14	工业γ射线探伤的辐射安全与防护要求	标准	制定
15	加速器（X射线）探伤装置辐射安全和防护	标准	制定
16	放射性安检的辐射安全和防护	标准	制定
17	放射性测井的辐射安全要求	标准	制定
18	核医学辐射安全与防护	标准	制定
19	放射治疗辐射安全和防护	标准	制定
20	放射诊断辐射安全和防护	标准	制定
21	消费品的辐射安全	标准	制定

核与辐射安全法规标准顶层设计表（辐射环境系列）

序号	名称	层级	制（修）订建议
1	辐射环境监测管理办法	规章	制定
2	环境地表γ辐射剂量率测定规范 GB/T 14583—1993	标准	修订
3	水中氚的分析方法 GB/T 12375—1990	标准	修订
4	直流输电工程合成电场限值及其监测方法	标准	制定
5	输变电建设项目环境保护技术要求	标准	制定

续表

序号	名称	层级	制（修）订建议
6	铀矿冶辐射防护和环境保护规定 GB 23727—2009	标准	修订
7	电离辐射监测质量保证一般规定 GB 8999—1988	标准	合并修订
8	核设施流出物和环境放射性监测质量保证大纲一般要求 GB 11216—1989		
9	环境核辐射监测规定 GB 12379—1990	标准	合并修订
10	辐射环境监测技术规范 HJ/T 61—2001		
11	环境影响评价技术导则 广播电视	标准	制定
12	建设项目竣工环境保护验收技术规范　广播电视	标准	制定
13	建设项目竣工环境保护验收技术指南　铀矿冶退役	标准	制定
14	核动力厂液态流出物中 ^{14}C 分析方法—湿法氧化法（HJ1056—2019）	标准	制定
15	矿产资源开发利用辐射环境限值	标准	制定
16	矿产资源开发利用伴生放射性废水处理技术规范	标准	制定
17	伴生放射性物料贮存及处置辐射环境保护技术规范	标准	制定
18	移动通信基站电磁辐射环境监测方法	标准	修订
19	环境影响评价技术导则　输变电工程 HJ 24—2014	标准	修订
20	建设项目竣工环境保护验收技术规范　输变电工程 HJ 705—2014	标准	修订
21	变电站低频噪声限值	标准	制定
22	建设项目竣工环境保护验收技术指南　铀矿冶	标准	制定
23	环境影响评价技术导则　卫星地球上行站	标准	制定
24	环境影响评价技术导则　雷达	标准	制定
25	中波广播发射台电磁辐射环境监测方法	标准	制定
26	短波广播发射台电磁辐射环境监测方法	标准	制定
27	环境空气中气溶胶中 γ 放射性核素的测定 γ 解谱法	标准	制定
28	辐射事故应急监测技术规范	标准	制定
29	核事故应急监测技术规范	标准	制定
30	就地 γ 解谱测量技术规范	标准	制定
31	环境空气中氡的标准测量方法 GB/T 14582—1993	标准	修订

核与辐射安全法规标准全图

Nuclear and Radiation Safety Regulations and Standards

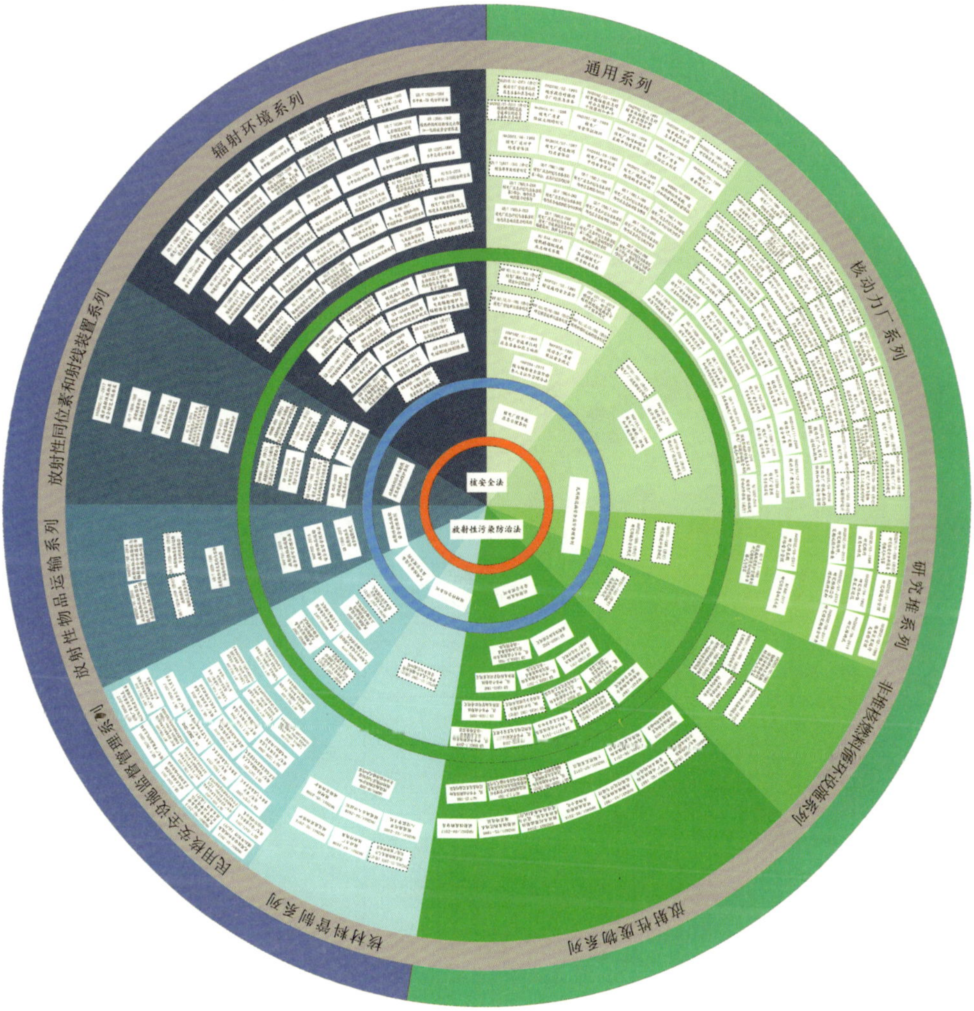

截至2019年9月28日的状况

国家核安全局

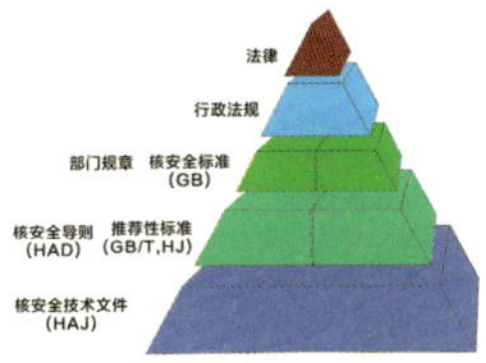

中华人民共和国核安全法： 2017年9月1日公布，2018年1月1日施行

中华人民共和国放射性污染防治法： 2003年6月28日公布，2003年10月1日施行

民用核设施安全监督管理条例： 1986年10月29日公布施行

核电厂核事故应急管理条例： 1993年8月4日公布施行，2011年1月8日修订

放射性废物安全管理条例： 2011年12月20日公布，2012年3月1日施行

核材料管制条例： 1987年6月15日公布施行

民用核安全设备监督管理条例： 2007年7月11日公布，2008年1月1日施行，2016年2月6日修订

放射性物品运输安全管理条例： 2009年9月14日公布，2010年1月1日施行，2014年7月29日修订

核与辐射安全法规标准蓝图

Nuclear and Radiation Safety Regulations and Standards

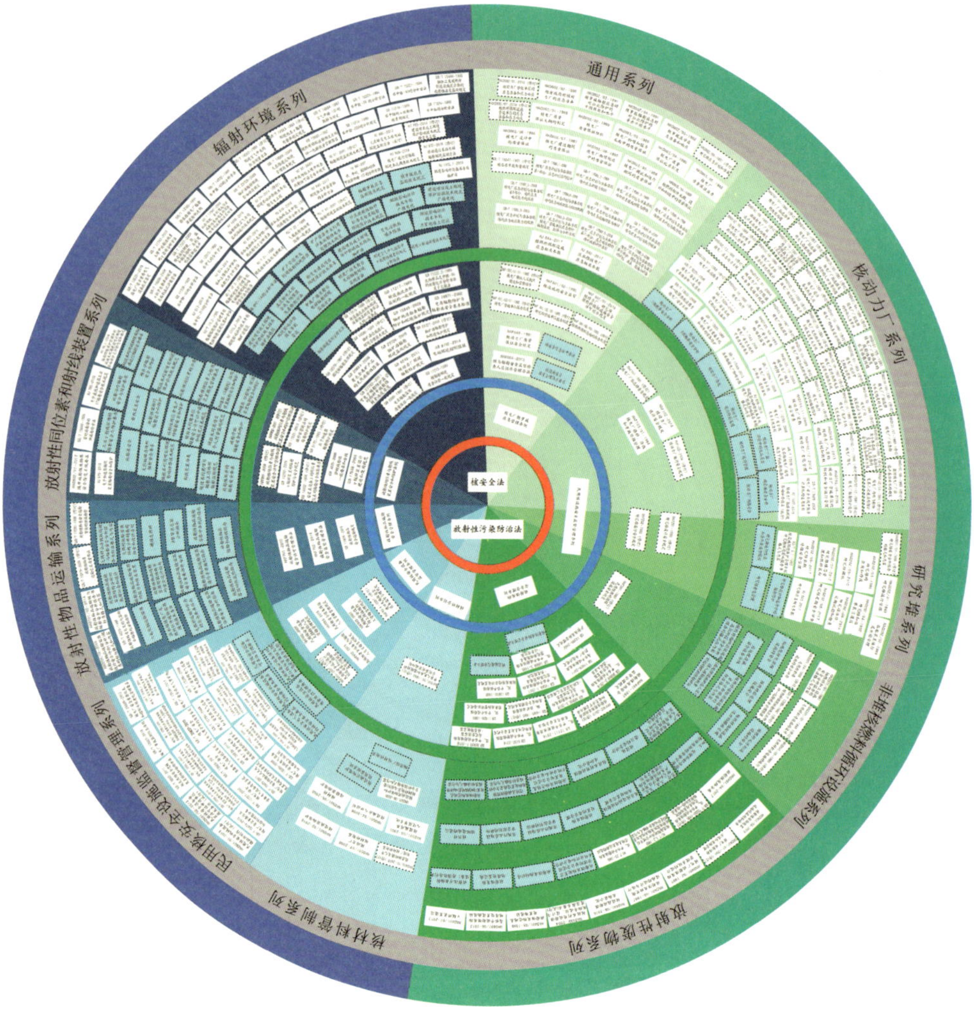

注：▭为正在研究制定的法规或标准
截至2019年9月28日的状况

设计：李静云

绘图：胡健　孙业丛

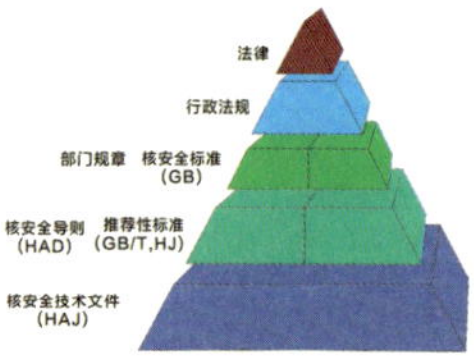

中华人民共和国核安全法： 2017年9月1日公布，2018年1月1日施行

中华人民共和国放射性污染防治法： 2003年6月28日公布，2003年10月1日施行

民用核设施安全监督管理条例： 1986年10月29日公布施行

核电厂核事故应急管理条例： 1993年8月4日公布施行，2011年1月8日修订

放射性废物安全管理条例： 2011年12月20日公布，2012年3月1日施行

核材料管制条例： 1987年6月15日公布施行

民用核安全设备监督管理条例： 2007年7月11日公布，2008年1月1日施行，2016年2月6日修订

放射性物品运输安全管理条例： 2009年9月14日公布，2010年1月1日施行，2014年7月29日修订

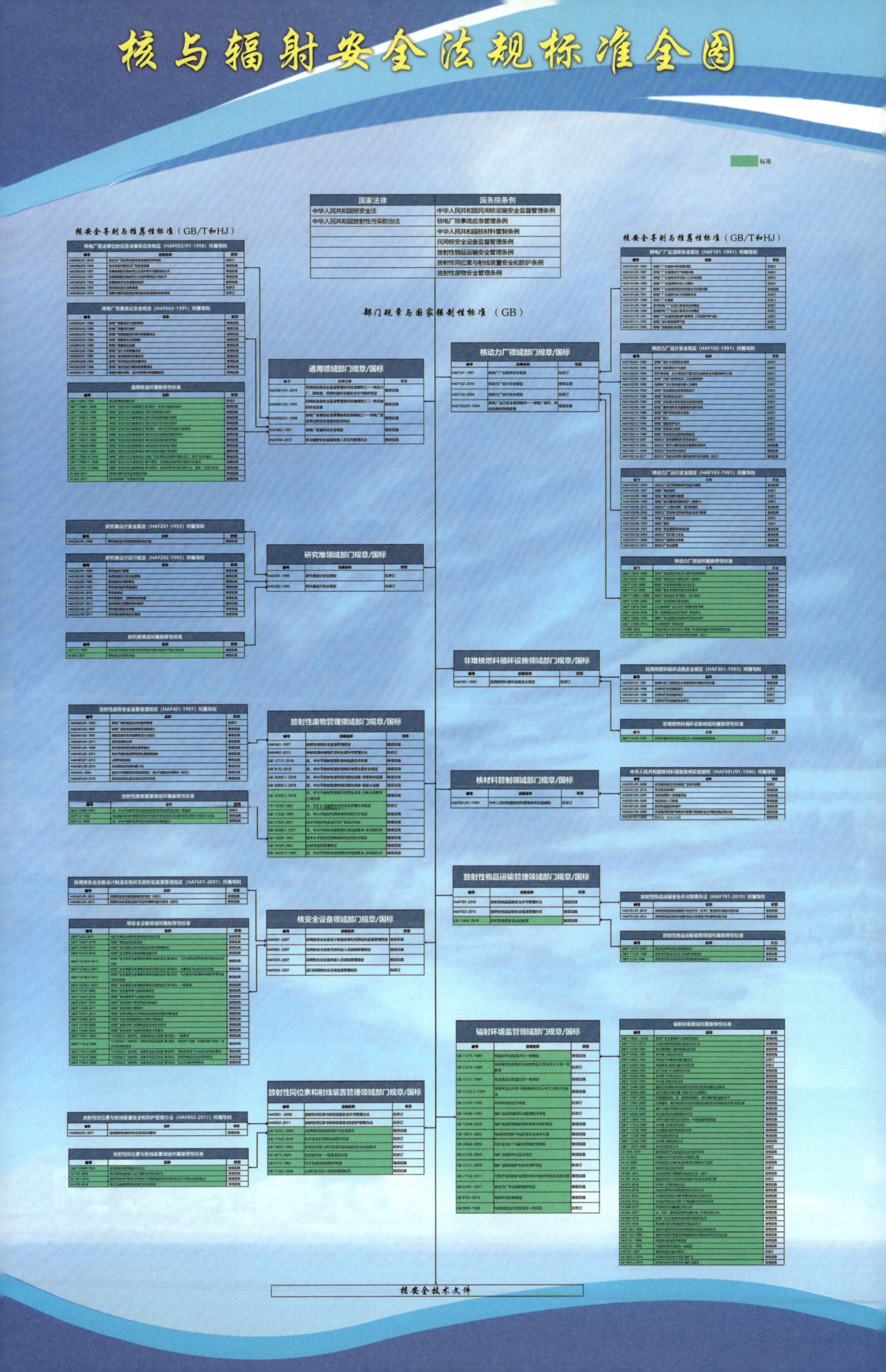
核与辐射安全法规标准全图
标准
国家法律
中华人民共和国核安全法
中华人民共和国放射性污染防治法
国务院条例
中华人民共和国民用核设施安全监督管理条例
核电厂核事故应急管理条例
中华人民共和国核材料管制条例
民用核安全设备监督管理条例
放射性物品运输安全管理条例
放射性同位素与射线装置安全和防护条例
放射性废物安全管理条例
部门规章与国家强制性标准（GB）
核安全导则与推荐性标准（GB/T和HJ）
核安全导则与推荐性标准（GB/T和HJ）
核电厂营运单位的应急准备和应急响应（HAF002/01-1998）所属导则
核电厂质量保证安全规定（HAF003-1991）所属导则
通用领域所属推荐性标准
通用领域部门规章/国标
核动力厂领域部门规章/国标
核电厂厂址选择安全规定（HAF101-1991）所属导则
核动力厂设计安全规定（HAF102-1991）所属导则
核动力厂运行安全规定（HAF103-1991）所属导则
核动力厂领域所属推荐性标准
研究堆设计安全规定（HAF201-1995）所属导则
研究堆运行安全规定（HAF202-1995）所属导则
研究堆领域部门规章/国标
研究堆领域所属推荐性标准
非堆核燃料循环设施领域部门规章/国标
民用核燃料循环设施安全规定（HAF301-1993）所属导则
非堆核燃料循环设施领域所属推荐性标准
放射性废物安全监督管理规定（HAF401-1997）所属导则
放射性废物管理领域部门规章/国标
放射性废物管理领域所属推荐性标准
核材料管制领域部门规章/国标
中华人民共和国核材料管制条例实施细则（HAF501/01-1990）所属导则
民用核安全设备设计制造安装和无损检验监督管理规定（HAF601-2007）所属导则
核安全设备领域部门规章/国标
核安全设备领域所属推荐性标准
放射性物品运输管理领域部门规章/国标
放射性物品运输安全许可管理办法（HAF701-2010）所属导则
放射性物品运输管理领域所属推荐性标准
辐射环境监管领域部门规章/国标
辐射环境领域所属推荐性标准
放射性同位素和射线装置管理领域部门规章/国标
放射性同位素与射线装置安全和防护管理办法（HAF802-2011）所属导则
放射性同位素与射线装置领域所属推荐性标准
核安全技术文件

核与辐射安全法规标准蓝图

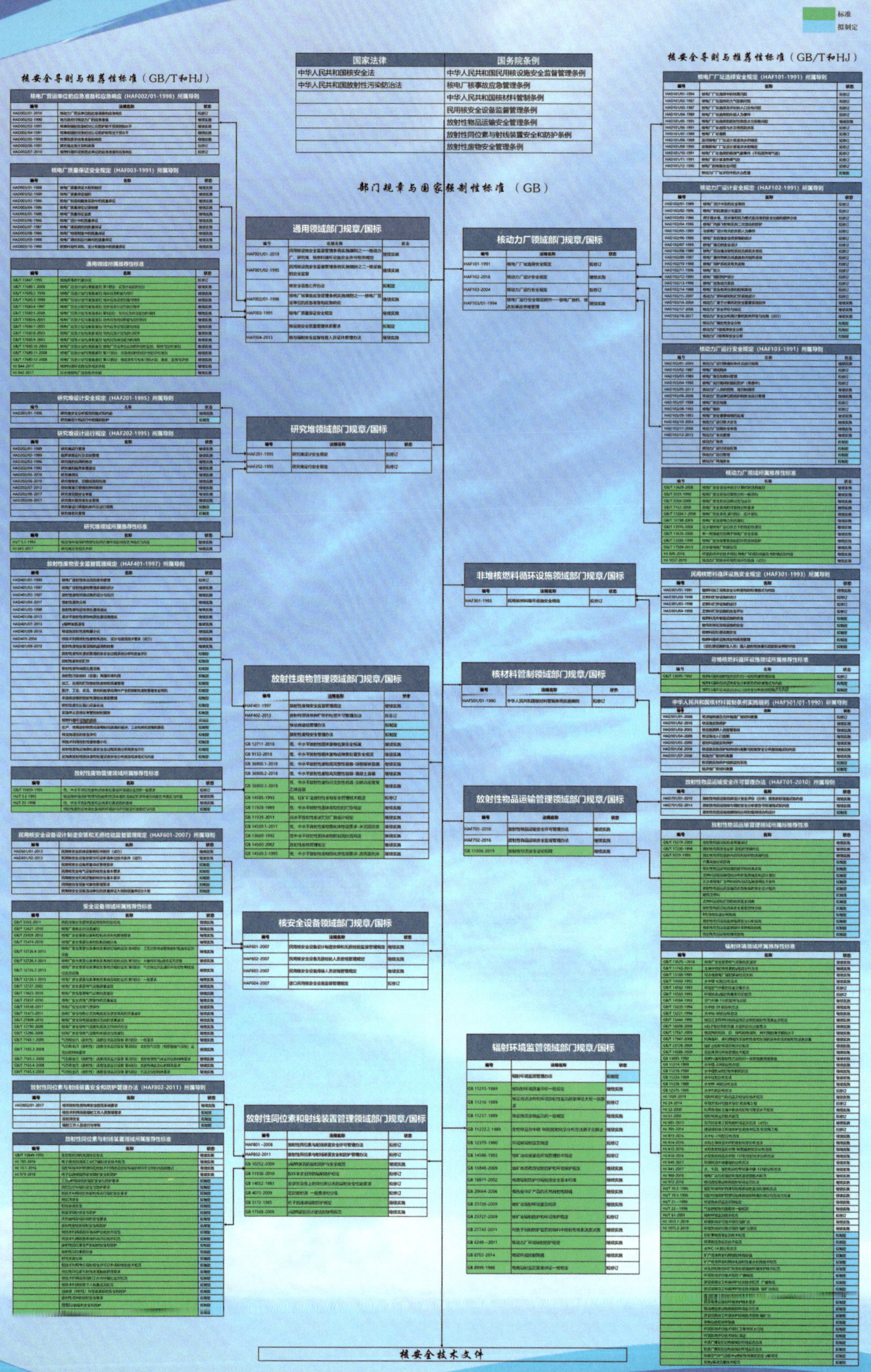

核与辐射安全法规标准树状图

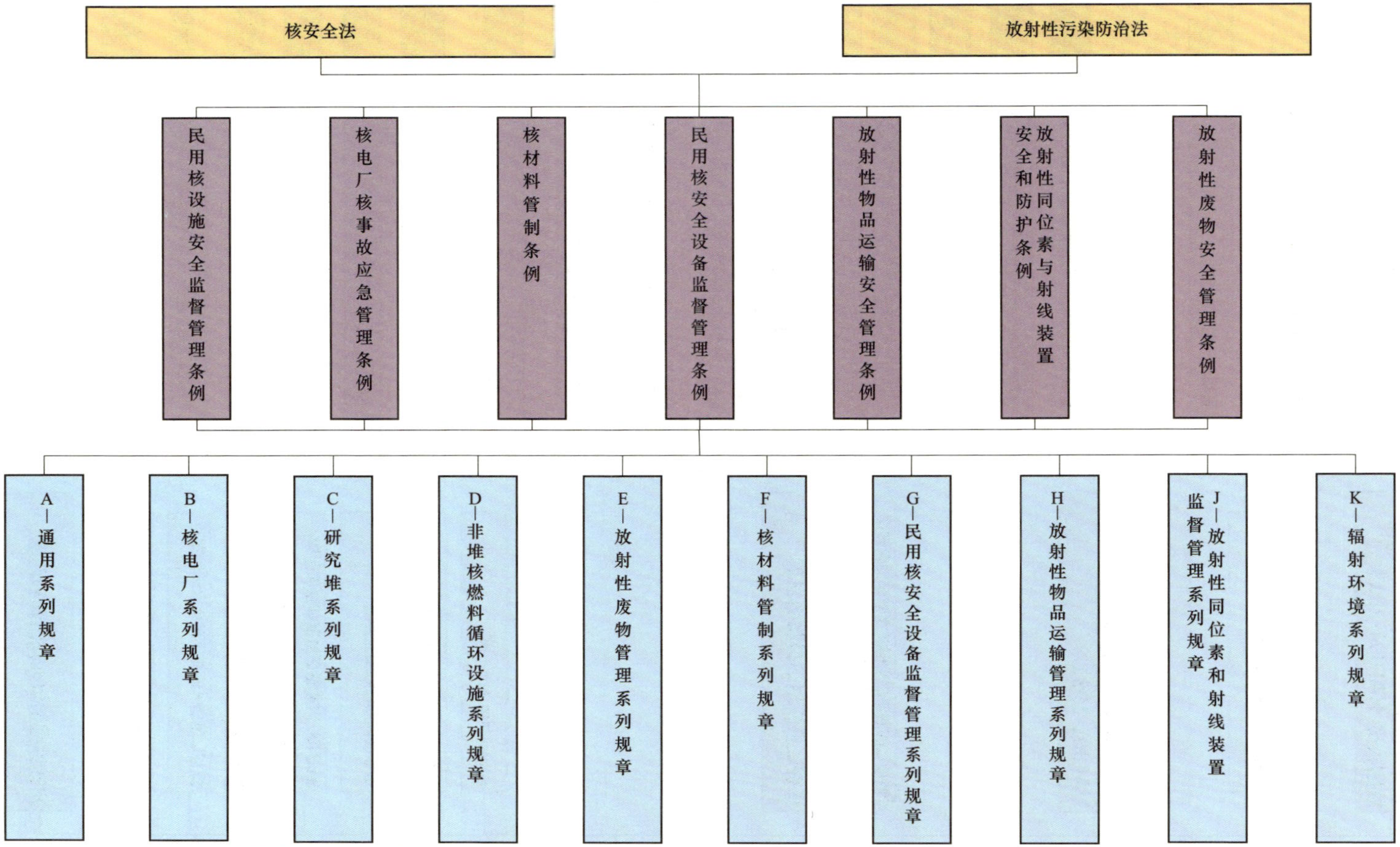

注：本部分图中所有虚线框中内容为拟制定法规标准。

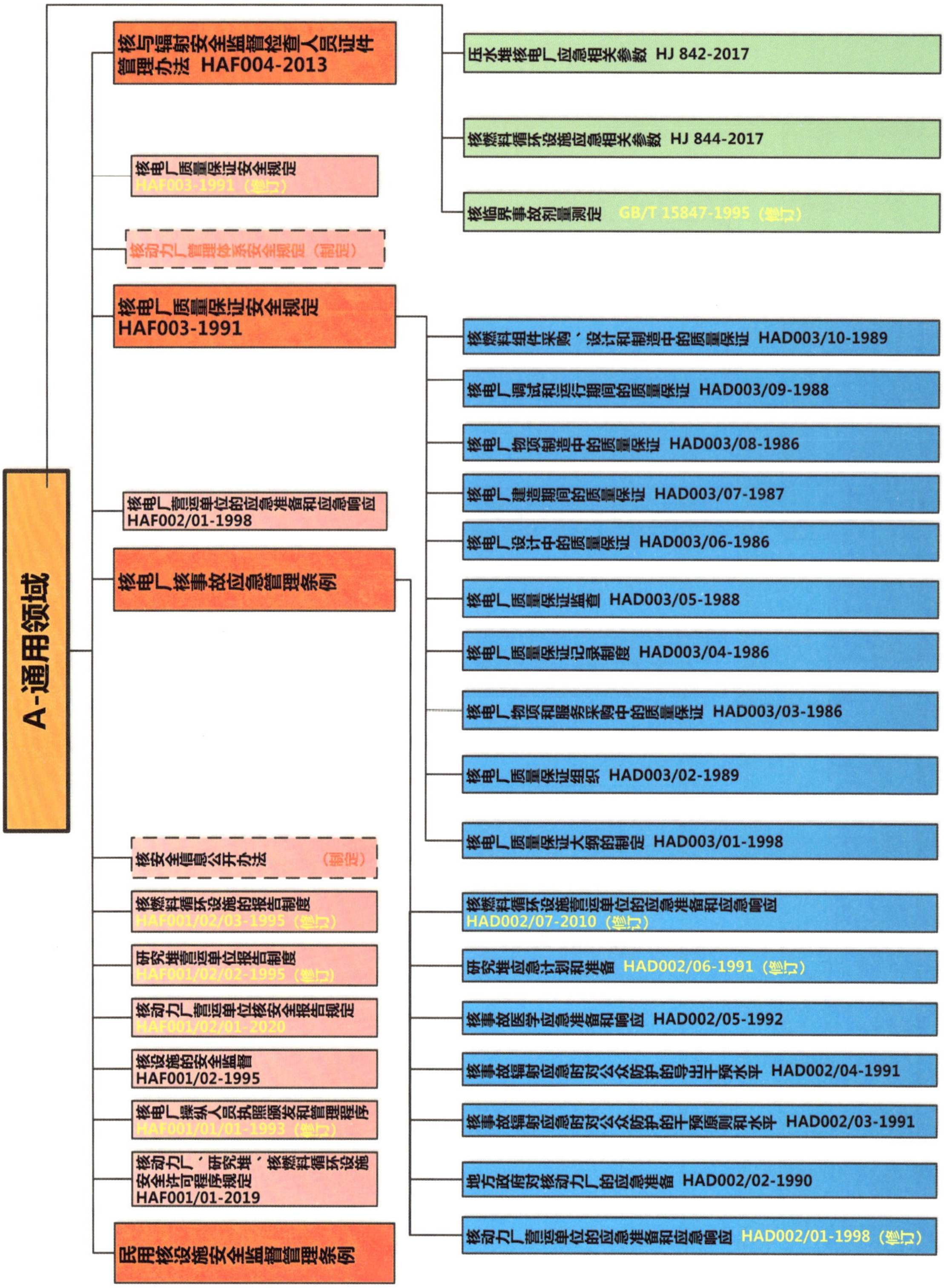
A-通用领域
核与辐射安全监督检查人员证件管理办法 HAF004-2013
压水堆核电厂应急相关参数 HJ 842-2017
核燃料循环设施应急相关参数 HJ 844-2017
核临界事故剂量测定 GB/T 15847-1995（修订）
核电厂质量保证安全规定
HAF003-1991（修订）
核动力厂管理体系安全规定（制定）
核电厂质量保证安全规定
HAF003-1991
核燃料组件采购，设计和制造中的质量保证 HAD003/10-1989
核电厂调试和运行期间的质量保证 HAD003/09-1988
核电厂物项制造中的质量保证 HAD003/08-1986
核电厂建造期间的质量保证 HAD003/07-1987
核电厂设计中的质量保证 HAD003/06-1986
核电厂营运单位的应急准备和应急响应
HAF002/01-1998
核电厂核事故应急管理条例
核电厂质量保证监查 HAD003/05-1988
核电厂质量保证记录制度 HAD003/04-1986
核电厂物项和服务采购中的质量保证 HAD003/03-1986
核电厂质量保证组织 HAD003/02-1989
核电厂质量保证大纲的制定 HAD003/01-1998
核安全信息公开办法（制定）
核燃料循环设施的报告制度
HAF001/02/03-1995（修订）
核燃料循环设施营运单位的应急准备和应急响应
HAD002/07-2010（修订）
研究堆营运单位报告制度
HAF001/02/02-1995（修订）
研究堆应急计划和准备 HAD002/06-1991（修订）
核动力厂营运单位核安全报告规定
HAF001/02/01-2020
核事故医学应急准备和响应 HAD002/05-1992
核设施的安全监督
HAF001/02-1995
核事故辐射应急时对公众防护的导出干预水平 HAD002/04-1991
核电厂操纵人员执照颁发和管理程序
HAF001/01/01-1993（修订）
核事故辐射应急时对公众防护的干预原则和水平 HAD002/03-1991
核动力厂、研究堆、核燃料循环设施安全许可程序规定
HAF001/01-2019
地方政府对核动力厂的应急准备 HAD002/02-1990
民用核设施安全监督管理条例
核动力厂营运单位的应急准备和应急响应 HAD002/01-1998（修订）

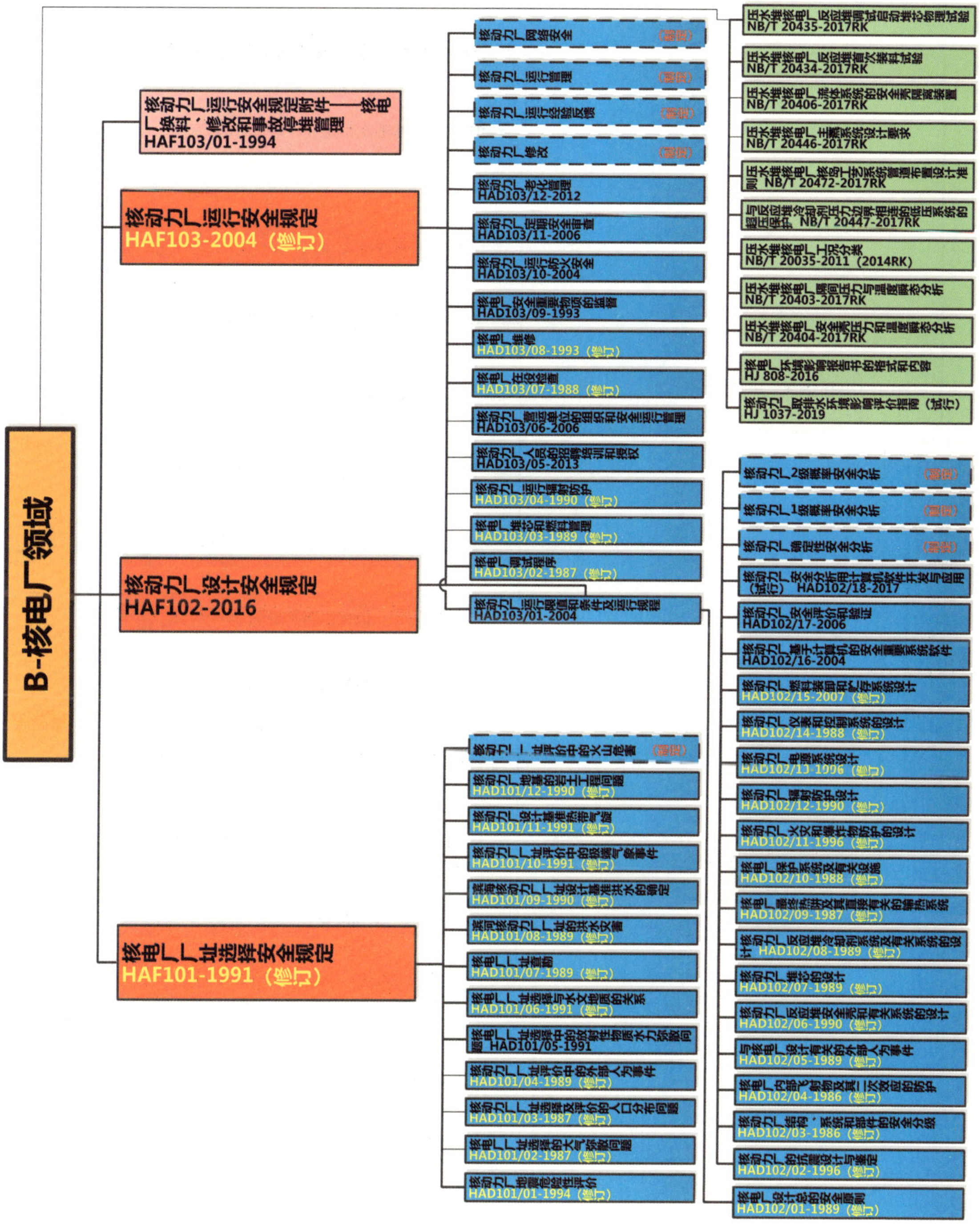
B-核电厂领域
核动力厂运行安全规定附件——核电厂换料、修改和事故停堆管理 HAF103/01-1994
核动力厂运行安全规定 HAF103-2004（修订）
核动力厂设计安全规定 HAF102-2016
核电厂厂址选择安全规定 HAF101-1991（修订）
核动力厂网络安全（制定）
核动力厂运行管理（制定）
核动力厂运行经验反馈（制定）
核动力厂修改（制定）
核动力厂老化管理 HAD103/12-2012
核动力厂定期安全审查 HAD103/11-2006
核动力厂运行防火安全 HAD103/10-2004
核电厂安全重要物项的监督 HAD103/09-1993
核电厂维修 HAD103/08-1993（修订）
核电厂在役检查 HAD103/07-1988（修订）
核动力厂营运单位的组织和安全运行管理 HAD103/06-2006
核动力厂人员的招聘培训和授权 HAD103/05-2013
核动力厂运行辐射防护 HAD103/04-1990（修订）
核电厂堆芯和燃料管理 HAD103/03-1989（修订）
核电厂调试程序 HAD103/02-1987（修订）
核动力厂运行限值和条件及运行规程 HAD103/01-2004
压水堆核电厂反应堆调试启动堆芯物理试验 NB/T 20435-2017RK
压水堆核电厂反应堆首次装料试验 NB/T 20434-2017RK
压水堆核电厂流体系统的安全壳隔离装置 NB/T 20406-2017RK
压水堆核电厂主蒸汽系统设计要求 NB/T 20446-2017RK
压水堆核电厂核岛工艺系统管道布置设计准则 NB/T 20472-2017RK
与反应堆冷却剂压力边界相连的低压系统的超压保护 NB/T 20447-2017RK
压水堆核电厂工况分类 NB/T 20035-2011（2014RK）
压水堆核电厂隔间压力与温度瞬态分析 NB/T 20403-2017RK
压水堆核电厂安全壳压力和温度瞬态分析 NB/T 20404-2017RK
核电厂环境影响报告书的格式和内容 HJ 808-2016
核动力厂取排水环境影响评价指南（试行） HJ 1037-2019
核动力厂2级概率安全分析（制定）
核动力厂1级概率安全分析（制定）
核动力厂确定性安全分析（制定）
核动力厂安全分析用计算机软件开发与应用（试行） HAD102/18-2017
核动力厂安全评价和验证 HAD102/17-2006
核动力厂基于计算机的安全重要系统软件 HAD102/16-2004
核动力厂燃料装卸和贮存系统设计 HAD102/15-2007（修订）
核动力厂仪表和控制系统的设计 HAD102/14-1988（修订）
核动力厂电源系统设计 HAD102/13-1996（修订）
核动力厂辐射防护设计 HAD102/12-1990（修订）
核动力厂火灾和爆炸防护的设计 HAD102/11-1996（修订）
核电厂保护系统及有关设施 HAD102/10-1988（修订）
核电厂最终热阱及其直接有关的输热系统 HAD102/09-1987（修订）
核动力厂反应堆冷却剂系统及有关系统的设计 HAD102/08-1989（修订）
核动力厂堆芯的设计 HAD102/07-1989（修订）
核动力厂反应堆安全壳和有关系统的设计 HAD102/06-1990（修订）
与核电厂设计有关的外部人为事件 HAD102/05-1989（修订）
核电厂内部飞射物及其二次效应的防护 HAD102/04-1986（修订）
核动力厂结构、系统和部件的安全分级 HAD102/03-1986（修订）
核动力厂的抗震设计与鉴定 HAD102/02-1996（修订）
核电厂设计总的安全原则 HAD102/01-1989（修订）
核动力厂厂址评价中的火山危害（制定）
核动力厂地基的岩土工程问题 HAD101/12-1990（修订）
核动力厂设计基准热带气旋 HAD101/11-1991（修订）
核动力厂厂址评价中的极端气象事件 HAD101/10-1991（修订）
滨海核动力厂厂址设计基准洪水的确定 HAD101/09-1990（修订）
滨河核动力厂厂址的洪水灾害 HAD101/08-1989（修订）
核电厂厂址查勘 HAD101/07-1989（修订）
核电厂厂址选择与水文地质的关系 HAD101/06-1991（修订）
核电厂厂址选择中的放射性物质水力弥散问题 HAD101/05-1991
核动力厂厂址评价中的外部人为事件 HAD101/04-1989（修订）
核动力厂厂址选择及评价的人口分布问题 HAD101/03-1987（修订）
核电厂厂址选择的大气弥散问题 HAD101/02-1987（修订）
核动力厂地震危险性评价 HAD101/01-1994（修订）

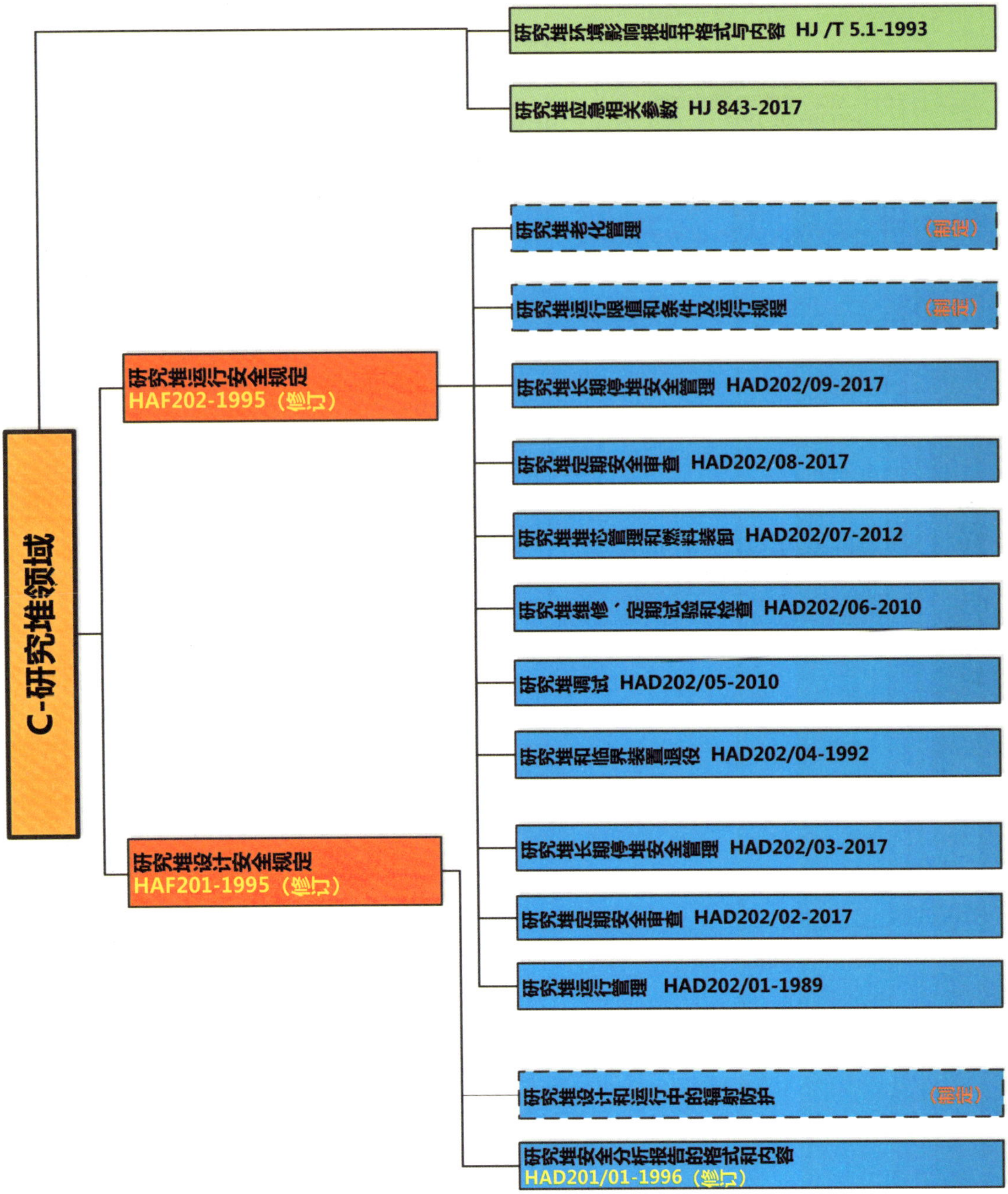
C-研究堆领域
研究堆环境影响报告书格式与内容 HJ /T 5.1-1993
研究堆应急相关参数 HJ 843-2017
研究堆运行安全规定
HAF202-1995（修订）
研究堆老化管理（制定）
研究堆运行限值和条件及运行规程（制定）
研究堆长期停堆安全管理 HAD202/09-2017
研究堆定期安全审查 HAD202/08-2017
研究堆堆芯管理和燃料装卸 HAD202/07-2012
研究堆维修、定期试验和检查 HAD202/06-2010
研究堆调试 HAD202/05-2010
研究堆和临界装置退役 HAD202/04-1992
研究堆长期停堆安全管理 HAD202/03-2017
研究堆定期安全审查 HAD202/02-2017
研究堆运行管理 HAD202/01-1989
研究堆设计安全规定
HAF201-1995（修订）
研究堆设计和运行中的辐射防护（制定）
研究堆安全分析报告的格式和内容
HAD201/01-1996（修订）

D-非堆核燃料循环领域

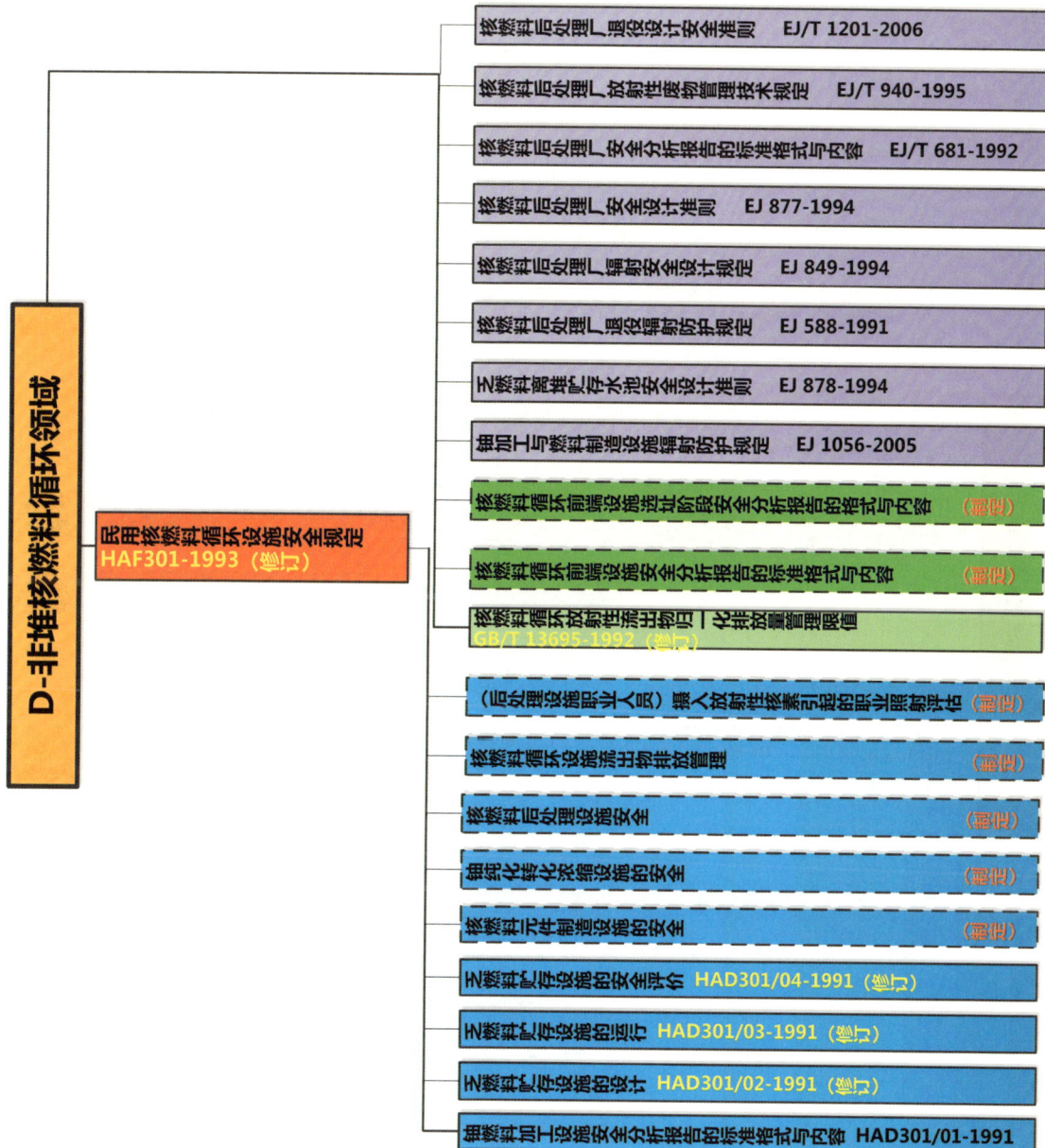

- 民用核燃料循环设施安全规定 HAF301-1993（修订）
  - 核燃料后处理厂退役设计安全准则 EJ/T 1201-2006
  - 核燃料后处理厂放射性废物管理技术规定 EJ/T 940-1995
  - 核燃料后处理厂安全分析报告的标准格式与内容 EJ/T 681-1992
  - 核燃料后处理厂安全设计准则 EJ 877-1994
  - 核燃料后处理厂辐射安全设计规定 EJ 849-1994
  - 核燃料后处理厂退役辐射防护规定 EJ 588-1991
  - 乏燃料离堆贮存水池安全设计准则 EJ 878-1994
  - 铀加工与燃料制造设施辐射防护规定 EJ 1056-2005
  - 核燃料循环前端设施选址阶段安全分析报告的格式与内容（制定）
  - 核燃料循环前端设施安全分析报告的标准格式与内容（制定）
  - 核燃料循环放射性流出物归一化排放量管理限值 GB/T 13695-1992（修订）
  - （后处理设施职业人员）摄入放射性核素引起的职业照射评估（制定）
  - 核燃料循环设施流出物排放管理（制定）
  - 核燃料后处理设施安全（制定）
  - 铀纯化转化浓缩设施的安全（制定）
  - 核燃料元件制造设施的安全（制定）
  - 乏燃料贮存设施的安全评价 HAD301/04-1991（修订）
  - 乏燃料贮存设施的运行 HAD301/03-1991（修订）
  - 乏燃料贮存设施的设计 HAD301/02-1991（修订）
  - 铀燃料加工设施安全分析报告的标准格式与内容 HAD301/01-1991

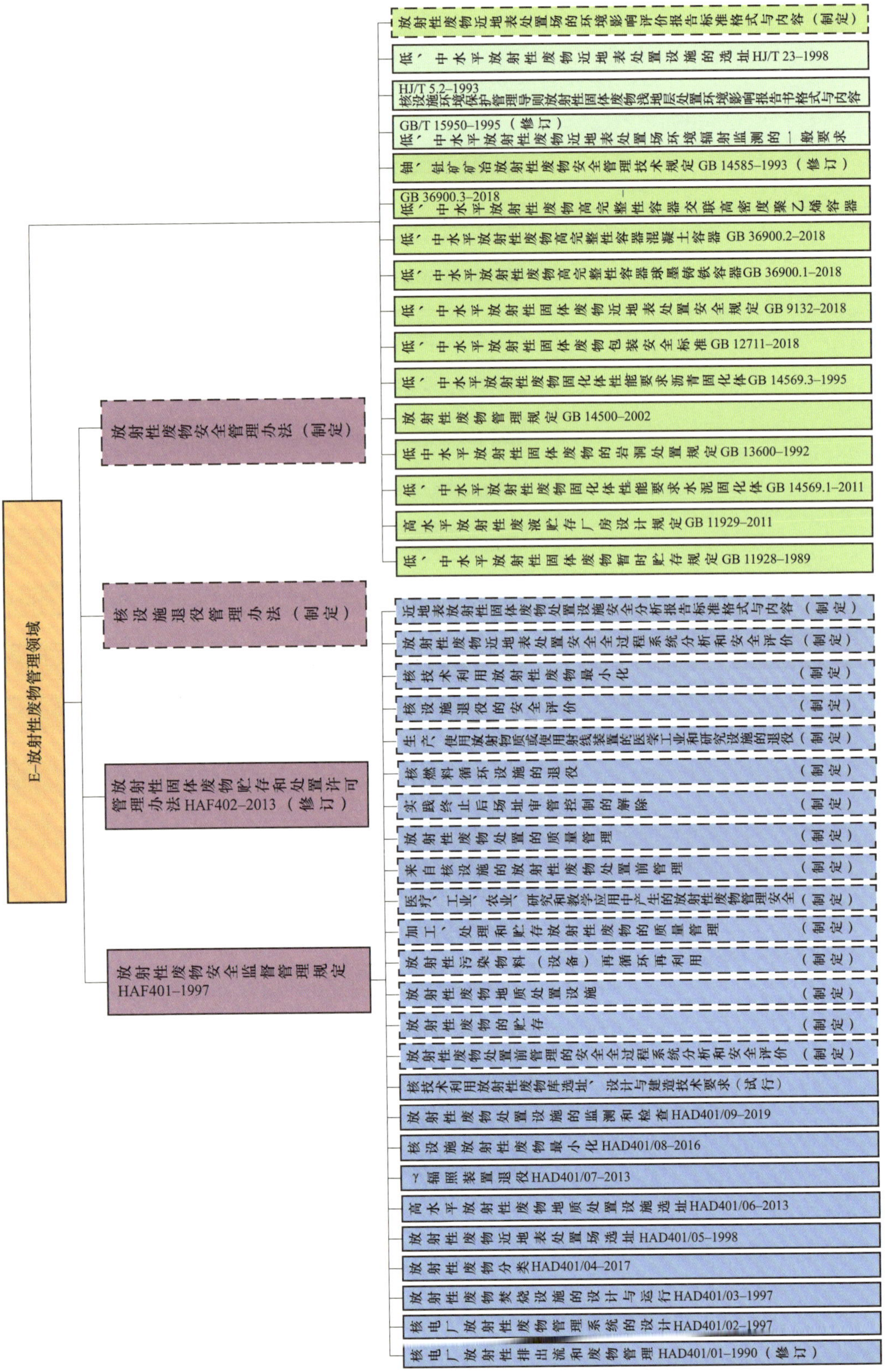
E-放射性废物管理领域
放射性废物安全管理办法（制定）
核设施退役管理办法（制定）
放射性固体废物贮存和处置许可管理办法 HAF402-2013（修订）
放射性废物安全监督管理规定 HAF401-1997
放射性废物近地表处置场的环境影响评价报告标准格式与内容（制定）
低、中水平放射性废物近地表处置设施的选址 HJ/T 23-1998
HJ/T 5.2-1993 核设施环境保护管理导则放射性固体废物浅地层处置环境影响报告书格式与内容
GB/T 15950-1995（修订）低、中水平放射性废物近地表处置场环境辐射监测的一般要求
铀、钍矿冶放射性废物安全管理技术规定 GB 14585-1993（修订）
GB 36900.3-2018 低、中水平放射性废物高完整性容器—交联高密度聚乙烯容器
低、中水平放射性废物高完整性容器混凝土容器 GB 36900.2-2018
低、中水平放射性废物高完整性容器球墨铸铁容器 GB 36900.1-2018
低、中水平放射性固体废物近地表处置安全规定 GB 9132-2018
低、中水平放射性固体废物包装安全标准 GB 12711-2018
低、中水平放射性废物固化体性能要求沥青固化体 GB 14569.3-1995
放射性废物管理规定 GB 14500-2002
低中水平放射性固体废物的岩洞处置规定 GB 13600-1992
低、中水平放射性废物固化体性能要求水泥固化体 GB 14569.1-2011
高水平放射性废液贮存厂房设计规定 GB 11929-2011
低、中水平放射性固体废物暂时贮存规定 GB 11928-1989
近地表放射性固体废物处置设施安全分析报告标准格式与内容（制定）
放射性废物近地表处置安全全过程系统分析和安全评价（制定）
核技术利用放射性废物最小化（制定）
核设施退役的安全评价（制定）
生产、使用放射物质或使用射线装置的医学工业和研究设施的退役（制定）
核燃料循环设施的退役（制定）
实践终止后场址审管控制的解除（制定）
放射性废物处置的质量管理（制定）
来自核设施的放射性废物处置前管理（制定）
医疗、工业、农业、研究和教学应用中产生的放射性废物管理安全（制定）
加工、处理和贮存放射性废物的质量管理（制定）
放射性污染物料（设备）再循环再利用（制定）
放射性废物地质处置设施（制定）
放射性废物的贮存（制定）
放射性废物处置前管理的安全全过程系统分析和安全评价（制定）
核技术利用放射性废物库选址、设计与建造技术要求（试行）
放射性废物处置设施的监测和检查 HAD401/09-2019
核设施放射性废物最小化 HAD401/08-2016
γ辐照装置退役 HAD401/07-2013
高水平放射性废物地质处置设施选址 HAD401/06-2013
放射性废物近地表处置场选址 HAD401/05-1998
放射性废物分类 HAD401/04-2017
放射性废物焚烧设施的设计与运行 HAD401/03-1997
核电厂放射性废物管理系统的设计 HAD401/02-1997
核电厂放射性排出流和废物管理 HAD401/01-1990（修订）

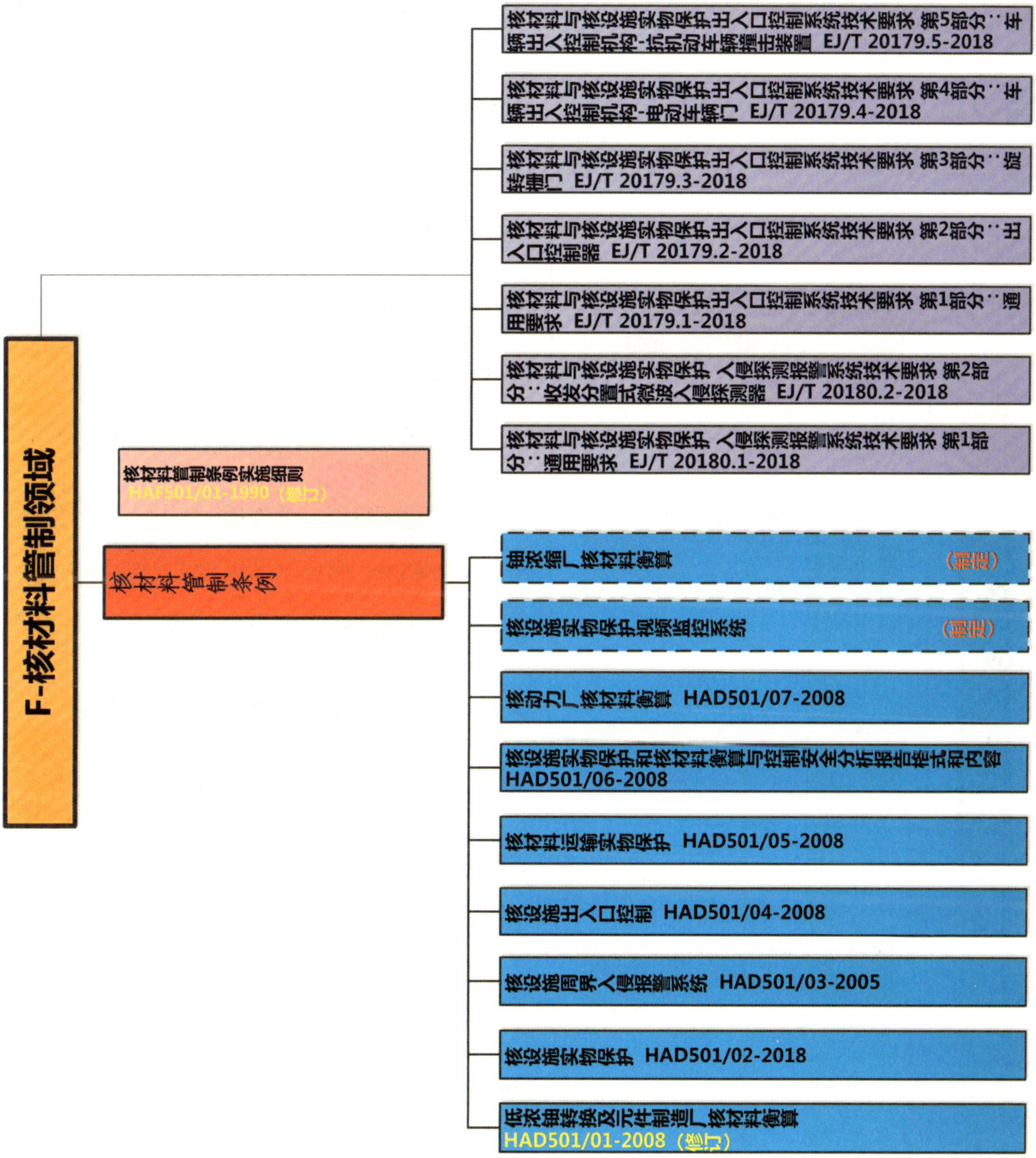
F-核材料管制领域
核材料管制条例
核材料管制条例实施细则 HAF501/01-1990（修订）
铀浓缩厂核材料衡算 （制定）
核设施实物保护视频监控系统 （制定）
核动力厂核材料衡算 HAD501/07-2008
核设施实物保护和核材料衡算与控制安全分析报告格式和内容 HAD501/06-2008
核材料运输实物保护 HAD501/05-2008
核设施出入口控制 HAD501/04-2008
核设施周界入侵报警系统 HAD501/03-2005
核设施实物保护 HAD501/02-2018
低浓铀转换及元件制造厂核材料衡算 HAD501/01-2008（修订）
核材料与核设施实物保护出入口控制系统技术要求 第5部分：车辆出入控制机构-抗机动车辆撞击装置 EJ/T 20179.5-2018
核材料与核设施实物保护出入口控制系统技术要求 第4部分：车辆出入控制机构-电动车辆门 EJ/T 20179.4-2018
核材料与核设施实物保护出入口控制系统技术要求 第3部分：旋转栅门 EJ/T 20179.3-2018
核材料与核设施实物保护出入口控制系统技术要求 第2部分：出入口控制器 EJ/T 20179.2-2018
核材料与核设施实物保护出入口控制系统技术要求 第1部分：通用要求 EJ/T 20179.1-2018
核材料与核设施实物保护 入侵探测报警系统技术要求 第2部分：收发分置式微波入侵探测器 EJ/T 20180.2-2018
核材料与核设施实物保护 入侵探测报警系统技术要求 第1部分：通用要求 EJ/T 20180.1-2018

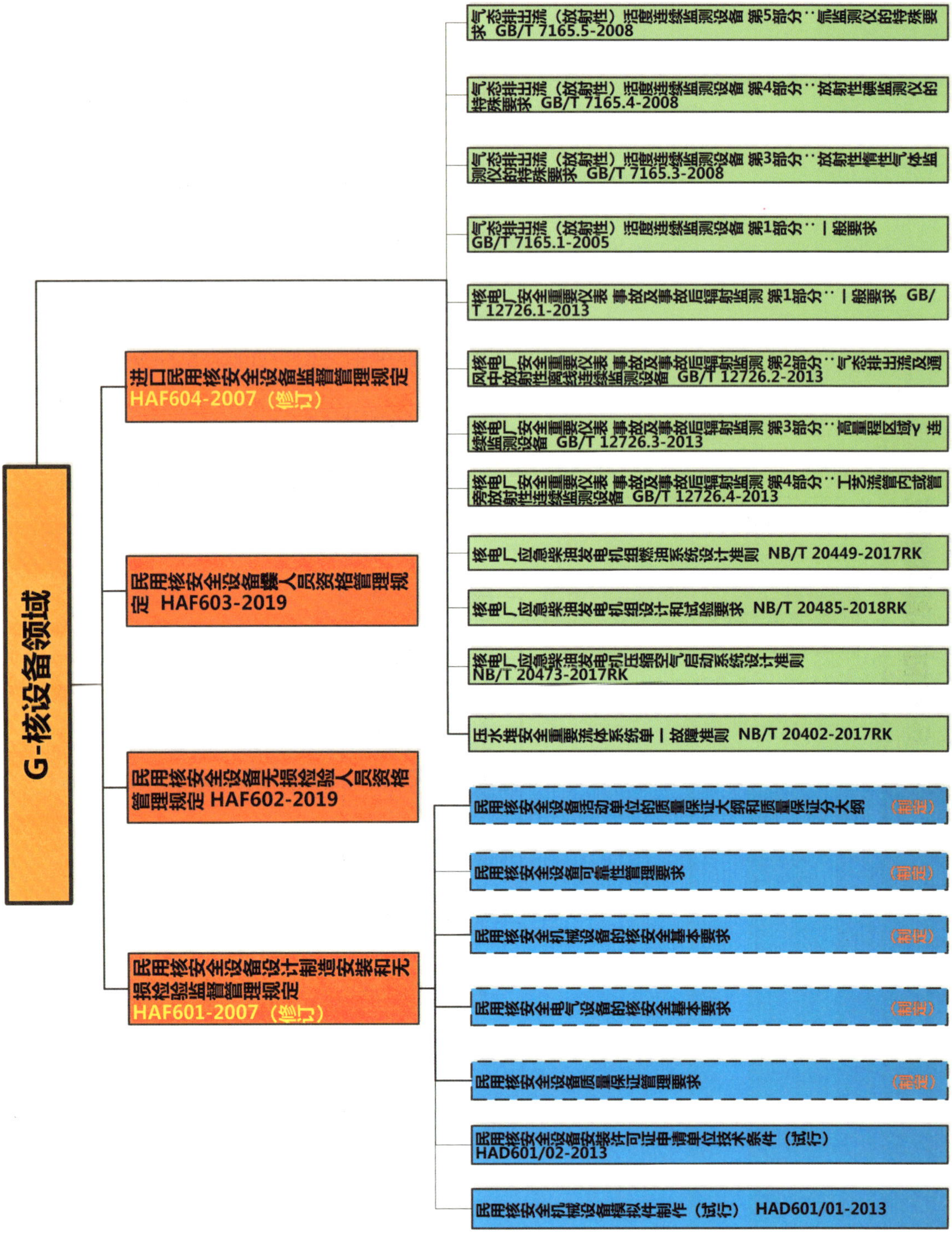
G-核设备领域
进口民用核安全设备监督管理规定 HAF604-2007（修订）
民用核安全设备焊工焊接操作工资格管理规定 HAF603-2019
民用核安全设备无损检验人员资格管理规定 HAF602-2019
民用核安全设备设计制造安装和无损检验监督管理规定 HAF601-2007（修订）
气态排出流（放射性）活度连续监测设备 第5部分：氚监测仪的特殊要求 GB/T 7165.5-2008
气态排出流（放射性）活度连续监测设备 第4部分：放射性碘监测仪的特殊要求 GB/T 7165.4-2008
气态排出流（放射性）活度连续监测设备 第3部分：放射性惰性气体监测仪的特殊要求 GB/T 7165.3-2008
气态排出流（放射性）活度连续监测设备 第1部分：一般要求 GB/T 7165.1-2005
核电厂安全重要仪表 事故及事故后辐射监测 第1部分：一般要求 GB/T 12726.1-2013
核电厂安全重要仪表 事故及事故后辐射监测 第2部分：气态排出流及通风中放射性离线连续监测设备 GB/T 12726.2-2013
核电厂安全重要仪表 事故及事故后辐射监测 第3部分：高量程区域γ连续监测设备 GB/T 12726.3-2013
核电厂安全重要仪表 事故及事故后辐射监测 第4部分：工艺流管内或管旁放射性连续监测设备 GB/T 12726.4-2013
核电厂应急柴油发电机组燃油系统设计准则 NB/T 20449-2017RK
核电厂应急柴油发电机组设计和试验要求 NB/T 20485-2018RK
核电厂应急柴油发电机压缩空气启动系统设计准则 NB/T 20473-2017RK
压水堆安全重要流体系统单一故障准则 NB/T 20402-2017RK
民用核安全设备活动单位的质量保证大纲和质量保证分大纲 （制定）
民用核安全设备可靠性管理要求 （制定）
民用核安全机械设备的核安全基本要求 （制定）
民用核安全电气设备的核安全基本要求 （制定）
民用核安全设备质量保证管理要求 （制定）
民用核安全设备安装许可证申请单位技术条件（试行） HAD601/02-2013
民用核安全机械设备模拟件制作（试行） HAD601/01-2013

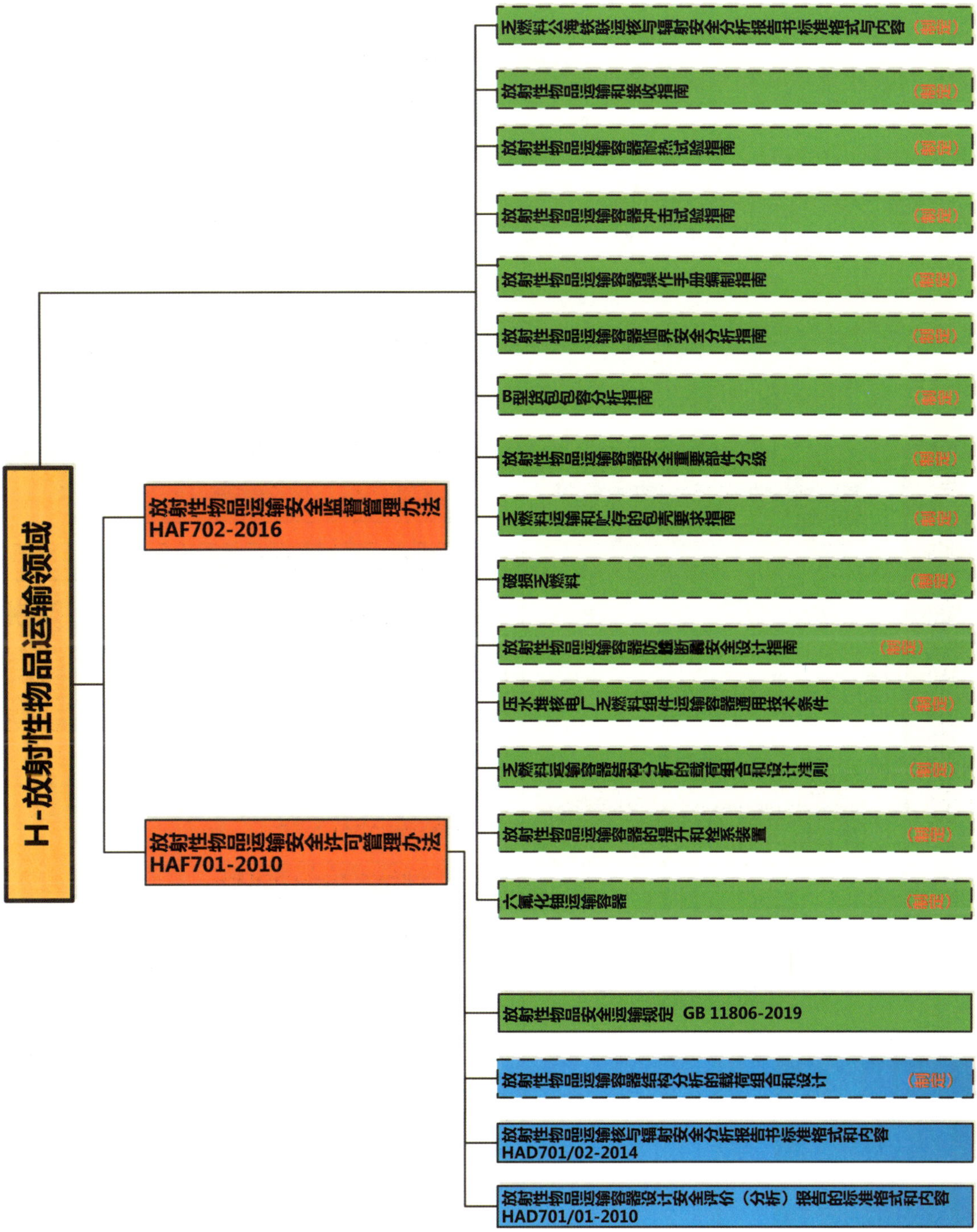
H-放射性物品运输领域
放射性物品运输安全监督管理办法 HAF702-2016
放射性物品运输安全许可管理办法 HAF701-2010
乏燃料公海铁联运核与辐射安全分析报告书标准格式与内容（制定）
放射性物品运输和接收指南（制定）
放射性物品运输容器耐热试验指南（制定）
放射性物品运输容器冲击试验指南（制定）
放射性物品运输容器操作手册编制指南（制定）
放射性物品运输容器临界安全分析指南（制定）
B型货包包容分析指南（制定）
放射性物品运输容器安全重要部件分级（制定）
乏燃料运输和贮存的包壳要求指南（制定）
破损乏燃料（制定）
放射性物品运输容器防脆断裂安全设计指南（制定）
压水堆核电厂乏燃料组件运输容器通用技术条件（制定）
乏燃料运输容器结构分析的载荷组合和设计准则（制定）
放射性物品运输容器的提升和栓系装置（制定）
六氟化铀运输容器（制定）
放射性物品安全运输规定 GB 11806-2019
放射性物品运输容器结构分析的载荷组合和设计（制定）
放射性物品运输核与辐射安全分析报告书标准格式和内容 HAD701/02-2014
放射性物品运输容器设计安全评价（分析）报告的标准格式和内容 HAD701/01-2010

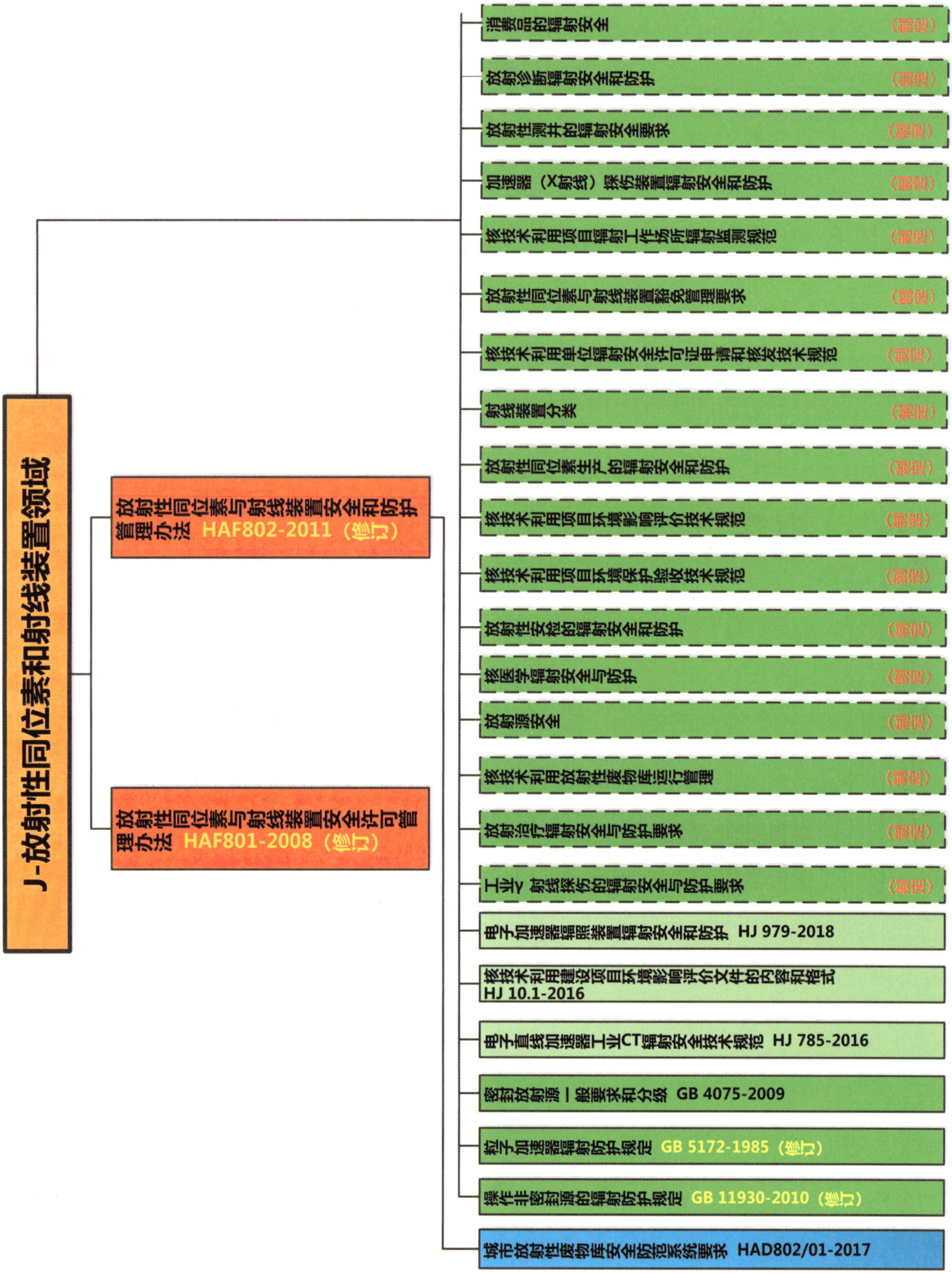
J-放射性同位素和射线装置领域
放射性同位素与射线装置安全和防护管理办法 HAF802-2011（修订）
放射性同位素与射线装置安全许可管理办法 HAF801-2008（修订）
消费品的辐射安全（制定）
放射诊断辐射安全和防护（制定）
放射性测井的辐射安全要求（制定）
加速器（X射线）探伤装置辐射安全和防护（制定）
核技术利用项目辐射工作场所辐射监测规范（制定）
放射性同位素与射线装置豁免管理要求（制定）
核技术利用单位辐射安全许可证申请和核发技术规范（制定）
射线装置分类（制定）
放射性同位素生产的辐射安全和防护（制定）
核技术利用项目环境影响评价技术规范（制定）
核技术利用项目环境保护验收技术规范（制定）
放射性安检的辐射安全和防护（制定）
核医学辐射安全与防护（制定）
放射源安全（制定）
核技术利用放射性废物库运行管理（制定）
放射治疗辐射安全与防护要求（制定）
工业γ射线探伤的辐射安全与防护要求（制定）
电子加速器辐照装置辐射安全和防护 HJ 979-2018
核技术利用建设项目环境影响评价文件的内容和格式 HJ 10.1-2016
电子直线加速器工业CT辐射安全技术规范 HJ 785-2016
密封放射源一般要求和分级 GB 4075-2009
粒子加速器辐射防护规定 GB 5172-1985（修订）
操作非密封源的辐射防护规定 GB 11930-2010（修订）
城市放射性废物库安全防范系统要求 HAD802/01-2017

- K－辐射环境领域
  - 辐射环境监测管理办法（制定）
    - GB 6249–2011 核动力厂环境辐射防护规定
    - GB 8702–2014 电磁环境控制限值
    - GB 8999–1988（修订） 电离辐射监测质量保证一般规定
    - GB 11215–1989 核辐射环境质量评价一般规定
    - 般要求 GB 11216–1989（修订） 核设施流出物和环境放射性监测质量保证大纲一
    - GB 11217–1989 核设施流出物监测的一般规定
    - 生子交换法 GB 11222.2–1989 物样品灰中锶-90的放射化学分析方法离
    - GB 12379–1990（修订） 环境核辐射监测规定
    - GB 14586–1993（修订） 铀矿冶设施退役环境管理技术规定
    - GB 15848–2009 铀矿地质勘查辐射防护和环境保护规定
    - GB 18871–2002 电离辐射防护与辐射源安全基本标准
    - GB 20664–2006 有色金属矿产品的天然放射性限值
    - GB 23726–2009 铀矿冶辐射环境监测规定
    - GB 23727–2009（修订） 铀矿冶辐射防护和环境保护规定
    - 活度浓度 GB 27742–2011 可免于辐射防护监管的物料中放射性核素
    - GB/T 11743–2013 土壤中放射性核素的γ能谱分析方法
    - GB/T11214–1989 水中镭-226的分析测定
    - GB/T11218–1989 水中镭的α放射性核素的测定
    - GB/T11224–1989 水中钍的分析方法
    - GB/T11338–1989 水中钾-40的分析方法
    - GB/T12375–1990（修订） 水中氚的分析方法
    - GB/T 13160–1991 轻水堆核电厂辐射屏蔽检测大纲
    - GB/T 13625–2018 核电厂安全重要电气设备抗震鉴定
    - 理限值 GB/T13695–1992 核燃料循环放射性流出物归一化排放量管
    - GB/T 14502–1993 水中镍-63的分析方法
    - GB/T 14582–1993（修订） 环境空气中氡的标准测量方法
    - GB/T 14583–1993（修订） 环境地表γ辐射剂量率测定规范
    - GB/T 14584–1993 空气中碘-131的取样与测定
    - GB/T 14588–2009 反应堆退役环境管理技术规定
    - GB/T 15220–1994 水中铁-59的分析方法
    - GB/T 15221–1994 水中钴-60的分析方法
    - 活度监测规定 GB/T 15444–1995 铀加工及核燃料制造设施流出物的放射性
    - GB/T15847–1995 核临界事故剂量测定
    - GB/T15849–1995 密封放射源的泄漏检验方法
    - GB/T 16698–2008 α粒子发射率的测量大面积正比计数管法
    - 清洁解控水平 GB/T 17567–2009 核设施的钢铁、铝、镍和铜再循环、再利用的
    - 物质的放射性活度测量 GB/T 17947–2008 拟再循环、再利用或作非放射性废物处置的固体
    - GB/T 23728–2009 铀矿冶辐射环境影响评价规定
    - HJ 1009–2019 辐射环境空气自动监测站运行技术规范
    - HJ 24–2014（修订） 环境影响评价技术导则输变电工程
    - HJ 53–2000 拟开放场址土壤中剩余放射性可接受水平规定
    - HJ 61–2001（修订） 辐射环境监测技术规范
    - HJ 681–2013 交流输变电工程电磁环境监测方法（试行）
    - HJ 705–2014（修订） 建设项目竣工环境保护验收技术规范输变电工程
    - HJ 813–2016 水中钋-210的分析方法
    - HJ 814–2016 水和土壤样品中钚的放射化学分析方法
    - HJ 815–2016 水和生物样品灰中锶-90的放射化学分析方法
    - HJ 816–2016 水和生物样品灰中铯-137的放射化学分析方法
    - HJ 840–2017 环境样品中微量铀的分析方法
    - 的分析方法 HJ 841–2017 水、牛奶、植物和动物甲状腺中碘-131
    - HJ 969–2018 核电厂运行前辐射环境本底调查技术规范
    - HJ 972–2018 移动通信基站电磁辐射环境监测方法
    - 和方法 HJ/T 10.2–1996 辐射环境保护管理导则电磁辐射监测仪器
    - 评价方法与标准 HJ/T 10.3–1996 辐射环境保护管理导则电磁辐射环境影响
    - HJ/T 21–1998 核设施水质监测采样规定
    - HJ/T 22–1998 气载放射性物质取样一般规定
    - HJ/T 61–2001（修订） 辐射环境监测技术规范
    - HJ 1015.1–2019 环境影响评价技术导则铀矿冶
    - HJ 1015.2–2019 环境影响评价技术导则铀矿冶退役
    - 辐射事故应急监测技术规范（制定）
    - 核事故应急监测技术规范（制定）
    - 水中C-14的分析方法（制定）
    - 矿产资源开发利用辐射环境限值（制定）
    - 技术规范（制定） 矿产资源开发利用伴生放射性废水处理
    - 技术规范（制定） 伴生放射性物料贮存及处置辐射环境保护
    - 环境影响评价技术导则广播电视（制定）
    - 建设项目竣工环境保护验收技术规范广播电视
    - 矿冶退役（制定） 建设项目竣工环境保护验收技术指南铀
    - 直流输电工程合成电场限值及其检测方法（制定）
    - 输变电建设项目环境保护技术要求（制定）
    - 移动通信基站电磁辐射环境监测方法（制定）
    - 建设项目竣工环境保护验收技术指南铀矿冶（制定）
    - 变电站低频噪声限值（制定）
    - 环境影响评价技术导则卫星地球上行站（制定）
    - 环境影响评价技术导则雷达（制定）
    - 中波广播发射台电磁辐射环境监测方法（制定）
    - 短波广播发射台电磁辐射环境监测方法（制定）
    - 解谱法（制定） 环境空气中气溶胶中γ放射性核素的测定γ
    - 就地γ解谱测量技术规范（制定）

部门规章、规范性文件和标准的判定方法

一、何谓“法律规范”

1. 基本定义

“法律规范”是指由国家制定或认可的，具体规定权利义务及法律后果，并由国家强制力保障实施的行为规则。法律规范通常由 3 个部分组成，也称法律规范的三要素：假定、处理、制裁。

①“假定”：是适用规范的必要条件。

②“处理”：是行为规范本身的基本要求，即以权利和义务的形式规定调整对象应当做什么，不能做什么。

③“制裁”：是法律规范中规定行为主体违反法律规定时应当承担何种法律责任、接受何种国家强制措施的部分。

法律规范的三要素密切联系，缺一不可，否则不是法律规范。

2. 基本特点

法律规范作为调整行为主体的社会规范，具备普遍适用、反复适用的特点；对行为主体而言，能做什么或者不能做什么，具有鲜明的确定性；在内容上规定了行为主体法律上的权利和义务，具备约束性和后果性；它由国家强制力保证实施，因而还具有强制性。

据此，我国广义上的法律体系通常包括法律、行政法规、部门规章、规范性文件。引导性、倡导性的规定，或者纯粹技术指引性的规定，不符合法律规范的内在要求。

二、何谓“部门规章”

根据全国人大通过的《中华人民共和国立法法》、国务院通过的《规章制定程序条例》等法律法规的规定，“部门规章”属于法律体系的一部分。界定某一文件

是否属于部门规章，可以从以下几个方面进行判断。

1. 规章制定主体

《中华人民共和国宪法》第九十条规定“国务院各部、各委员会根据法律和国务院的行政法规、决定、命令，在本部门的权限内，发布命令、指示和规章”。

《中华人民共和国立法法》第八十条明确规定：国务院各部、委员会、中国人民银行、审计署和具有行政管理职能的直属机构，可以根据法律和国务院的行政法规、决定、命令，在本部门的权限范围内，制定规章。

据此，部门规章的制定主体，实际上分为三类：一是“国务院各部、委员会”，其设置由全国人大批准；二是“中国人民银行、审计署”，全国人大批准其设置，并为其职能分别制定专门法律；三是“具有行政管理职能的直属机构”，如海关总署、税务总局等机构。

2. 规章内容

《中华人民共和国立法法》第八十条规定：部门规章规定的事项应当属于执行法律或者国务院的行政法规、决定、命令的事项。没有法律或者国务院的行政法规、决定、命令的依据，部门规章不得设定减损公民、法人和其他组织权利或者增加其义务的规范，不得增加本部门的权力或者减少本部门的法定职责。

《规章制定程序条例》第四条规定“制定规章，在规定行政管理相对人应当履行的义务的同时，应当规定其相应的权利和保障权利实现的途径。在赋予行政机关必要职权的同时，应当规定其行使职权的条件、程序和应承担的责任”。

据此，就内容而言，部门规章重点在于规定三方面事项：一是本部门的职责、权力，二是行政管理相对人权利、义务相关的事项，三是违反法定义务相应的责任或者制裁措施。纯粹的技术性要求，不宜以部门规章的形式规定，可以根据内容分别采用规范性文件、标准或其他技术规范方式。

关于处罚、许可和强制措施的设定：根据《中华人民共和国行政处罚法》和国务院贯彻该法的通知规定“部门规章可以设定有限的行政处罚，即警告、3 万元以下的罚款”。根据《中华人民共和国行政许可法》《中华人民共和国行政强制法》等法律规定，部门规章既不能设定行政许可事项，也不能规定行政强制措施。

3. 规章形式

《中华人民共和国立法法》第六十一条规定“法律规范根据内容需要，可以分编、章、节、条、款、项、目。编、章、节、条的序号用中文数字依次表述，款不编序号，项的序号用中文数字加括号依次表述”。国务院发布的《行政法规制定程序条例》第六条规定，“章、节、条的序号用中文数字依次表述，款不编序号，项的序号用中文数字加括号依次表述，目的序号用阿拉伯数字依次表述”。《规章制定程序条例》第十九条规定，规章送审稿不符合立法技术要求的，法制机构可以缓办或者退回起草单位。

4. 规章发布程序

《中华人民共和国立法法》第八十四条规定“部门规章应当经部务会议或者委员会会议决定”。第八十五条规定“部门规章由部门首长签署命令予以公布”。

据此，环保领域的部门规章应当经部务会议审议通过后，以“部令”的形式发布。不以“部令”形式发布的文件，从立法形式上判断，依法不能认定为部门规章。

5. 规章备案要求

《中华人民共和国立法法》《规章制定程序条例》《法规规章备案条例》都规定，部门规章应当自公布之日起 30 日内报国务院备案。其中，《法规规章备案条例》第二条第二款明确规定“准予备案的部门规章是指国务院各部、委员会、中国人民银行、审计署和具有行政管理职能的直属机构在本部门的权限范围内制定的规章”。《法规规章备案条例》第七条规定“报送规章备案符合本条例第二条规定的，国务院法制机构予以备案登记；不符合第二条规定的，不予备案登记”。第十六条进一步明确规定“对违背《规章制定程序条例》第二条第二款规定的无效规章，国务院法制机构不予备案”。

据此，部门规章必须由法定授权的行政部门制定公布，并履行规章备案程序，依法报国务院备案，接受国务院法制办审查；超越制定权限、违反制定程序的，属于无效规章，将不予备案。

6. 规章效力层级

根据《中华人民共和国立法法》，部门规章在我国法律体系中的地位次于法律、行政法规，不得与法律、行政法规相抵触。《中华人民共和国行政诉讼法》第六十三条规定：人民法院审理行政案件，以法律法规为依据，参照规章。

据此，部门规章在人民法院审理行政案件时，具有“参照”的作用。所谓“参照”是指，只要部门规章不与法律和行政法规相抵触，将作为审判依据；如果存在抵触，就不得作为依据。

三、何谓“规范性文件”

我国目前尚无法律或行政法规对规范性文件的制定和实施进行专门的界定。中共中央、国务院2015年发布的《法治政府建设实施纲要》对规范性文件的制定、审查提出了相关要求。界定某一文件是否属于规范性文件，可以从以下几个方面进行判断。

1. 制定主体

国务院各部委、国务院直属机构、国务院直属事业单位、国务院各部委管理的国家局，均有权制定规范性文件。

2. 文件内容

规范性文件规范的内容比较宽泛，凡是部门职责范围内的事项，只要不和法律、行政法规、国务院发布的命令决定以及本部门发布的规章相抵触，可以制定规范性文件。由此可见，对于不宜制定部门规章的行政管理事项，大多可以通过制定规范性文件来规定。

规范性文件在内容上也有一定限制。根据《行政处罚法》《行政许可法》《行政强制法》以及国务院《法治政府建设实施纲要》都明确规定：规范性文件不得设定行政许可、行政处罚、行政强制等事项，不得减损公民、法人和其他组织合法权益或者增加其义务。

3. 制定程序

国务院《法治政府建设实施纲要》提出，完善规范性文件制定程序，落实合法性审查、集体讨论决定等制度，实行制定机关对规范性文件统一登记、统一编号、统一印发制度。

据此，生态环境部制定了《环境保护部规范性文件合法性审查办法》。自2016年6月1日起，我部发布的规范性文件已实施统一登记、统一编号、统一印发制度，所有规范性文件均以“国环规”的文号发布实施。

4. 备案要求

规范性文件目前尚无备案要求。国务院《法治政府建设实施纲要》提出：加强备案审查制度和能力建设，把所有规范性文件纳入备案审查范围，健全公民、法人和其他组织对规范性文件的建议审查制度，加大备案审查力度。规范性文件的审查备案制度尚在探索中。

5. 效力层级

规范性文件的效力低于部门规章。《行政诉讼法》第五十三条规定“公民、法人或者其他组织认为行政行为所依据的国务院部门和地方人民政府及其部门制定的规范性文件（不含规章）不合法，在对行政行为提起诉讼时，可以一并请求对该规范性文件进行审查”，第六十四条规定“人民法院在审理行政案件中，经审查认为规范性文件不合法的，不作为认定行政行为合法的依据，并向制定机关提出处理建议”。

据此，规范性文件在行政诉讼中，不仅没有参照的作用，还可以成为人民法院审查的对象。

四、何谓“标准”

1. 法律定义

2018 年 1 月 1 日，新修订的《中华人民共和国标准化法》开始生效实施。根据新《标准化法》第二条的规定，“标准包括国家标准、行业标准、地方标准和团体标准、企业标准。国家标准分为强制性标准、推荐性标准，行业标准、地方标准是推荐性标准”。因此，除强制性国家标准（GB）以外的标准，都是推荐性标准。推荐性标准包括推荐性国家标准（GB/T）、行业标准、地方标准、团体标准和企业标准。新《标准化法》第二条还规定“强制性标准必须执行”。

根据新《标准化法》的分类，核领域标准体系中，强制性国家标准即 GB、推荐性国家标准即 GB/T、推荐性行业标准即 HJ、NB、EJ 等。

2. 制定主体

根据新《标准化法》第十条规定“对保障人身健康和生命财产安全、国家安全、生态环境安全以及满足经济社会管理基本需要的技术要求，应当制定强制性国家标准”。

新《标准化法》第十条还规定，“国务院有关行政主管部门依据职责负责强制性国家标准的项目提出、组织起草、征求意见和技术审查。国务院标准化行政主管部门负责强制性国家标准的立项、编号和对外通报。国务院标准化行政主管部门应当对拟制定的强制性国家标准是否符合前款规定进行立项审查，对符合前款规定的予以立项”。

3. 制定程序

根据新《标准化法》和《国家环境保护标准制（修）订工作管理办法》，强制性国家标准（GB）的制（修）订需经过司务会审查、部长专题会审议、法规司审查、部常务会审议，生态环境部会签国家市场监管总局发布等5项主要程序。

4. 效力层级

根据新《标准化法》对于强制性国家标准的审批和发布程序，强制性国家标准的法律效力相当于部门规章，强制性国家标准的法律效力高于生态环境部发布的规范性文件。

二、我国及国际原子能机构安全法规标准状态

中国核与辐射安全法规标准体系状态报告

（截至 2020 年 11 月 30 日）

截至 2020 年 11 月 30 日，我国已形成“法律－行政法规－部门规章－标准（含强标、推标、导则、行标）”的全方位多层次文件体系。本报告分为 8 章，涵盖了法律、行政法规、部门规章、核安全导则、强制性国标、推荐性国标、环境标准和已进行核安全认可的能源标准，借鉴 IAEA 的法规状态报告，针对每一类文件，列出其所涉及领域、历次版本、制（修）订状态等信息。

每份文件列为一条，由表格展现其具体信息（示例如下）：

GE	NPP	RR	FCF	RW	NM	NE	TR	RS	RE
历次版本信息及目前是否正在制（修）订或废止		制（修）订计划号（如正在制（修）订）			制（修）订环节（如正在制（修）订）			归口部门或标准化技术委员会（如正在制（修）订）	

表中的代码分别指代我国核与辐射安全法规标准体系的 10 个领域：

GE——通用

NPP——核电厂

RR——研究堆

FCF——燃料循环设施

RW——放射性废物

NM——核材料管制

NE——核设备

TR——放射性物品运输

RS——放射性同位素与射线装置

RE——辐射环境

某个格子涂色，代表本文件涉及代码相应领域。例如示例中，NPP 的格子涂色，则代表该文件所属领域为核电厂。

一、法律

1. 中国人民共和国核安全法

GE	NPP	RR	FCF	RW	NM	NE	TR	RS	RE
2017 年 9 月 1 日发布，自 2018 年 1 月 1 日起施行									

2. 中华人民共和国放射性污染防治法

GE	NPP	RR	FCF	RW	NM	NE	TR	RS	RE
2003 年 6 月 28 日通过，2003 年 10 月 1 日起施行									

二、行政法规

1. 民用核设施安全监督管理条例

GE	NPP	RR	FCF	RW	NM	NE	TR	RS	RE
1986 年 10 月 29 日发布并实施									

2. 核电厂核事故应急管理条例

GE	NPP	RR	FCF	RW	NM	NE	TR	RS	RE
—2011 年 1 月 8 日修订后实施； —1993 年 8 月 4 日起施行									

3. 核材料管制条例

GE	NPP	RR	FCF	RW	NM	NE	TR	RS	RE
1987 年 6 月 15 日实施									

4. 民用核安全设备监督管理条例

GE	NPP	RR	FCF	RW	NM	**NE**	TR	RS	RE
—2016 年 2 月 6 日修订后实施； —2007 年 7 月 11 日发布，自 2008 年 1 月 1 日起施行									

5. 放射性物品运输安全管理条例

GE	NPP	RR	FCF	RW	NM	NE	**TR**	RS	RE
2009 年 9 月 14 日签发， 自 2010 年 1 月 1 日起施行									

6. 放射性同位素与射线装置安全和防护条例

GE	NPP	RR	FCF	RW	NM	NE	TR	**RS**	RE
2005 年 9 月 14 日发布， 自 2005 年 12 月 1 日起施行									

7. 放射性废物安全管理条例

GE	NPP	RR	FCF	**RW**	NM	NE	TR	RS	RE
2012 年 3 月 1 日起施行									

三、部门规章

1. HAF001/01：核动力厂、研究堆、核燃料循环设施安全许可程序规定

GE	**NPP**	RR	FCF	RW	NM	NE	TR	RS	RE
2019 年 10 月 1 日起施行									

2. HAF001/01/01：民用核设施安全监督管理条例实施细则之一附件一——核电厂操纵人员执照颁发和管理程序

GE	**NPP**	RR	FCF	RW	NM	NE	TR	RS	RE
1993 年 12 月 31 日实施									

3. HAF001/02：民用核设施安全监督管理条例实施细则之二——核设施的安全监督

GE	NPP	RR	FCF	RW	NM	NE	TR	RS	RE
—1995 年 10 月 1 日修订后实施； —1988 年 4 月 14 日实施									

4. HAF001/02/01：核动力厂营运单位核安全报告规定

GE	NPP	RR	FCF	RW	NM	NE	TR	RS	RE
—2020 年 11 月 5 日修订后发布，2021 年 1 月 1 日起实施； —1995 年 6 月 14 日实施《民用核设施安全监督管理条例实施细则之二附件——核电厂营运单位报告制度									

5. HAF001/02/02：民用核设施安全监督管理条例实施细则之二附件二——研究堆营运单位报告制度

GE	NPP	RR	FCF	RW	NM	NE	TR	RS	RE
1995 年 6 月 14 日实施									

6. HAF001/02/03：民用核设施安全监督管理条例实施细则之二附件三——核燃料循环设施的报告制度

GE	NPP	RR	FCF	RW	NM	NE	TR	RS	RE
1995 年 6 月 14 日实施									

7. HAF002/01：核电厂核事故应急管理条例实施细则之一——核电厂营运单位的应急准备和应急响应

GE	NPP	RR	FCF	RW	NM	NE	TR	RS	RE
1998 年 5 月 12 日实施									

8. HAF003：核电厂质量保证安全规定

GE	**NPP**	RR	FCF	RW	NM	NE	TR	RS	RE
1991 年 7 月 27 日实施									

9. HAF004：核与辐射安全监督检查人员证件管理办法

GE	**NPP**	**RR**	**FCF**	**RW**	**NM**	**NE**	**TR**	**RS**	**RE**
2013 年 12 月 30 日发布， 2014 年 3 月 1 日起实施									

10. HAF101：核电厂厂址选择安全规定

GE	**NPP**	RR	FCF	RW	NM	NE	TR	RS	RE
1991 年 7 月 27 日实施									

11. HAF102：核动力厂设计安全规定

GE	**NPP**	RR	FCF	RW	NM	NE	TR	RS	RE
—2016 年 10 月 26 日修订后实施； —2004 年 4 月 18 日实施									

12. HAF103：核动力厂运行安全规定

GE	**NPP**	RR	FCF	RW	NM	NE	TR	RS	RE
—2004 年 4 月 18 日修订后实施； —1991 年 7 月 27 日实施									

13. HAF103/01：核电厂运行安全规定附件——核电厂换料、修改和事故停堆管理

GE	**NPP**	RR	FCF	RW	NM	NE	TR	RS	RE
1994 年实施									

14. HAF201：研究堆设计安全规定

GE	NPP	**RR**	FCF	RW	NM	NE	TR	RS	RE
1995 年 6 月 6 日发布， 10 月 1 日实施									

15. HAF202：研究堆运行安全规定

GE	NPP	**RR**	FCF	RW	NM	NE	TR	RS	RE
1995年6月6日发布， 1995年10月1日实施									

16. HAF301：民用核燃料循环设施的安全规定

GE	NPP	RR	**FCF**	RW	NM	NE	TR	RS	RE
1993年6月17日实施									

17. HAF401：放射性废物安全监督管理规定

GE	NPP	RR	FCF	**RW**	NM	NE	TR	RS	RE
1997年起施行									

18. HAF402：放射性固体废物贮存和处置许可管理办法

GE	NPP	RR	FCF	**RW**	NM	NE	TR	RS	RE
2013年12月30日发布， 2014年3月1日起实施									

19. HAF501/01：核材料管制条例实施细则

GE	NPP	RR	FCF	RW	**NM**	NE	TR	RS	RE
1990年9月1日起施行									

20. HAF601：民用核安全设备设计制造安装和无损检验监督管理规定

GE	NPP	RR	FCF	RW	NM	**NE**	TR	RS	RE
—2007年12月25日起发布，2008年1月1日施行； —1992年3月4日发布									

21. HAF602：民用核安全设备无损检验人员资格管理规定

GE	NPP	RR	FCF	RW	NM	**NE**	TR	RS	RE
—2019 年 3 月 21 日公布，2020 年 1 月 1 日起实施（第二次修订）； —2007 年 12 月 28 日发布，2008 年 1 月 1 日施行（第一次修订）； —1995 年 6 月 6 日实施									

22. HAF603：民用核安全设备焊接人员资格管理规定

GE	NPP	RR	FCF	RW	NM	**NE**	TR	RS	RE
—2019 年 3 月 21 日公布，2020 年 1 月 1 日起实施（第二次修订）； —2007 年 12 月 25 日发布，2008 年 1 月 1 日施行（第一次修订）； —1995 年 6 月 6 日实施									

23. HAF604：进口民用核安全设备监督管理规定

GE	NPP	RR	FCF	RW	NM	**NE**	TR	RS	RE
—2019 年 7 月 11 日修订后实施； —2007 年 12 月 25 日起发布，2008 年 1 月 1 日施行									

24. HAF701：放射性物品运输安全许可管理

GE	NPP	RR	FCF	RW	NM	NE	**TR**	RS	RE
—2019 年 7 月 11 日修订后发布； —2010 年 9 月 25 日发布，2010 年 11 月 1 日施行									

25. HAF702：放射性物品运输安全监督管理办法

GE	NPP	RR	FCF	RW	NM	NE	**TR**	RS	RE
2016 年 3 月 14 日发布，2016 年 5 月 1 日施行									

26. HAF801：放射性同位素与射线装置安全许可管理办法

<table>
<tr><td colspan="2">GE</td><td colspan="2">NPP</td><td colspan="2">RR</td><td colspan="2">FCF</td><td colspan="2">RW</td><td colspan="2">NM</td><td colspan="2">NE</td><td colspan="2">TR</td><td colspan="2">RS</td><td colspan="2">RE</td></tr>
<tr><td colspan="5">—2019 年 7 月 11 日实施（第三次修订）；
—2017 年 12 月 12 日实施（第二次修订）；
—2008 年 12 月 6 日实施（第一次修订）；
—2006 年 1 月 18 日发布</td><td colspan="5"></td><td colspan="5"></td><td colspan="5"></td></tr>
</table>

27. HAF802：放射性同位素与射线装置安全和防护管理办法

<table>
<tr><td colspan="2">GE</td><td colspan="2">NPP</td><td colspan="2">RR</td><td colspan="2">FCF</td><td colspan="2">RW</td><td colspan="2">NM</td><td colspan="2">NE</td><td colspan="2">TR</td><td colspan="2">RS</td><td colspan="2">RE</td></tr>
<tr><td colspan="5">2011 年 4 月 18 日发布，
2011 年 5 月 1 日施行</td><td colspan="5"></td><td colspan="5"></td><td colspan="5"></td></tr>
</table>

28. HAFXXX：核动力厂管理体系安全规定

<table>
<tr><td colspan="2">GE</td><td colspan="2">NPP</td><td colspan="2">RR</td><td colspan="2">FCF</td><td colspan="2">RW</td><td colspan="2">NM</td><td colspan="2">NE</td><td colspan="2">TR</td><td colspan="2">RS</td><td colspan="2">RE</td></tr>
<tr><td colspan="5">正在制定中</td><td colspan="5"></td><td colspan="5">面向社会公开征求意见</td><td colspan="5">生态环境部</td></tr>
</table>

四、导则

1. HAD002/01—2010：核动力厂营运单位的应急准备和应急响应

<table>
<tr><td colspan="2">GE</td><td colspan="2">NPP</td><td colspan="2">RR</td><td colspan="2">FCF</td><td colspan="2">RW</td><td colspan="2">NM</td><td colspan="2">NE</td><td colspan="2">TR</td><td colspan="2">RS</td><td colspan="2">RE</td></tr>
<tr><td colspan="5">—2010 年 8 月 20 日修订后施行；
—1989 年 8 月 12 日实施</td><td colspan="5"></td><td colspan="5"></td><td colspan="5"></td></tr>
</table>

2. HAD002/02—1990：地方政府对核动力厂的应急准备

<table>
<tr><td colspan="2">GE</td><td colspan="2">NPP</td><td colspan="2">RR</td><td colspan="2">FCF</td><td colspan="2">RW</td><td colspan="2">NM</td><td colspan="2">NE</td><td colspan="2">TR</td><td colspan="2">RS</td><td colspan="2">RE</td></tr>
<tr><td colspan="5">1990 年施行</td><td colspan="5"></td><td colspan="5"></td><td colspan="5"></td></tr>
</table>

3. HAD002/03—1991：核事故辐射应急时对公众防护的干预原则和水平

<table>
<tr><td colspan="2">GE</td><td colspan="2">NPP</td><td colspan="2">RR</td><td colspan="2">FCF</td><td colspan="2">RW</td><td colspan="2">NM</td><td colspan="2">NE</td><td colspan="2">TR</td><td colspan="2">RS</td><td colspan="2">RE</td></tr>
<tr><td colspan="5">1991 年施行</td><td colspan="5"></td><td colspan="5"></td><td colspan="5"></td></tr>
</table>

4. HAD002/04—1991：核事故辐射应急时对公众防护的导出干预水平

GE	NPP	RR	FCF	RW	NM	NE	TR	RS	**RE**
1991 年施行									

5. HAD002/05—1992：核事故医学应急准备和响应

GE	NPP	RR	FCF	RW	NM	NE	TR	RS	**RE**
1992 年施行									

6. HAD002/06—1991：研究堆应急计划和准备

GE	NPP	RR	FCF	RW	NM	NE	TR	RS	RE
1991 年施行									

7. HAD002/07—2010：核燃料循环设施营运单位的应急准备和应急响应

GE	NPP	RR	**FCF**	RW	NM	NE	TR	RS	RE
—2010 年 8 月 20 日实施； – 1993 年 7 月 7 日施行									

8. HAD003/01—1988：核电厂质量保证大纲的制定

GE	**NPP**	RR	FCF	RW	NM	NE	TR	RS	RE
1988 年施行									

9. HAD003/02—1989：核电厂质量保证组织

GE	**NPP**	RR	FCF	RW	NM	NE	TR	RS	RE
1989 年施行									

10. HAD003/03—1986：核电厂物项和服务采购中的质量保证

GE	**NPP**	RR	FCF	RW	NM	NE	TR	RS	RE
1986 年施行									

11. HAD003/04—1986：核电厂质量保证记录制度

GE	NPP	RR	FCF	RW	NM	NE	TR	RS	RE
1986 年施行									

12. HAD003/05—1988：核电厂质量保证监查

GE	NPP	RR	FCF	RW	NM	NE	TR	RS	RE
1988 年施行									

13. HAD003/06—1986：核电厂设计中的质量保证

GE	NPP	RR	FCF	RW	NM	NE	TR	RS	RE
1986 年施行									

14. HAD003/07—1987：核电厂建造期间的质量保证

GE	NPP	RR	FCF	RW	NM	NE	TR	RS	RE
1987 年施行									

15. HAD003/08—1986：核电厂物项制造中的质量保证

GE	NPP	RR	FCF	RW	NM	NE	TR	RS	RE
1986 年施行									

16. HAD003/09—1988：核电厂调试和运行期间的质量保证

GE	NPP	RR	FCF	RW	NM	NE	TR	RS	RE
1988 年施行									

17. HAD003/10—1989：核燃料组件采购、设计和制造中的质量保证

GE	NPP	RR	FCF	RW	NM	NE	TR	RS	RE
1989 年施行									

18. HAD101/01—1994：核电厂厂址选择中的地震问题

GE	NPP	RR	FCF	RW	NM	NE	TR	RS	RE
1994 年施行									

19. HAD101/02—1987：核电厂厂址选择的大气弥散问题

GE	NPP	RR	FCF	RW	NM	NE	TR	RS	RE
1987 年施行									

20. HAD101/03—1987：核电厂厂址选择及评价的人口分布问题

GE	NPP	RR	FCF	RW	NM	NE	TR	RS	RE
1987 年施行									

21. HAD101/04—1989：核电厂厂址选择的外部人为事件

GE	NPP	RR	FCF	RW	NM	NE	TR	RS	RE
1989 年施行									

22. HAD101/05—1991：核电厂厂址选择的放射性物质水力弥散问题

GE	NPP	RR	FCF	RW	NM	NE	TR	RS	RE
1991 年施行									

23. HAD101/06—1991：核电厂厂址选择与水文地质的关系

GE	NPP	RR	FCF	RW	NM	NE	TR	RS	RE
1991 年施行									

24. HAD101/07—1989：核电厂厂址查勘

GE	NPP	RR	FCF	RW	NM	NE	TR	RS	RE
1989 年施行									

25. HAD101/08—1989：滨河核电厂厂址设计基准洪水的确定

GE	NPP	RR	FCF	RW	NM	NE	TR	RS	RE
1989 年施行									

26. HAD101/09—1990：滨海核电厂厂址设计基准洪水的确定

GE	NPP	RR	FCF	RW	NM	NE	TR	RS	RE
1990 年施行									

27. HAD101/10—1991：核电厂厂址选择的极端气象事件（不包括热带气旋）

GE	NPP	RR	FCF	RW	NM	NE	TR	RS	RE
1991 年施行									

28. HAD101/11—1991：核电厂设计基准热带气旋

GE	NPP	RR	FCF	RW	NM	NE	TR	RS	RE
1991 年施行									

29. HAD101/12—1990：核电厂的地基安全问题

GE	NPP	RR	FCF	RW	NM	NE	TR	RS	RE
1990 年施行									

30. HAD102/01—1989：核电厂设计中总的安全原则

GE	NPP	RR	FCF	RW	NM	NE	TR	RS	RE
1989 年施行									

31. HAD102/02—1996：核电厂的抗震设计与鉴定

GE	NPP	RR	FCF	RW	NM	NE	TR	RS	RE
1996 年施行									

32. HAD102/03—1986：用于沸水堆、压水堆和压力管式反应堆的安全功能和部件分级

GE	NPP	RR	FCF	RW	NM	NE	TR	RS	RE
1986 年施行									

33. HAD102/04—1986：核电厂内部飞射物及其二次效应的防护

GE	NPP	RR	FCF	RW	NM	NE	TR	RS	RE
1986 年施行									

34. HAD102/05—1989：与核电厂设计有关的外部人为事件

GE	NPP	RR	FCF	RW	NM	NE	TR	RS	RE
1989 年施行									

35. HAD102/06—1990：核电厂反应堆安全壳系统的设计

GE	NPP	RR	FCF	RW	NM	NE	TR	RS	RE
1990 年施行									

36. HAD102/07—1989：核电厂堆芯的安全设计

GE	NPP	RR	FCF	RW	NM	NE	TR	RS	RE
1989 年施行									

37. HAD102/08—1989：核电厂反应堆冷却剂系统及其有关系统

GE	NPP	RR	FCF	RW	NM	NE	TR	RS	RE
1989 年施行									

38. HAD102/09—1987：核电厂最终热阱及其直接有关输热系统

GE	NPP	RR	FCF	RW	NM	NE	TR	RS	RE
1987 年施行									

39. HAD102/10—1988：核电厂保护系统及有关设施

GE	**NPP**	RR	FCF	RW	NM	NE	TR	RS	RE
1988 年施行									

40. HAD102/11—1996：核电厂防火

GE	**NPP**	RR	FCF	RW	NM	NE	TR	RS	RE
1996 年施行									

41. HAD102/12—1990：核电厂辐射防护设计

GE	**NPP**	RR	FCF	RW	NM	NE	TR	RS	**RE**
1990 年施行									

42. HAD102/13—1996：核电厂应急动力系统

GE	**NPP**	RR	FCF	RW	NM	NE	TR	RS	RE
1996 年施行									

43. HAD102/14—1988：核电厂安全有关仪表和控制系统

GE	**NPP**	RR	FCF	RW	NM	NE	TR	RS	RE
1988 年施行									

44. HAD102/15—2007：核动力厂燃料装卸和贮存系统设计

GE	**NPP**	RR	FCF	RW	NM	NE	TR	RS	RE
—2007 年 1 月 23 日发布，2007 年 6 月 1 日起施行；—1990 年 2 月 20 日实施									

45. HAD102/16—2004：核动力厂基于计算机的安全重要系统软件

GE	**NPP**	RR	FCF	RW	NM	NE	TR	RS	RE
2004 年 12 月 8 日发布，2005 年 1 月 1 日起施行									

46. HAD102/17—2006：核动力厂安全评价与验证

GE	**NPP**	RR	FCF	RW	NM	NE	TR	RS	RE
2006 年 6 月 5 日发布， 2006 年 7 月 1 日起施行									

47. HAD102/18—2017：核动力厂安全分析用计算机软件开发与应用（试行）

GE	**NPP**	RR	FCF	RW	NM	NE	TR	RS	RE
2017 年施行									

48. HAD103/01—2004：核动力厂运行限值和条件及运行规程

GE	**NPP**	RR	FCF	RW	NM	NE	TR	RS	RE
—2004 年修订后发布， 2005 年 1 月 1 日起施行； —1987 年 4 月 17 日实施									

49. HAD103/02—1987：核电厂调试程序

GE	**NPP**	RR	FCF	RW	NM	NE	TR	RS	RE
1987 年施行									

50. HAD103/03—1989：核电厂堆芯和燃料管理

GE	**NPP**	RR	FCF	RW	NM	NE	TR	RS	RE
1989 年施行									

51. HAD103/04—1990：核电厂运行期间的辐射防护

GE	**NPP**	RR	FCF	RW	NM	NE	TR	RS	**RE**
1990 年施行									

52. HAD103/05—2013：核动力厂人员的招聘、培训和授权

GE	**NPP**	RR	FCF	RW	NM	NE	TR	RS	RE
—2013 年施行； —1996 年 2 月 13 日实施									

53. HAD103/06—2006：核动力厂营运单位的组织和安全运行管理

GE	NPP	RR	FCF	RW	NM	NE	TR	RS	RE
2006 年 6 月 5 日发布， 2006 年 7 月 1 日施行									

54. HAD103/07—1988：核电厂在役检查

GE	NPP	RR	FCF	RW	NM	NE	TR	RS	RE
1988 年施行									

55. HAD103/08—1993：核电厂维修

GE	NPP	RR	FCF	RW	NM	NE	TR	RS	RE
1993 年施行									

56. HAD103/09—1993：核电厂安全重要物项的监督

GE	NPP	RR	FCF	RW	NM	NE	TR	RS	RE
1993 年施行									

57. HAD103/10—2004：核动力厂运行防火安全

GE	NPP	RR	FCF	RW	NM	NE	TR	RS	RE
2004 年 12 月 8 日发布， 2005 年 1 月 1 日起施行									

58. HAD103/11—2006：核动力厂定期安全审查

GE	NPP	RR	FCF	RW	NM	NE	TR	RS	RE
2006 年 6 月 5 日发布， 2006 年 7 月 1 日起施行									

59. HAD103/12—2012：核动力厂老化管理

GE	NPP	RR	FCF	RW	NM	NE	TR	RS	RE
2012 年 5 月 23 日施行									

60. HAD201/01—1996：研究堆安全分析报告的格式和内容

GE	NPP	RR	FCF	RW	NM	NE	TR	RS	RE
1996 年施行									

61. HAD202/01—1989：研究堆运行管理

GE	NPP	RR	FCF	RW	NM	NE	TR	RS	RE
1989 年施行									

62. HAD202/02—1989：临界装置运行及实验管理

GE	NPP	RR	FCF	RW	NM	NE	TR	RS	RE
1989 年施行									

63. HAD202/03—1996：研究堆的应用和修改

GE	NPP	RR	FCF	RW	NM	NE	TR	RS	RE
1996 年施行									

64. HAD202/04—1992：研究堆和临界装置退役

GE	NPP	RR	FCF	RW	NM	NE	TR	RS	RE
1992 年施行									

65. HAD202/05—2010：研究堆调试

GE	NPP	RR	FCF	RW	NM	NE	TR	RS	RE
2010 年 6 月 23 日施行									

66. HAD202/06—2010：研究堆维修、定期试验和检查

GE	NPP	RR	FCF	RW	NM	NE	TR	RS	RE
2010 年 6 月 23 日施行									

67. HAD202/07—2012：研究堆堆芯管理和燃料装卸

GE	NPP	RR	FCF	RW	NM	NE	TR	RS	RE
2012 年 5 月 23 日施行									

68. HAD202/08—2017：研究堆定期安全审查

GE	NPP	RR	FCF	RW	NM	NE	TR	RS	RE
2017 年施行									

69. HAD202/09—2017：研究堆长期停堆安全管理

GE	NPP	RR	FCF	RW	NM	NE	TR	RS	RE
2017 年施行									

70. HAD301/01—1991：铀燃料加工设施安全分析报告的标准格式与内容

GE	NPP	RR	FCF	RW	NM	NE	TR	RS	RE
1991 年 7 月 24 日施行									

71. HAD301/02—1998：乏燃料贮存设施的设计

GE	NPP	RR	FCF	RW	NM	NE	TR	RS	RE
1998 年施行									

72. HAD301/03—1998：乏燃料贮存设施的运行

GE	NPP	RR	FCF	RW	NM	NE	TR	RS	RE
1998 年施行									

73. HAD301/04—1998：乏燃料贮存设施的安全评价

GE	NPP	RR	FCF	RW	NM	NE	TR	RS	RE
1998 年施行									

74. HAD401/01—1990：核电厂放射性排出流和废物管理

GE	NPP	RR	FCF	RW	NM	NE	TR	RS	RE
1990 年施行									

75. HAD401/02—1997：核电厂放射性废物管理系统的设计

GE	NPP	RR	FCF	RW	NM	NE	TR	RS	RE
1997 年施行									

76. HAD401/03—1997：放射性废物焚烧设施的设计与运行

GE	NPP	RR	FCF	RW	NM	NE	TR	RS	RE
1997 年施行									

77. HAD401/04—1997：放射性废物分类

GE	NPP	RR	FCF	RW	NM	NE	TR	RS	RE
2017 年 12 月发布，2018 年 1 月施行									

78. HAD401/05—1998：放射性废物近地表处置场选址

GE	NPP	RR	FCF	RW	NM	NE	TR	RS	RE
1998 年施行									

79. HAD401/06—2013：高水平放射性废物地质处置设施选址

GE	NPP	RR	FCF	RW	NM	NE	TR	RS	RE
—2013 年施行； —1998 年 7 月 6 日实施									

80. HAD401/07—2013：γ 辐照装置退役

GE	NPP	RR	FCF	RW	NM	NE	TR	RS	RE
2013 年施行									

81. HAD401/08—2016：核设施放射性废物最小化

GE	NPP	RR	FCF	**RW**	NM	NE	TR	RS	RE
2016 年 10 月 21 日施行									

82. HAD 401/09—2019：放射性废物处置设施的监测和检查

GE	NPP	RR	FCF	**RW**	NM	NE	TR	RS	RE
2019 年 3 月 22 日施行									

83. HAD 401/10—2019：放射性废物地质处置设施

GE	NPP	RR	FCF	**RW**	NM	NE	TR	RS	RE
2020 年 1 月 19 日发布									

84. HAD4XX—2004：核技术利用放射性废物库选址、设计与建造技术要求

GE	NPP	RR	FCF	**RW**	NM	NE	TR	RS	RE
2004 年施行（试行）									

85. HAD501/01—2008：低浓铀转换及元件制造厂核材料衡算

GE	NPP	RR	FCF	RW	**NM**	NE	TR	RS	RE
2008 年 9 月 1 日施行									

86. HAD501/02—2018：核设施实物保护

GE	NPP	RR	FCF	RW	**NM**	NE	TR	RS	RE
—2018 年 2 月 11 日实施； —2008 年 9 月 1 日施行（试行）									

87. HAD501/03—2005：核设施周界入侵报警系统

GE	NPP	RR	FCF	RW	**NM**	NE	TR	RS	RE
2005 年 10 月 1 日实施									

88. HAD501/04—2008：核设施出入口控制

GE	NPP	RR	FCF	RW	**NM**	NE	TR	RS	RE
2008 年 9 月 1 日实施									

89. HAD501/05—2008：核材料运输实物保护

GE	NPP	RR	FCF	RW	**NM**	NE	TR	RS	RE
2008 年 9 月 1 日实施									

90. HAD501/06—2008：核设施实物保护和核材料衡算与控制安全分析报告格式和内容

GE	NPP	RR	FCF	RW	**NM**	NE	TR	RS	RE
2008 年 9 月 1 日实施									

91. HAD501/07—2008：核动力厂核材料衡算

GE	NPP	RR	FCF	RW	**NM**	NE	TR	RS	RE
2008 年 9 月 1 日实施									

92. HAD601/01—2013：民用核安全机械设备模拟件制作

GE	NPP	RR	FCF	RW	NM	**NE**	TR	RS	RE
2013 年实施（试行）									

93. HAD601/02—2013：民用核安全设备安装许可证申请单位技术条件

GE	NPP	RR	FCF	RW	NM	**NE**	TR	RS	RE
2013 年实施（试行）									

94. HAD701/01—2010：放射性物品运输容器设计安全评价（分析）报告的标准格式和内容

GE	NPP	RR	FCF	RW	NM	NE	**TR**	RS	RE
2010 年 5 月 31 日实施									

95. HAD701/02—2014：放射性物品运输核与辐射安全分析报告书标准格式和内容

GE	NPP	RR	FCF	RW	NM	NE	**TR**	RS	RE
2014 年实施									

96. HAD802/01—2017：城市放射性废物库安全防范系统要求

GE	NPP	RR	FCF	RW	NM	NE	TR	**RS**	RE
2017 年 2 月 4 日实施									

五、生态环境部归口的强制性国家标准

1. GB 12711：低、中水平放射性固体废物包装安全标准

GE	NPP	RR	FCF	**RW**	NM	NE	TR	RS	RE
—2018 年 11 月 19 日发布，2019 年 1 月 1 日起实施；—1991 年 1 月 28 日发布，1991 年 12 月 1 日起实施									

2. GB 9132—1988：低、中水平放射性固体废物近地表处置安全规定

GE	NPP	RR	FCF	**RW**	NM	NE	TR	RS	RE
—2018 年 7 月 16 日发布，2019 年 1 月 1 日起实施；—1988 年 4 月 19 日发布，1988 年 9 月 1 日起实施								生态环境部	

3. GB 36900.1—2018：低、中水平放射性废物高完整性容器——球墨铸铁容器

GE	NPP	RR	FCF	**RW**	NM	NE	TR	RS	RE
2018 年 11 月 19 日发布，2019 年 1 月 1 日起实施									

4. GB 36900.2—2018：低、中水平放射性废物高完整性容器——混凝土容器

GE	NPP	RR	FCF	**RW**	NM	NE	TR	RS	RE
2018 年 11 月 19 日发布，2019 年 1 月 1 日起实施									

5. GB 36900.3—2018：低、中水平放射性废物高完整性容器——交联高密度聚乙烯容器

GE	NPP	RR	FCF	RW	NM	NE	TR	RS	RE
2018 年 11 月 19 日发布， 2019 年 1 月 1 日起实施									

6. GB 14585—1993：铀、钍矿冶放射性废物安全管理技术规定

GE	NPP	RR	FCF	RW	NM	NE	TR	RS	RE
—正在修订； —1993 年 8 月 30 日发布， 1994 年 4 月 1 日起实施								生态环境部	

7. GB 11928—1989：低、中水平放射性固体废物暂时贮存规定

GE	NPP	RR	FCF	RW	NM	NE	TR	RS	RE
1990 年 7 月 1 施行									

8. GB 11929—2011：高水平放射性废液贮存厂房设计规定

GE	NPP	RR	FCF	RW	NM	NE	TR	RS	RE
—2011 年 12 月 30 日修订后发布，2012 年 12 月 1 日起实施； —1989 年 12 月 21 日发布， 1990 年 7 月 1 日起实施									

9. GB 14569.1—2011：低、中水平放射性废物固化体性能要求 水泥固化体

GE	NPP	RR	FCF	RW	NM	NE	TR	RS	RE
—2011 年 5 月 12 日发布， 9 月 1 日起实施； —1993 年 8 月 6 日发布， 1994 年 7 月 1 日起实施									

10. GB 13600—1992：低中水平放射性固体废物的岩洞处置规定

GE	NPP	RR	FCF	**RW**	NM	NE	TR	RS	RE
1992 年 8 月 19 日发布， 1993 年 4 月 1 日起实施									

11. GB 14500—2002：放射性废物管理规定

GE	NPP	RR	FCF	**RW**	NM	NE	TR	RS	RE
2002 年 8 月 5 日发布， 2003 年 4 月 1 日起实施									

12. GB 14569.3—1995：低、中水平放射性废物固化体性能要求 沥青固化体

GE	NPP	RR	FCF	**RW**	NM	NE	TR	RS	RE
1995 年 12 月 13 日发布， 1996 年 8 月 1 日起实施									

13. GB 11806—2019：放射性物品安全运输规程

GE	NPP	RR	FCF	RW	NM	NE	**TR**	RS	RE
—2019 年 1 月 3 日发布，4 月 1 日起实施（第二次修订）； —2004 年 11 月 2 日，2005 年 8 月 1 日起实施（第一次修订）； —1989 年 10 月 20 日发布，1990 年 7 月 1 日起实施									

14. GB 10252—2009：γ 辐照装置的辐射防护与安全规范

GE	NPP	RR	FCF	RW	NM	NE	TR	**RS**	**RE**
—2009 年 6 月 19 日修订后发布，2010 年 6 月 1 日起实施； —1996 年 12 月 19 日发布，1997 年 12 月 1 日起实施									

15. GB 11930—2010：操作非密封源的辐射防护规定

GE	NPP	RR	FCF	RW	NM	NE	TR	RS	RE
—2010 年 11 月 10 日修订后发布，2011 年 9 月 1 日起实施； —1989 年 12 月 21 日发布，1990 年 7 月 1 日起实施									

16. GB 14052—1993：安装在设备上的同位素仪表的辐射安全性能要求

GE	NPP	RR	FCF	RW	NM	NE	TR	RS	RE
1993 年 1 月 4 日发布， 1993 年 7 月 1 日起实施									

17. GB 5172—1985：粒子加速器辐射防护规定

GE	NPP	RR	FCF	RW	NM	NE	TR	RS	RE
—正在修订； —1985 年 5 月 10 日发布，1986 年 1 月 1 日起实施								生态环境部	

18. GB 4075—2009：密封放射源　一般要求和分级

GE	NPP	RR	FCF	RW	NM	NE	TR	RS	RE
2009 年 3 月 13 日发布， 2010 年 3 月 1 日起实施									

19. GB 11215—1989：核辐射环境质量评价一般规定

GE	NPP	RR	FCF	RW	NM	NE	TR	RS	RE
1989 年 3 月 31 日发布， 1990 年 1 月 1 日起实施									

20. GB 11216—1989：核设施流出物和环境放射性监测质量保证大纲一般要求

GE	NPP	RR	FCF	RW	NM	NE	TR	RS	RE
—正在修订（与 GB 8999—1988 合并）； —1989 年 3 月 31 日发布，1990 年 1 月 1 日起实施								生态环境部	

21. GB 11217—1989：核设施流出物监测的一般规定

GE	NPP	RR	FCF	RW	NM	NE	TR	RS	RE
—正在修订； —1989 年 3 月 31 日发布， 1990 年 1 月 1 日起实施								生态环境部	

22. GB 12379—1990：环境核辐射监测规定

GE	NPP	RR	FCF	RW	NM	NE	TR	RS	RE
—正在修订； —1990 年 6 月 9 日发布， 1990 年 12 月 1 日起实施								生态环境部	

23. GB 14586—1993：铀矿冶设施退役环境管理技术规定

GE	NPP	RR	FCF	RW	NM	NE	TR	RS	RE
—正在修订； —1993 年 8 月 30 日发布， 1994 年 4 月 1 日起实施								生态环境部	

24. GB 15848—2009：铀矿地质勘查辐射防护和环境保护规定

GE	NPP	RR	FCF	RW	NM	NE	TR	RS	RE
—2009 年 5 月 6 日发布， 2010 年 2 月 1 日起实施； —1995 年 12 月 13 日发布， 1996 年 8 月 1 日起实施									

25. GB 18871—2002：电离辐射防护与辐射源安全基本标准

GE	NPP	RR	FCF	RW	NM	NE	TR	RS	RE
2002 年 10 月 8 日发布， 2003 年 4 月 1 日起实施。									

26. GB 20664—2006：有色金属矿产品的天然放射性限值

GE	NPP	RR	FCF	RW	NM	NE	TR	RS	RE
2006 年 12 月 07 日发布， 2007 年 05 月 01 日起实施									

27. GB 23726—2009：铀矿冶辐射环境监测规定

GE	NPP	RR	FCF	RW	NM	NE	TR	RS	**RE**
2009 年 5 月 6 日发布， 2010 年 2 月 1 日起实施									

28. GB 23727—2009：铀矿冶辐射防护和环境保护规定

GE	NPP	RR	FCF	RW	NM	NE	TR	RS	**RE**
—正在修订； —2009 年 5 月 6 日发布， 2010 年 2 月 1 日起实施								生态环境部	

29. GB 27742—2011：可免于辐射防护监管的物料中放射性核素活度浓度

GE	NPP	RR	FCF	RW	NM	NE	TR	RS	**RE**
—2011 年 12 月 30 日发布， 2012 年 12 月 1 日起实施									

30. GB 6249—2011：核动力厂环境辐射防护规定

GE	**NPP**	RR	FCF	RW	NM	NE	TR	RS	**RE**
—2011 年 5 月 12 日发布， 9 月 1 日起实施； —1986 年 4 月 23 日发布， 12 月 1 日起实施									

31. GB 8702—2014：电磁环境控制限值

GE	NPP	RR	FCF	RW	NM	NE	TR	RS	**RE**
—2014 年 12 月 5 日修订后 发布，2015 年 1 月 1 日起 实施； —1988 年 2 月 3 日发布，6 月 1 日实施									

32. GB 8999—1988：电离辐射监测质量保证一般规定

GE	NPP	RR	FCF	RW	NM	NE	TR	RS	**RE**
—正在修订（与 GB 11216—1989 合并）； —1988 年 4 月 12 日发布，1988 年 12 月 1 日起实施								生态环境部	

六、生态环境部归口的推荐性国家标准

1. GB/T 15847—1995：核临界事故剂量测定

GE	NPP	RR	FCF	RW	NM	NE	TR	RS	RE
1995 年 12 月 13 日发布，1996 年 8 月 1 日起实施									

2. GB/T 15950—1995：低、中水平放射性废物近地表处置场环境辐射监测的一般要求

GE	NPP	RR	FCF	**RW**	NM	NE	TR	RS	RE
—正在修订； 1995 年 12 月 21 日批准，1996 年 8 月 1 日起实施									

3. GB/T 14582—1993：环境空气中氡的标准测量方法

GE	NPP	RR	FCF	RW	NM	NE	TR	RS	**RE**
1993 年 8 月 30 日发布，1994 年 4 月 1 日起实施									

4. GB/T 14583—1993：环境地表 γ 辐射剂量率测定规范

GE	NPP	RR	FCF	RW	NM	NE	TR	RS	**RE**
1993 年 8 月 30 日发布，1994 年 4 月 1 日起实施									

5. GB/T 14584—1993：空气中碘—131 的取样与测定

GE	NPP	RR	FCF	RW	NM	NE	TR	RS	RE
1993 年 8 月 30 日发布，1994 年 4 月 1 日起实施									

6. GB/T 17567—2009：核设施的钢铁、铝、镍和铜再循环、再利用的清洁解控水平

GE	NPP	RR	FCF	RW	NM	NE	TR	RS	RE
—2009 年 3 月 3 日修订后发布，2009 年 11 月 1 日起实施； —1998 年 11 月 17 日发布，1999 年 7 月 1 日实施									

7. GB/T 17947—2008：拟再循环、再利用或作非放射性废物处置的固体物质的放射性活度测量

GE	NPP	RR	FCF	RW	NM	NE	TR	RS	RE
2008 年 7 月 2 日发布，2009 年 4 月 1 日起实施									

8. GB/T 23728—2009：铀矿冶辐射环境影响评价规定

GE	NPP	RR	FCF	RW	NM	NE	TR	RS	RE
2009 年 5 月 6 日发布，2009 年 12 月 1 日起实施									

9. GB/T 11214—1989：水中镭—226 的分析测定

GE	NPP	RR	FCF	RW	NM	NE	TR	RS	RE
1989 年 3 月 31 日发布，1990 年 1 月 1 日起实施									

10. GB/T 11218—1989：水中镭的 α 放射性核素的测定

GE	NPP	RR	FCF	RW	NM	NE	TR	RS	**RE**
1989 年 3 月 31 日发布， 1990 年 1 月 1 日起实施									

11. GB/T 11224—1989：水中钍的分析方法

GE	NPP	RR	FCF	RW	NM	NE	TR	RS	**RE**
1989 年 3 月 31 日发布， 1990 年 1 月 1 日起实施									

12. GB/T 11338—1989：水中钾—40 的分析方法

GE	NPP	RR	FCF	RW	NM	NE	TR	RS	**RE**
1989 年 3 月 16 日发布， 1990 年 1 月 1 日起实施									

13. GB/T 12375—1990：水中氚的分析方法

GE	NPP	RR	FCF	RW	NM	NE	TR	RS	**RE**
1989 年 3 月 16 日发布， 1990 年 1 月 1 日起实施									

14. GB/T 15849—1995：密封放射源的泄漏检验方法

GE	NPP	RR	FCF	RW	NM	NE	TR	**RS**	RE
1995 年 12 月 13 日发布， 1996 年 8 月 1 日起实施									

七、环境标准

1. HJ 844—2017：核燃料循环设施应急相关参数

GE	NPP	RR	FCF	RW	NM	NE	TR	RS	RE
2017 年 7 月 7 日发布， 2017 年 8 月 1 日起实施									

2. HJ 842—2017：压水堆核电厂应急相关参数

GE	NPP	RR	FCF	RW	NM	NE	TR	RS	RE
2017 年 7 月 7 日发布， 2017 年 8 月 1 日起实施									

3. HJ 808—2016：环境影响评价技术导则　核电厂环境影响报告书的格式和内容

GE	NPP	RR	FCF	RW	NM	NE	TR	RS	RE
2016 年 6 月 24 日发布， 2016 年 10 月 1 日起实施									

4. HJ 1037—2019：核动力厂取排水环境影响评价指南（试行）

GE	NPP	RR	FCF	RW	NM	NE	TR	RS	RE
2019 年 8 月 21 日发布， 2019 年 10 月 1 日起实施									

5. HJ 1056—2019：核动力厂液态流出物中 14C 分析方法—湿法氧化法

GE	NPP	RR	FCF	RW	NM	NE	TR	RS	RE
2019 年 10 月 25 日发布， 2019 年 11 月 15 日起实施									

6. HJ 843—2017：研究堆应急相关参数

GE	NPP	RR	FCF	RW	NM	NE	TR	RS	RE
2017 年 7 月 7 日发布， 2017 年 8 月 1 日起实施									

7. HJ/T 5.1—1993：核设施环境保护管理导则　研究堆环境影响报告书格式与内容

GE	NPP	RR	FCF	RW	NM	NE	TR	RS	RE
1993 年 9 月 18 日发布， 1994 年 4 月 1 日起实施									

8. HJ/T 5.2—1993：核设施环境保护管理导则　放射性固体废物浅地层处置环境影响报告书格式与内容

GE	NPP	RR	FCF	RW	NM	NE	TR	RS	RE
1993 年 9 月 18 日发布， 1994 年 4 月 1 日起实施									

9. HJ/T 23—1998：低、中水平放射性废物近地表处置设施的选址

GE	NPP	RR	FCF	RW	NM	NE	TR	RS	RE
1998 年 1 月 8 日发布， 1999 年 7 月 1 日起实施									

10. HJ 785—2016：电子直线加速器工业 CT 辐射安全技术规范

GE	NPP	RR	FCF	RW	NM	NE	TR	RS	RE
2016 年 3 月 29 日发布， 2016 年 4 月 1 日起实施									

11. HJ 10.1—2016：辐射环境保护管理导则　核技术利用建设项目　环境影响评价文件的内容和格式

GE	NPP	RR	FCF	RW	NM	NE	TR	RS	RE
—2016 年 3 月 29 日发布， 2016 年 4 月 1 日起实施； —1995 年 9 月 4 日发布， 1996 年 3 月 1 日起实施									

12. HJ 979—2018：电子加速器辐照装置辐射安全和防护

GE	NPP	RR	FCF	RW	NM	NE	TR	RS	RE
2018 年 11 月 30 日发布， 2019 年 3 月 1 日起实施									

13. HJ 1009—2019：辐射环境空气自动监测站运行技术规范

GE	NPP	RR	FCF	RW	NM	NE	TR	RS	RE
2018 年 12 月 24 日发布， 2019 年 3 月 1 日起实施									

14. HJ 24—2014：环境影响评价技术导则 输变电工程

GE	NPP	RR	FCF	RW	NM	NE	TR	RS	RE
HJ 24—2014 代替 HJ/T 24—1998 2015 年 1 月 1 日实施									

15. HJ 53—2000：拟开放场址土壤中剩余放射性可接受水平规定

GE	NPP	RR	FCF	RW	NM	NE	TR	RS	RE
2000 年 5 月 22 日发布， 2000 年 12 月 1 日起实施									

16. HJ 681—2013：交流输变电工程电磁环境监测方法（试行）

GE	NPP	RR	FCF	RW	NM	NE	TR	RS	RE
2014 年 1 月 1 日发布									

17. HJ 705—2014：建设项目竣工环境保护验收技术规范 输变电工程

GE	NPP	RR	FCF	RW	NM	NE	TR	RS	RE
2015 年 1 月 1 日起实施									

18. HJ 816—2016：水和生物样品灰中铯-137 的放射化学分析方法

GE	NPP	RR	FCF	RW	NM	NE	TR	RS	RE
2016 年 10 月 12 日发布， 2016 年 11 月 1 日起实施									

19. HJ 815—2016：水和生物样品灰中锶-90 的放射化学分析方法

GE	NPP	RR	FCF	RW	NM	NE	TR	RS	RE
2016 年 10 月 12 日发布， 2016 年 11 月 1 日起实施									

20. HJ 814—2016：水和土壤样品中钚的放射化学分析方法

GE	NPP	RR	FCF	RW	NM	NE	TR	RS	RE
2016 年 10 月 12 日发布， 2016 年 11 月 1 日起实施									

21. HJ 813—2016：水中钋–210 的分析方法

GE	NPP	RR	FCF	RW	NM	NE	TR	RS	RE
2016 年 10 月 12 日发布， 2016 年 11 月 1 日起实施									

22. HJ 840—2017：环境样品中微量铀的分析方法

GE	NPP	RR	FCF	RW	NM	NE	TR	RS	RE
2017 年 7 月 7 日发布， 2017 年 8 月 1 日起实施									

23. HJ 841—2017：水、牛奶、植物和动物甲状腺中碘–131 的分析方法

GE	NPP	RR	FCF	RW	NM	NE	TR	RS	RE
2017 年 7 月 7 日发布， 2017 年 8 月 1 日起实施									

24. HJ 969—2018：核电厂运行前辐射环境本底调查技术规范

GE	NPP	RR	FCF	RW	NM	NE	TR	RS	RE
2018 年 9 月 20 日发布， 2019 年 1 月 1 日起实施									

25. HJ 972—2018：移动通信基站电磁辐射环境监测方法

GE	NPP	RR	FCF	RW	NM	NE	TR	RS	RE
2019 年 1 月 1 日起实施									

26. HJ 1015.1—2019：环境影响评价技术导则　铀矿冶

GE	NPP	RR	FCF	RW	NM	NE	TR	RS	RE
2019 年 1 月 21 日发布，2019 年 4 月 1 日起实施									

27. HJ 1015.2—2019：环境影响评价技术导则　铀矿冶退役

GE	NPP	RR	FCF	RW	NM	NE	TR	RS	RE
2019 年 1 月 21 日发布，2019 年 4 月 1 日起实施									

28. HJ/T 10.2—1996：辐射环境保护管理导则　电磁辐射监测仪器和方法

GE	NPP	RR	FCF	RW	NM	NE	TR	RS	RE
1996 年 5 月 10 日发布									

29. HJ/T 10.3—1996：辐射环境保护管理导则　电磁辐射环境影响评价方法

GE	NPP	RR	FCF	RW	NM	NE	TR	RS	RE
1996 年 5 月 10 日发布									

30. HJ/T 21—1998：核设施水质监测采样规定

GE	NPP	RR	FCF	RW	NM	NE	TR	RS	RE
1998 年 1 月 8 日发布，1998 年 7 月 1 日起实施									

31. HJ/T 22—1998：气载放射性物质取样一般规定

GE	NPP	RR	FCF	RW	NM	NE	TR	RS	RE
1998 年 1 月 8 日发布，1998 年 7 月 1 日起实施									

32. HJ/T 61—2001：辐射环境监测技术规范

GE	NPP	RR	FCF	RW	NM	NE	TR	RS	RE
2001 年 5 月 28 日发布，2001 年 8 月 1 日起实施									

33. HJ 1126—2020：水中氚的分析方法

GE	NPP	RR	FCF	RW	NM	NE	TR	RS	RE
2020 年 4 月 9 日发布，4 月 30 日起实施									

34. HJ 1127—2020：应急监测中环境样品 γ 核素测量技术规范

GE	NPP	RR	FCF	RW	NM	NE	TR	RS	RE
2020 年 4 月 9 日发布，4 月 30 日起实施									

八、进行核安全认可后的能源行业标准[①]

1. NB/T 20443—2017RK：核电厂运行辐射防护规定

GE	NPP	RR	FCF	RW	NM	NE	TR	RS	RE
—2017 年 4 月 1 日批准，2017 年 10 月 1 日起实施；—原版本为 EJ/T 270—2005《核电厂运行辐射防护规定》									

2. NB/T 20470—2017RK：核电厂选址假想事故源项分析准则

GE	NPP	RR	FCF	RW	NM	NE	TR	RS	RE
2017 年 4 月 1 日批准，2017 年 10 月 1 日起实施									

① 本章为国家核安全局认可的能源行业标准，一级概率安全分析标准并未全部认可，但考虑到系列标准的完整性，均在此列出。

3. NB/T 20444—2017RK：压水堆核电厂设计基准事故源项分析准则

GE	NPP	RR	FCF	RW	NM	NE	TR	RS	**RE**
2017 年 4 月 1 日批准， 2017 年 10 月 1 日起实施									

4. NB/T 20402—2017RK：压水堆安全重要流体系统单一故障准则

GE	**NPP**	RR	FCF	RW	NM	**NE**	TR	RS	RE
—2017 年 7 月 1 日起实施； —原版本为 EJ/T 570—1999《压水堆核电厂安全重要流体系统单一故障准则》									

5. NB/T 20100—2016RK：压水堆核电厂反应堆冷却剂系统和主蒸汽系统超压分析要求

GE	**NPP**	RR	FCF	RW	NM	NE	TR	RS	RE
—2017 年 7 月 1 日起实施； —原版本为 EJ/T 570—1999《压水堆核电厂安全重要流体系统单一故障准则》									

6. NB/T 20404—2017RK：压水堆核电厂安全壳压力和温度瞬态分析

GE	**NPP**	RR	FCF	RW	NM	NE	TR	RS	RE
—2017 年 7 月 1 日起实施； —原版本为 EJ/T 1013—1996《压水堆核电厂安全壳压力和温度瞬态分析》									

7. NB/T 20403—2017RK：压水堆核电厂隔间压力与温度瞬态分析

GE	**NPP**	RR	FCF	RW	NM	NE	TR	RS	RE
—2017 年 7 月 1 日起实施； —原版本为 EJ/T 924—1995《压水堆核电厂隔间压力与温度瞬态分析》									

8. NB/T 20035—2011（2014RK）：压水堆核电厂工况分类

<table>
<tr><th colspan="2">GE</th><th colspan="2">NPP</th><th colspan="2">RR</th><th colspan="2">FCF</th><th colspan="2">RW</th><th colspan="2">NM</th><th colspan="2">NE</th><th colspan="2">TR</th><th colspan="2">RS</th><th colspan="2">RE</th></tr>
<tr><td colspan="5">—正在修订；
—2011 年 4 月 1 日批准，10 月 1 日起实施；
—原版本为 EJ/T 312—1988《压水堆核电厂运行及事故工况分类》</td><td colspan="5">能源局计划号：
20190055</td><td colspan="5">当前环节：
已下达计划，
编制工作待启动</td><td colspan="5">能源行业核电标准化技术委员会（NEA/TC2）</td></tr>
</table>

9. NB/T 20447—2017RK：与反应堆冷却剂压力边界相连的低压系统的超压保护

<table>
<tr><th colspan="2">GE</th><th colspan="2">NPP</th><th colspan="2">RR</th><th colspan="2">FCF</th><th colspan="2">RW</th><th colspan="2">NM</th><th colspan="2">NE</th><th colspan="2">TR</th><th colspan="2">RS</th><th colspan="2">RE</th></tr>
<tr><td colspan="5">—2017 年 4 月 1 日批准，10 月 1 日起实施；
—原版本为 EJ/T 667—1992《与反应堆冷却剂压力边界相连的低压系统的超压保护》</td><td colspan="5"></td><td colspan="5"></td><td colspan="5"></td></tr>
</table>

10. NB/T 20472—2017RK：压水堆核电厂核岛工艺系统管道布置设计准则

<table>
<tr><th colspan="2">GE</th><th colspan="2">NPP</th><th colspan="2">RR</th><th colspan="2">FCF</th><th colspan="2">RW</th><th colspan="2">NM</th><th colspan="2">NE</th><th colspan="2">TR</th><th colspan="2">RS</th><th colspan="2">RE</th></tr>
<tr><td colspan="5">2017 年 4 月 1 日批准，10 月 1 日起实施</td><td colspan="5"></td><td colspan="5"></td><td colspan="5"></td></tr>
</table>

11. NB/T 20446—2017RK：压水堆核电厂主蒸汽系统设计要求

<table>
<tr><th colspan="2">GE</th><th colspan="2">NPP</th><th colspan="2">RR</th><th colspan="2">FCF</th><th colspan="2">RW</th><th colspan="2">NM</th><th colspan="2">NE</th><th colspan="2">TR</th><th colspan="2">RS</th><th colspan="2">RE</th></tr>
<tr><td colspan="5">—2017 年 4 月 1 日批准，10 月 1 日起实施；
—原版本为 EJ/T 1189—2005《压水堆核电厂主蒸汽系统设计要求》</td><td colspan="5"></td><td colspan="5"></td><td colspan="5"></td></tr>
</table>

12. NB/T 20406—2017RK：压水堆核电厂流体系统的安全壳隔离装置

<table>
<tr><th colspan="2">GE</th><th colspan="2">NPP</th><th colspan="2">RR</th><th colspan="2">FCF</th><th colspan="2">RW</th><th colspan="2">NM</th><th colspan="2">NE</th><th colspan="2">TR</th><th colspan="2">RS</th><th colspan="2">RE</th></tr>
<tr><td colspan="5">—2017 年 7 月 1 日起实施；
—原版本为 EJ/T 331—1992《失水事故后流体系统的安全壳隔离装置》</td><td colspan="5"></td><td colspan="5"></td><td colspan="5"></td></tr>
</table>

13. NB/T 20473—2017RK：核电厂应急柴油发电机压缩空气启动系统设计准则

GE	NPP	RR	FCF	RW	NM	**NE**	TR	RS	RE
2017 年 4 月 1 日批准，10 月 1 日起实施									

14. NB/T 20485—2018RK：核电厂应急柴油发电机组设计和试验要求

GE	NPP	RR	FCF	RW	NM	**NE**	TR	RS	RE
—2018 年 3 月 22 日批准，9 月 1 日起实施； —原版本为 EJ/T 625—2004《核电厂备用电源用柴油发电机组准则》									

15. NB/T 20449—2017RK：核电厂应急柴油发电机组燃油系统设计准则：

GE	NPP	RR	FCF	RW	NM	**NE**	TR	RS	RE
2017 年 4 月 1 日批准，10 月 1 日起实施									

16. NB/T 20434—2017RK：压水堆核电厂反应堆首次装料试验

GE	**NPP**	RR	FCF	RW	NM	NE	TR	RS	RE
—2017 年 4 月 1 日批准，10 月 1 日起实施； —原版本为 EJ/T 1114—2000《压水堆核电厂反应堆首次装料及次临界试验》									

17. NB/T 20435—2017RK：压水堆核电厂反应堆调试启动堆芯物理试验

GE	**NPP**	RR	FCF	RW	NM	NE	TR	RS	RE
—2017 年 4 月 1 日批准，10 月 1 日起实施； —原版本为 EJ/T 1115—2000《压水堆核电厂反应堆首次装料堆芯物理试验》									

18. NB/T 20037.1—2017RK：应用于核电厂的一级概率安全评价 第 1 部分：总体要求

GE	NPP	RR	FCF	RW	NM	NE	TR	RS	RE
2017 年 4 月 1 日批准，10 月 1 日起实施；									

19. NB/T 20037.2—2012：应用于核电厂的概率安全评价 第 2 部分 低功率和停堆工况内部事件一级 PSA（待认可）

GE	NPP	RR	FCF	RW	NM	NE	TR	RS	RE
—正在修订，名称调整为《应用于核电厂的一级概率安全评价 第 2 部分：低功率和停堆工况内部事件》； —2012 年 1 月 6 日批准，4 月 6 日起实施			能源局计划号：20170020			当前环节：待报批		能源行业核电标准化技术委员会（NEA/TC2）	

20. NB/T 20037.3—2012：应用于核电厂的一级概率安全评价 第 3 部分：功率运行内部水淹（待认可）

GE	NPP	RR	FCF	RW	NM	NE	TR	RS	RE
—正在修订； —2012 年 1 月 6 日批准，4 月 6 日起实施			能源局计划号：20170021			当前环节：待报批		能源行业核电标准化技术委员会（NEA/TC2）	

21. NB/T 20037.4—2013：应用于核电厂的一级概率安全评价 第 4 部分：功率运行内部火灾（待认可）

GE	NPP	RR	FCF	RW	NM	NE	TR	RS	RE
—正在修订； —2013 年 6 月 8 日批准，10 月 1 日起实施			能源局计划号：20170022			当前环节：待报批		能源行业核电标准化技术委员会（NEA/TC2）	

22. NB/T 20037.5—2013：应用于核电厂的一级概率安全评价 第5部分：功率运行地震（待认可）

<table>
<tr><td colspan="2">GE</td><td colspan="2">NPP</td><td colspan="2">RR</td><td colspan="2">FCF</td><td colspan="2">RW</td><td colspan="2">NM</td><td colspan="2">NE</td><td colspan="2">TR</td><td colspan="2">RS</td><td colspan="2">RE</td></tr>
<tr><td colspan="5">—正在修订；
—2013年6月8日批准，10月1日起实施</td><td colspan="5">能源局计划号：
20170022</td><td colspan="5">当前环节：
待报批</td><td colspan="5">能源行业核电标准化技术委员会（NEA/TC2）</td></tr>
</table>

23. NB/T 20037.6—2017RK：应用于核电厂的一级概率安全评价 第6部分：功率运行其他外部事件筛选和保守分析

<table>
<tr><td colspan="2">GE</td><td colspan="2">NPP</td><td colspan="2">RR</td><td colspan="2">FCF</td><td colspan="2">RW</td><td colspan="2">NM</td><td colspan="2">NE</td><td colspan="2">TR</td><td colspan="2">RS</td><td colspan="2">RE</td></tr>
<tr><td colspan="5">2017年4月1日批准，10月1日起实施</td><td colspan="5"></td><td colspan="5"></td><td colspan="5"></td></tr>
</table>

24. NB/T 20037.7—2017RK：应用于核电厂的一级概率安全评价 第7部分：功率运行强风

<table>
<tr><td colspan="2">GE</td><td colspan="2">NPP</td><td colspan="2">RR</td><td colspan="2">FCF</td><td colspan="2">RW</td><td colspan="2">NM</td><td colspan="2">NE</td><td colspan="2">TR</td><td colspan="2">RS</td><td colspan="2">RE</td></tr>
<tr><td colspan="5">2017年4月1日批准，10月1日起实施</td><td colspan="5"></td><td colspan="5"></td><td colspan="5"></td></tr>
</table>

25. NB/T 20037.8—20XX：应用于核电厂的一级概率安全评价 第8部分：功率运行外部水淹（待认可）

<table>
<tr><td colspan="2">GE</td><td colspan="2">NPP</td><td colspan="2">RR</td><td colspan="2">FCF</td><td colspan="2">RW</td><td colspan="2">NM</td><td colspan="2">NE</td><td colspan="2">TR</td><td colspan="2">RS</td><td colspan="2">RE</td></tr>
<tr><td colspan="5">正在制定</td><td colspan="5">能源局计划号：
20180029</td><td colspan="5">当前环节：
正在编制征求意见稿</td><td colspan="5">能源行业核电标准化技术委员会（NEA/TC2）</td></tr>
</table>

26. NB/T 20037.9—2018：应用于核电厂的一级概率安全评价 第9部分：功率运行其他外部灾害（待认可）

<table>
<tr><td colspan="2">GE</td><td colspan="2">NPP</td><td colspan="2">RR</td><td colspan="2">FCF</td><td colspan="2">RW</td><td colspan="2">NM</td><td colspan="2">NE</td><td colspan="2">TR</td><td colspan="2">RS</td><td colspan="2">RE</td></tr>
<tr><td colspan="5">2018年3月22日批准，9月1日起实施</td><td colspan="5"></td><td colspan="5"></td><td colspan="5"></td></tr>
</table>

27. NB/T 20037.10—2017RK：应用于核电厂的一级概率安全评价 第 10 部分：功率运行抗震裕度评价

<table>
<tr><td>GE</td><td>NPP</td><td>RR</td><td>FCF</td><td>RW</td><td>NM</td><td>NE</td><td>TR</td><td>RS</td><td>RE</td></tr>
<tr><td colspan="2">2017 年 7 月 1 日起实施</td><td colspan="3"></td><td colspan="3"></td><td colspan="2"></td></tr>
</table>

28. NB/T 20037.11—2018RK：应用于核电厂的一级概率安全评价 第 11 部分：功率运行内部事件

<table>
<tr><td>GE</td><td>NPP</td><td>RR</td><td>FCF</td><td>RW</td><td>NM</td><td>NE</td><td>TR</td><td>RS</td><td>RE</td></tr>
<tr><td colspan="2">2018 年 3 月 22 日批准，9 月 1 日起实施</td><td colspan="3"></td><td colspan="3"></td><td colspan="2"></td></tr>
</table>

29. NB/T 20037.12—20XX：应用于核电厂的一级概率安全评价 第 12 部分：低功率和停堆工况外部事件（待认可）

<table>
<tr><td>GE</td><td>NPP</td><td>RR</td><td>FCF</td><td>RW</td><td>NM</td><td>NE</td><td>TR</td><td>RS</td><td>RE</td></tr>
<tr><td colspan="2">正在制定</td><td colspan="3">能源局计划号：
20180030</td><td colspan="3">当前环节：
正在编制征求意见稿</td><td colspan="2">能源行业核电标准化技术委员会（NEA/TC2）</td></tr>
</table>

30. NB/T 20037.13—20XX：应用于核电厂的一级概率安全评价 13 部分：PSA 应用的过程和质量要求（待认可）

<table>
<tr><td>GE</td><td>NPP</td><td>RR</td><td>FCF</td><td>RW</td><td>NM</td><td>NE</td><td>TR</td><td>RS</td><td>RE</td></tr>
<tr><td colspan="2">正在制定</td><td colspan="3">能源局计划号：
20170091</td><td colspan="3">当前环节：
已完成预研，形成标准初稿</td><td colspan="2">能源行业核电标准化技术委员会（NEA/TC2）</td></tr>
</table>

中国现行核与辐射安全法律法规标准清单

一、法律

（一）核与辐射安全法律

序号	法律名称	发布、施行时间
1	中华人民共和国放射性污染防治法	2003 年 6 月 28 日发布，2003 年 10 月 1 日施行
2	中华人民共和国核安全法	2017 年 9 月 1 日发布，2018 年 1 月 1 日施行

二、行政法规

（一）核与辐射安全基本行政法规

序号	法规名称	发布、施行时间
1	中华人民共和国民用核设施安全监督管理条例	1986 年 10 月 29 日发布施行
2	核电厂核事故应急管理条例	1993 年 8 月 4 日发布施行
3	中华人民共和国核材料管制条例	1987 年 6 月 15 日发布施行
4	民用核安全设备监督管理条例	2007 年 7 月 11 日发布，2008 年 1 月 1 日施行。2019 年 3 月 2 日修改
5	放射性物品运输安全管理条例	2009 年 9 月 14 日发布，2010 年 1 月 1 日施行
6	放射性同位素与射线装置安全和防护条例	2005 年 9 月 14 日发布，2005 年 12 月 1 日施行。2019 年 3 月 2 日修改
7	放射性废物安全管理条例	2011 年 12 月 20 日发布，2012 年 3 月 1 日施行

三、部门规章

（一）生态环境部（国家核安全局）发布的部门规章

序号	子序号	法规编号	法规名称	发布、施行时间
（一）通用系列规章				
1	1	HAF001/01—2019	核动力厂、研究堆、核燃料循环设施安全许可程序规定	2019 年 10 月 1 日施行
2	2	HAF001/01/01—1993	民用核设施安全监督管理条例实施细则之一附件一——核电厂操纵人员执照颁发和管理程序	1993 年 12 月 31 日发布
3	3	HAF001/02—1995	民用核设施安全监督管理条例实施细则之二——核设施的安全监督	1995 年 6 月 14 日发布，1995 年 10 月 1 日施行
4	4	HAF001/02/01—2020	核动力厂营运单位核安全报告规定	2020 年 11 月 16 日修订后发布
5	5	HAF001/02/02—1995	民用核设施安全监督管理条例实施细则之二附件二——研究堆营运单位报告制度	1995 年 6 月 14 日发布
6	6	HAF001/02/03—1995	民用核设施安全监督管理条例实施细则之二附件三——核燃料循环设施的报告制度	1995 年 6 月 14 日发布
7	7	HAF002/01—1998	核电厂核事故应急管理条例实施细则之一——核电厂营运单位的应急准备和应急响应	1998 年 5 月 12 日发布施行
8	8	HAF003—1991	核电厂质量保证安全规定	1991 年 7 月 27 日发布施行
9	9	HAF004—2013	核与辐射安全监督检查人员证件管理办法	2013 年 12 月 30 日发布
（二）核动力厂系列规章				
10	1	HAF101—1991	核电厂厂址选择安全规定	1991 年 7 月 27 日发布施行
11	2	HAF102—2016	核动力厂设计安全规定	2016 年 10 月 26 日发布施行
12	3	HAF103—2004	核动力厂运行安全规定	2004 年 4 月 18 日发布施行
13	4	HAF103/01—1994	核电厂运行安全规定附件一——核电厂换料、修改和事故停堆管理	1994 年 3 月 2 日发布
（三）研究堆系列规章				
14	1	HAF201—1995	研究堆设计安全规定	1995 年 6 月 6 日发布，1995 年 10 月 1 日施行
15	2	HAF202—1995	研究堆运行安全规定	1995 年 6 月 6 日发布，1995 年 10 月 1 日施行

续表

序号	子序号	法规编号	法规名称	发布、施行时间
（四）非堆核燃料循环设施系列规章				
16	1	HAF301—1993	民用核燃料循环设施安全规定	1993 年 6 月 17 日发布施行
（五）放射性废物管理系列规章				
17	1	HAF401—1997	放射性废物安全监督管理规定	1997 年 11 月 5 日发布实施
18	2	HAF402—2013	放射性固体废物贮存和处置许可管理办法	2013 年 12 月 30 日发布
（六）核材料管制系列规章				
19	1	HAF501/01—1990	中华人民共和国核材料管制条例实施细则	1990 年 9 月 2 日
（七）民用核安全设备监督管理系列规章				
20	1	HAF601—2007	民用核安全设备设计制造安装和无损检验监督管理规定	2007 年 12 月 28 日发布，2008 年 1 月 1 日施行
21	2	HAF602—2019	民用核安全设备无损检验人员资格管理规定	2019 年 6 月 12 日发布，2020 年 1 月 1 日施行
22	3	HAF603—2019	民用核安全设备焊接人员资格管理规定	2019 年 6 月 12 日发布，2020 年 1 月 1 日施行
23	4	HAF604—2007	进口民用核安全设备监督管理规定	2007 年 12 月 28 日发布，2008 年 1 月 1 日施行
（八）放射性物品运输管理系列规章				
24	1	HAF701—2010	放射性物品运输安全许可管理办法	2010 年 9 月 25 日发布，2010 年 11 月 1 日施行
25	2	HAF702—2016	放射性物品运输安全监督管理办法	2016 年 3 月 14 日发布，2016 年 5 月 1 日施行
（九）放射性同位素和射线装置监督管理系列规章				
26	1	HAF801—2008	放射性同位素与射线装置安全许可管理办法	2006 年 1 月 18 日发布，2008 年 12 月 6 日修正，2017 年 12 月 12 日第二次修正。
27	2	HAF802—2011	放射性同位素与射线装置安全和防护管理办法	2011 年 4 月 18 日发布，2011 年 5 月 1 日施行
（十）辐射环境系列规章				
		无		

四、导则

序号	子序号	导则编号	法规名称
（一）通用系列导则			
1	1	HAD002/01—2010	核动力厂营运单位的应急准备和应急响应
2	2	HAD002/02—1990	地方政府对核动力厂的应急准备
3	3	HAD002/03—1991	核事故辐射应急时对公众防护的干预原则和水平
4	4	HAD002/04—1991	核事故辐射应急时对公众防护的导出干预水平
5	5	HAD002/05—1992	核事故医学应急准备和响应
6	6	HAD002/06—1991	研究堆应急计划和准备
7	7	HAD002/07—2010	核燃料循环设施营运单位的应急准备和应急响应
8	8	HAD003/01—1988	核电厂质量保证大纲的制定
9	9	HAD003/02—1989	核电厂质量保证组织
10	10	HAD003/03—1986	核电厂物项和服务采购中的质量保证
11	11	HAD003/04—1986	核电厂质量保证记录制度
12	12	HAD003/05—1988	核电厂质量保证监查
13	13	HAD003/06—1986	核电厂设计中的质量保证
14	14	HAD003/07—1987	核电厂建造期间的质量保证
15	15	HAD003/08—1986	核电厂物项制造中的质量保证
16	16	HAD003/09—1988	核电厂调试和运行期间的质量保证
17	17	HAD003/10—1989	核燃料组件采购、设计和制造中的质量保证
（二）核动力厂系列导则			
18	1	HAD101/01—1994	核电厂厂址选择中的地震问题
19	2	HAD101/02—1987	核电厂厂址选择的大气弥散问题
20	3	HAD101/03—1987	核电厂厂址选择及评价的人口分布问题
21	4	HAD101/04—1989	核电厂厂址选择的外部人为事件
22	5	HAD101/05—1991	核电厂厂址选择的放射性物质水力弥散问题
23	6	HAD101/06—1991	核电厂厂址选择与水文地质的关系
24	7	HAD101/07—1989	核电厂厂址查勘
25	8	HAD101/08—1989	滨河核电厂厂址设计基准洪水的确定
26	9	HAD101/09—1990	滨海核电厂厂址设计基准洪水的确定
27	10	HAD101/10—1991	核电厂厂址选择的极端气象事件（不包括热带气旋）

续表

序号	子序号	导则编号	法规名称
28	11	HAD101/11—1991	核电厂设计基准热带气旋
29	12	HAD101/12—1990	核电厂的地基安全问题
30	13	HAD102/01—1989	核电厂设计中总的安全原则
31	14	HAD102/02—1996	核电厂的抗震设计与鉴定
32	15	HAD102/03—1986	用于沸水堆、压水堆和压力管式反应堆的安全功能和部件分级
33	16	HAD102/04—1986	核电厂内部飞射物及其二次效应的防护
34	17	HAD102/05—1989	与核电厂设计有关的外部人为事件
35	18	HAD102/06—1990	核电厂反应堆安全壳系统的设计
36	19	HAD102/07—1989	核电厂堆芯的安全设计
37	20	HAD102/08—1989	核电厂反应堆冷却剂系统及其有关系统
38	21	HAD102/09—1987	核电厂最终热阱及其直接有关输热系统
39	22	HAD102/10—1988	核电厂保护系统及有关设施
40	23	HAD102/11—1996	核电厂防火
41	24	HAD102/12—1990	核电厂辐射防护设计
42	25	HAD102/13—1996	核电厂应急动力系统
43	26	HAD102/14—1988	核电厂安全有关仪表和控制系统
44	27	HAD102/15—2007	核动力厂燃料装卸和贮存系统设计
45	28	HAD102/16—2004	核动力厂基于计算机的安全重要系统软件
46	29	HAD102/17—2006	核动力厂安全评价与验证
47	30	HAD102/18—2017	核动力厂安全分析用计算机软件开发与应用（试行）
48	31	HAD103/01—2004	核动力厂运行限值和条件及运行规程
49	32	HAD103/02—1987	核电厂调试程序
50	33	HAD103/03—1989	核电厂堆芯和燃料管理
51	34	HAD103/04—1990	核电厂运行期间的辐射防护
52	35	HAD103/05—2013	核动力厂人员的招聘、培训和授权
53	36	HAD103/06—2006	核动力厂营运单位的组织和安全运行管理
54	37	HAD103/07—1988	核电厂在役检查
55	38	HAD103/08—1993	核电厂维修
56	39	HAD103/09—1993	核电厂安全重要物项的监督
57	40	HAD103/10—2004	核动力厂运行防火安全

续表

序号	子序号	导则编号	法规名称
58	41	HAD103/11—2006	核动力厂定期安全审查
59	42	HAD103/12—2012	核动力厂老化管理
（三）研究堆系列导则			
60	1	HAD201/01—1996	研究堆安全分析报告的格式和内容
61	2	HAD202/01—1989	研究堆运行管理
62	3	HAD202/02—1989	临界装置运行及实验管理
63	4	HAD202/03—1996	研究堆的应用和修改
64	5	HAD202/04—1992	研究堆和临界装置退役
65	6	HAD202/05—2010	研究堆调试
66	7	HAD202/06—2010	研究堆维修、定期试验和检查
67	8	HAD202/07—2012	研究堆堆芯管理和燃料装卸
68	9	HAD202/08—2017	研究堆定期安全审查
69	10	HAD202/09—2017	研究堆长期停堆安全管理
（四）非堆核燃料循环设施系列导则			
70	1	HAD301/01—1991	铀燃料加工设施安全分析报告的标准格式与内容
71	2	HAD301/02—1998	乏燃料贮存设施的设计
72	3	HAD301/03—1998	乏燃料贮存设施的运行
73	4	HAD301/04—1998	乏燃料贮存设施的安全评价
（五）放射性废物管理系列导则			
74	1	HAD401/01—1990	核电厂放射性排出流和废物管理
75	2	HAD401/02—1997	核电厂放射性废物管理系统的设计
76	3	HAD401/03—1997	放射性废物焚烧设施的设计与运行
77	4	HAD401/04—2017	放射性废物分类
78	5	HAD401/05—1998	放射性废物近地表处置场选址
79	6	HAD401/06—2013	高水平放射性废物地质处置设施选址
80	7	HAD401/07—2013	γ 辐照装置退役
81	8	HAD401/08—2016	核设施放射性废物最小化
82	9	HAD401/09—2019	放射性废物处置设施的监测和检查
83	10	HAD4XX—2004	核技术利用放射性废物库选址、设计与建造技术要求

续表

序号	子序号	导则编号	法规名称
（六）核材料管制系列导则			
84	1	HAD501/01—2008	低浓铀转换及元件制造厂核材料衡算
85	2	HAD501/02—2018	核设施实物保护
86	3	HAD501/03—2005	核设施周界入侵报警系统
87	4	HAD501/04—2008	核设施出入口控制
88	5	HAD501/05—2008	核材料运输实物保护
89	6	HAD501/06—2008	核设施实物保护和核材料衡算与控制安全分析报告格式和内容
90	7	HAD501/07—2008	核动力厂核材料衡算
（七）民用核安全设备监督管理系列导则			
91	1	HAD601/01—2013	民用核安全机械设备模拟件制作（试行）
92	2	HAD601/02—2013	民用核安全设备安装许可证申请单位技术条件（试行）
（八）放射性物品运输管理系列导则			
93	1	HAD701/01—2010	放射性物品运输容器设计安全评价（分析）报告的标准格式和内容
94	2	HAD701/02—2014	放射性物品运输核与辐射安全分析报告书标准格式和内容
（九）放射性同位素和射线装置监督管理系列导则			
95	1	HAD802/01—2017	城市放射性废物库安全防范系统要求
（十）辐射环境系列导则 无			

五、国家标准

生态环境部归口的强制性国家标准（GB）

序号	标准标号	标准名称
（一）通用系列 无		
（二）核动力厂系列 无		
（三）研究堆系列 无		
（四）非堆核燃料循环设施系列 无		

续表

序号	标准标号	标准名称
（五）放射性废物管理系列		
1	GB 12711—2018	低、中水平放射性固体废物包装安全标准
2	GB 9132—2018	低、中水平放射性固体废物近地表处置安全规定
3	GB 36900.1—2018	低、中水平放射性废物高完整性容器——球墨铸铁容器
4	GB 36900.2—2018	低、中水平放射性废物高完整性容器——混凝土容器
5	GB 36900.3—2018	低、中水平放射性废物高完整性容器——交联高密度聚乙烯容器
6	GB 14585—1993	铀、钍矿矿冶放射性废物安全管理技术规定
7	GB 11928—1989	低、中水平放射性固体废物暂时贮存规定
8	GB 11929—2011	高水平放射性废液贮存厂房设计规定
9	GB 14569.1—2011	低、中水平放射性废物固化体性能要求——水泥固化体
10	GB 13600—1992	低中水平放射性固体废物的岩洞处置规定
11	GB 14500—2002	放射性废物管理规定
12	GB 14569.3—1995	低、中水平放射性废物固化体性能要求——沥青固化体
（六）核材料管制系列 无		
（七）民用核安全设备监督管理系列 无		
（八）放射性物品运输管理系列		
13	GB 11806—2019	放射性物品安全运输规定
（九）放射性同位素和射线装置监督管理系列		
14	GB 10252—2009	γ 辐照装置的辐射防护与安全规范
15	GB 11930—2010（修订）	操作非密封源的辐射防护规定
16	GB 14052—1993（修订）	安装在设备上的同位素仪表的辐射安全性能要求
17	GB 5172—1985（修订）	粒子加速器辐射防护规定
18	GB 4075—2009	密封放射源一般要求和分级
（十）辐射环境系列		
19	GB 11215—1989	核辐射环境质量评价一般规定
20	GB 11216—1989（修订）	核设施流出物和环境放射性监测质量保证大纲一般要求
21	GB 11217—1989	核设施流出物监测的一般规定
22	GB 12379—1990（修订）	环境核辐射监测规定

续表

序号	标准标号	标准名称
23	GB 14586—1993（修订）	铀矿冶设施退役环境管理技术规定
24	GB 15848—2009	铀矿地质勘查辐射防护和环境保护规定
25	GB 18871—2002	电离辐射防护与辐射源安全基本标准
26	GB 20664—2006	有色金属矿产品的天然放射性限值
27	GB 23726—2009	铀矿冶辐射环境监测规定
28	GB 23727—2009（修订）	铀矿冶辐射防护和环境保护规定
29	GB 27742—2011	可免于辐射防护监管的物料中放射性核素活度浓度
30	GB 6249—2011	核动力厂环境辐射防护规定
31	GB 8702—2014	电磁环境控制限值
32	GB 8999—1988（修订）	电离辐射监测质量保证一般规定

生态环境部归口的推荐性国家标准（GB/T）

序号	标准标号	标准名称
（一）通用系列		
1	GB/T 15847—1995（修订）	核临界事故剂量测定
（二）核动力厂系列 无		
（三）研究堆系列 无		
（四）非堆核燃料循环设施系列 无		
（五）放射性废物管理系列		
2	GB/T 15950—1995（修订）	低、中水平放射性废物近地表处置场环境辐射监测的一般要求
（六）核材料管制系列 无		
（七）民用核安全设备监督管理系列 无		
（八）放射性物品运输管理系列 无		
（九）放射性同位素和射线装置监督管理系列		
3	GB/T 15849—1995	密封放射源的泄漏检验方法

续表

序号	标准标号	标准名称
（十）辐射环境系列		
4	GB/T 14582—1993（修订）	环境空气中氡的标准测量方法
5	GB/T 14583—1993（修订）	环境地表 γ 辐射剂量率测定规范
6	GB/T 14584—1993	空气中碘-131 的取样与测定
7	GB/T 17567—2009	核设施的钢铁、铝、镍和铜再循环、再利用的清洁解控水平
8	GB/T 17947—2008	拟再循环、再利用或作非放射性废物处置的固体物质的放射性活度测量
9	GB/T 23728—2009	铀矿冶辐射环境影响评价规定
10	GB/T 11214—1989	水中镭-226 的分析测定
11	GB/T 11218—1989	水中镭的 α 放射性核素的测定
12	GB/T 11224—1989	水中钍的分析方法
13	GB/T 11338—1989	水中钾-40 的分析方法
14	GB/T 12375—1990	水中氚的分析方法

六、环境标准 HJ

序号	标准标号	标准名称
（一）通用系列		
1	HJ 844—2017	核燃料循环设施应急相关参数
2	HJ 842—2017	压水堆核电厂应急相关参数
（二）核动力厂系列		
3	HJ 808—2016	环境影响评价技术导则 核电厂环境影响报告书的格式和内容
4	HJ 1037—2019	核动力厂取排水环境影响评价指南（试行）
（三）研究堆系列		
5	HJ 843—2017	研究堆应急相关参数
6	HJ/T 5.1—1993	核设施环境保护管理导则研究堆环境影响报告书格式与内容
（四）非堆核燃料循环设施系列 无		
（五）放射性废物管理系列		
7	HJ/T 5.2—1993	核设施环境保护管理导则放射性固体废物浅地层处置环境影响报告书格式与内容

续表

序号	标准标号	标准名称
8	HJ/T 23—1998	低、中水平放射性废物近地表处置设施的选址
（六）核材料管制系列 无		
（七）民用核安全设备监督管理系列 无		
（八）放射性物品运输管理系列 无		
（九）放射性同位素和射线装置监督管理系列		
9	HJ 785—2016	电子直线加速器工业 CT 辐射安全技术规范
10	HJ 10.1—2016	辐射环境保护管理导则核技术利用建设项目环境影响评价文件的内容和格式
11	HJ 979—2018	电子加速器辐照装置辐射安全和防护
（十）辐射环境系列		
12	HJ 1009—2019	辐射环境空气自动监测站运行技术规范
13	HJ 24—2014（修订）	环境影响评价技术导则 输变电工程
14	HJ 53—2000	拟开放场址土壤中剩余放射性可接受水平规定
15	HJ 61—2001（修订）	辐射环境监测技术规范
16	HJ 681—2013	交流输变电工程电磁环境监测方法（试行）
17	HJ 705—2014（修订）	建设项目竣工环境保护验收技术规范 输变电工程
18	HJ 813—2016	水中钋–210 的分析方法
19	HJ 814—2016	水和土壤样品中钚的放射化学分析方法
20	HJ 815—2016	水和生物样品灰中锶 – 90 的放射化学分析方法
21	HJ 816—2016	水和生物样品灰中铯 – 137 的放射化学分析方法
22	HJ 840—2017	环境样品中微量铀的分析方法
23	HJ 841—2017	水、牛奶、植物和动物甲状腺中碘 – 131 的分析方法
24	HJ 969—2018	核电厂运行前辐射环境本底调查技术规范
25	HJ 972—2018	移动通信基站电磁辐射环境监测方法
26	HJ 1015.1—2019	环境影响评价技术导则 铀矿冶
27	HJ 1015.2—2019	环境影响评价技术导则 铀矿冶退役
28	HJ/T 10.2—1996	辐射环境保护管理导则电磁辐射监测仪器和方法
29	HJ/T 10.3—1996	辐射环境保护管理导则电磁辐射环境影响评价方法与标准

续表

序号	标准标号	标准名称
30	HJ/T 21—1998	核设施水质监测采样规定
31	HJ/T 22—1998	气载放射性物质取样一般规定
32	HJ/T 61—2001（修订）	辐射环境监测技术规范

七、已进行核安全认可的能源标准

序号	标准号	标准名称
1	NB/T 20443—2017RK	核电厂运行辐射防护规定
2	NB/T 20470—2017RK	核电厂选址假想事故源项分析准则
3	NB/T 20444—2017RK	压水堆核电厂设计基准事故源项分析准则
4	NB/T 20402—2017RK	压水堆安全重要流体系统单一故障准则
5	NB/T 20100—2016RK	压水堆核电厂反应堆冷却剂系统和主蒸汽系统超压分析要求
6	NB/T 20404—2017RK	压水堆核电厂安全壳压力和温度瞬态分析
7	NB/T 20403—2017RK	压水堆核电厂隔间压力与温度瞬态分析
8	NB/T 20035—2011（2014RK）	压水堆核电厂工况分类
9	NB/T 20037.1—2017RK	应用于核电厂的一级概率安全评价　第 1 部分：总体要求
10	NB/T 20037.6—2017RK	应用于核电厂的一级概率安全评价　第 6 部分：功率运行其他外部事件筛选和保守分析
11	NB/T 20037.7—2017RK	应用于核电厂的一级概率安全评价　第 7 部分：功率运行强风
12	NB/T 20037.10—2017RK	应用于核电厂的一级概率安全评价　第 10 部分：功率运行抗震裕度评价
13	NB/T 20037.11—2018RK	应用于核电厂的一级概率安全评价　第 11 部分：功率运行内部事件
14	NB/T 20447—2017RK	与反应堆冷却剂压力边界相连的低压系统的超压保护
15	NB/T 20472—2017RK	压水堆核电厂核岛工艺系统管道布置设计准则
16	NB/T 20446—2017RK	压水堆核电厂主蒸汽系统设计要求
17	NB/T 20406—2017RK	压水堆核电厂流体系统的安全壳隔离装置
18	NB/T 20473—2017RK	核电厂应急柴油发电机压缩空气启动系统设计准则
19	NB/T 20485—2018RK	核电厂应急柴油发电机组设计和试验要求
20	NB/T 20449—2017RK	核电厂应急柴油发电机组燃油系统设计准则
21	NB/T 20434—2017RK	压水堆核电厂反应堆首次装料试验
22	NB/T 20435—2017RK	压水堆核电厂反应堆调试启动堆芯物理试验

国际原子能机构安全标准体系和状态报告

一、近期出版物

2015 年—2020 年出版的安全标准：

SSG-32，SSG-33，SSG-34，SSG-35，SSG-36，SSG-37，SSG-38，GSR Part 7，GSR Part 1（Rev. 1），GSR Part 4（Rev. 1），NS-R-3（Rev. 1），SSR-2/1（Rev. 1），SSR-2/2（Rev. 1），SSG-39，GSR Part 2，SSG-40，SSG-41，SSR-3，SSG-42，SSG-43，GSG-6，SSR-4，GSG-11，GSG-8，SSG-44，SSG-50，SSR-6（Rev. 1），GSG-12，GSG-13，GSG-10，GSG-9，GSG-7，SSG-46，SSG-47，SSG-48，SSG-45，SSG-54，SSR-1，SSG-49，SSG-51，SSG-2（Rev. 1），SSG-53，SSG-52，SSG-55，SSG-56。

二、安全标准系列总体状态

132 项已制定，127 项已出版。

51 项正在制（修）订过程中（其中 46 项用于修订 48 个已出版的安全标准）。

3 个草案大纲已被协调委员会批准，其中 2 项是修订 2 个已出版安全标准，1 项是新制定安全标准。

目前，96%的标准已制定，39%已制定标准正在修订中。

预计标准总数 136 项。

三、应用设施或活动

安全标准体系中的每一项文件都由一个表格展示其适用的设施和活动，标绿色的表格表明适用范围。

NPPs	RRs	FCFs	WDFs	MM	RS	TR

NPPs 核电厂

RRs 研究堆

FCFs 燃料循环设施和放射性废物处置前管理设施

WDF 废物处置设施

MM 采矿/选矿设施

RS 核技术利用

TR 放射性物质运输

四、层次

国际原子能机构安全标准反映了一个国际共识，在此之上，我们可以努力达到一个高水平的安全状态，以保护人员和环境免受电离辐射的有害影响。它们在国际原子能机构安全标准系列中出版，分为三类。

安全基础

安全基础 SF-1 展示了基本安全目标和安全防护原则，并且提供了安全要求的依据。

安全要求

一套完整和一致的安全要求明确了必须满足的要求，以确保当前和未来都能保护人员和环境。这些要求由安全基础的目标和原则决定。如果没有达到这些要求，就必须采取措施以达到或恢复所需的安全水平。安全要求的格式和风格有助于以协调一致的方式建立一个国家监管体系。通用安全要求和专用安全要求包括总体要求和关联要求，都表达为“必须”陈述。许多要求并不针对特定的一方提出，这意味着相关各方均有责任满足。

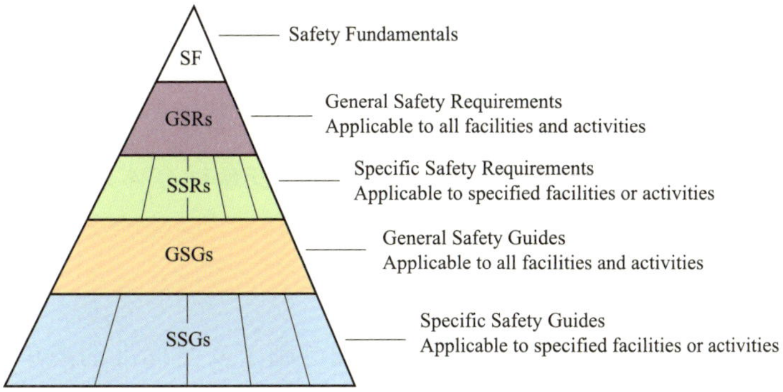

图 1　安全标准分级

安全导则

安全导则提供如何遵照安全要求的建议和指导，表明有必要采取推荐的措施（或同等的替代措施）的国际共识。安全导则展示了良好的国际实践，并且越来越多地反映出最佳做法，以帮助使用者努力实现高安全水平。安全导则中提供的建议用“应该”陈述。

五、结构

安全标准体系设置包括一项基本安全原则基础（SF1）、一套适用于所有设施和活动的通用安全要求（GSR），通用安全要求分为 7 个部分，采用分级方法，并由一套 6 个领域设施和活动的专用安全要求（SSRs）作为补充。安全要求通过一套通用和专用安全导则来实施。

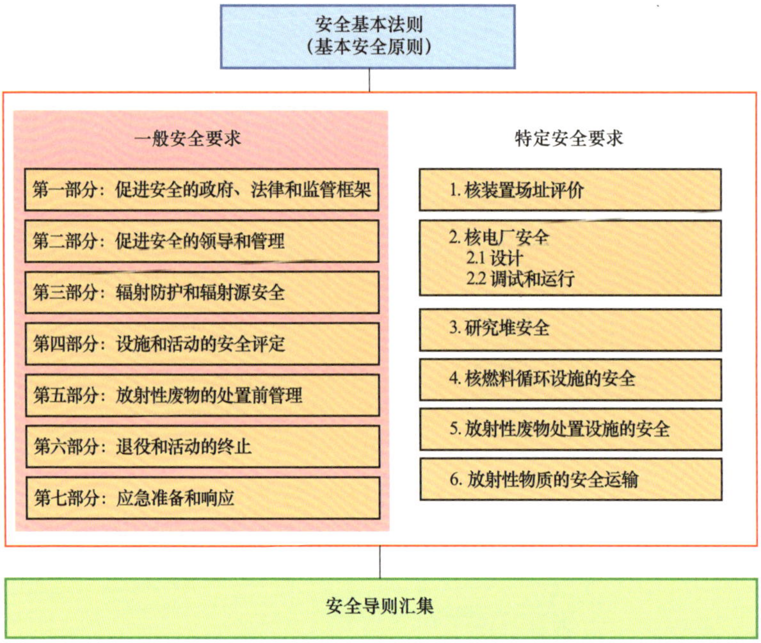

以下的清单提供了一个安全标准体系，以及当前相应的一组已发布的安全标准和草案的状态，这些标准和草案将过渡进入安全标准体系。

六、制（修）订状态

本报告的第一列提供了国际原子能机构已制定安全标准的清单（安全基础和安全要求由理事会批准制定，安全导则由总干事制订，出版委员会批准）。第二列提供了制（修）订标准项目编码。第三列提供了制（修）订状态。最后一列提供了委员会清单，第一个列出的委员会牵头拟定和审查该标准。

第 1 步：准备草案大纲；

第 2 步：内部审查草案大纲；

第 3 步：安全标准分委会审查草案大纲；

第 4 步：安全标准委员会审查草案大纲；

第 5 步：准备安全标准草案；

第 6 步：第一次内部审查安全标准草案；

第 7 步：安全标准分委会第一次审查安全标准草案；

第 8 步：征求成员国意见；

第 9 步：处理成员国意见；

第 10 步：第二次内部审查安全标准草案；

第 11 步：安全标准分委会第二次审查安全标准草案；

第 12a 步：提交出版委员会认可；

第 12b1 步：提交安全标准委员会批准；

第 12b2 步：编辑校订提交安全标准委员会；

第 13 步：成为一项国际原子能机构安全标准；

第 14 步：出版安全标准。

七、国际原子能机构现行安全标准

标黄色的标准在清单中多次出现，它们适用于不同类型的设施和/或活动。

安全基础

SF－1 基本安全原则（2006）

通用安全标准（适用于全部设施和活动）

GSR Part 1（Rev.1）促进安全的政府，法律和监管（2016）

GSR Part 2 安全领导和管理（2016）

GSR Part 3 国际辐射防护和辐射源安全基本安全标准（2014）

GSR Part 4（Rev.1）设施和活动的安全评定（2016）

GSR Part 5 放射性废物的处置前管理（2009）

GSR Part 6 设施退役（2014）

GSR Part 7 核或辐射应急的准备与响应（2015）

GSG-12 核安全监管机构的组织、管理和雇员（2018）

GSG-13 核安全监管机构的职责和流程（2018）

GS-G-2.1 核或辐射应急准备的安排（2007）

GSG-2 核或辐射应急准备和响应的准则（2011）

GS-G-3.1 设施和活动管理体系的应用（2006）

GS-G-3.3 放射性废物处置、处理和贮存管理系统（2008）

GSG-1 放射性废物的分类（2009）

GSG-3 放射性废物处置前管理的安全和论证文件和安全评定（2013）

RS-G-1.7 排除、豁免和解控概念的适用（2004）

RS-G-1.8 辐射防护目的的环境和源监测（2005）

RS-G-1.9 放射源的分类（2005）

GSG-9 放射性流出物排入环境的审管控制（2018）

WS-G-3.1 过去活动和事故影响地区的补救程序（2007）

WS-G-5.1 活动终止解除监管场所（2006）

WS-G-5.2 使用放射性物质装置退役的安全评估（2008）

WS-G-6.1 放射性废物的贮存（2006）

GSG-5 含非医学用途人体成像实践的正当性（2014）

GSG-6 监管机构与利益相关方的沟通与协商（2017）

GSG-7 职业辐射防护（2018）

GSG-11 终止核或辐射应急的安排（2018）

GSG-8 公众与环境的辐射防护（2018）

GSG-10 设施与活动辐射环境影响的前瞻性评价（2018）

专用安全标准（适用于专门的设施和活动）

核电厂

SSR-1 核装置的厂址评估（2019）

SSR-2/1（Rev.1）核电厂安全：设计（2016）

SSR-2/2（Rev.1）核电厂安全：调试和运行（2016）

SSG－16 建立核电项目的安全基础结构（2012）

GS－G－3.5 核装置的管理体系（2009）

SSG－12 核装置的许可程序（2010）

GS－G－4.1 核电厂安全分析报告的格式和内容（2004）

SSG－30 核电厂结构、系统和部件的安全分级（2014）

SSG－39 核电厂仪表和控制系统的设计（2016）

NS－G－1.4 核电厂燃料处理和贮存系统的设计（2003）

NS－G－1.5 核电厂设计中不包括地震在内的外部事件（2003）

NS－G－1.6 核电厂抗震设计与鉴定（2003）

NS－G－1.7 核电厂设计中的内部火灾和爆炸防护（2004）

SSG－34 核电厂电力系统的设计（2016）

SSG－56 核电厂反应堆冷却剂系统与相关系统设计（2020）

SSG－53 核电厂反应堆安全壳及相关系统设计（2019）

NS－G－1.11 核电厂设计中对火灾和爆炸以外的内部危险防护（2004）

SSG－52 核电厂反应堆堆芯设计（2019）

NS－G－1.13 核电厂设计中的辐射防护（2005）

NS－G－2.1 核电厂运行中的火灾安全（2000）

SSG－51 核电厂设计中的人因工程（2019）

NS－G－2.2 核电厂的运行限值和条件及运行规程（2000）

NS－G－2.3 核电厂的改造（2001）

NS－G－2.4 核电厂的营运单位（2001）

NS－G－2.5 核电厂堆芯管理和燃料处理（2002）

NS－G－2.6 核电厂的维护、监管和在役检查（2002）

SSG－40 核电厂和研究堆放射性废物的处置前管理（2016）

SSG－41 核燃料循环设施放射性废物的处置前管理（2016）

NS－G－2.8 核电厂人员的招聘、资格鉴定和培训（2002）

SSG－38 核装置的建造（2015）

SSG－28 核电厂的调试（2014）

SSG－25 核电厂的定期安全审查（2013）

SSG-50 核装置的运行经验反馈（2018）

SSG-48 核电厂老化管理和延寿运行大纲的制订（2018）

NS-G-2.13 现有核装置的地震安全评价（2009）

NS-G-2.14 核电厂运行操作（2008）

SSG-54 核电厂的事故管理大纲（2019）

SSG-13 水冷堆核电厂的化学计划（2011）

NS-G-3.1 核电厂厂址评估中的外部人为事件（2002）

NS-G-3.2 放射性物质在空气和水中的扩散与核电厂厂址评估中人口分布的考虑（2002）（扩散内容已部分被 GSG-10 替代，其余部分正在升版）

SSG-9 核装置厂址评估中的地震危险性（2010）

SSG-18 核装置厂址评估中的气象水文灾害（2011）

SSG-21 核装置厂址评估中的火山灾害（2012）

SSG-35 核装置的厂址查勘与选址（2015）

NS-G-3.6 核电厂厂址评估和地基的岩土工程问题（2005）

SSG-2（Rev.1）核电厂的确定论安全分析（2019）

SSG-3 核电厂一级概率安全评价的开发与应用（2010）

SSG-4 核电厂二级概率安全评价的开发与应用（2010）

SSG-47 核电厂、研究地和其他核燃料循环设施的退役（2018）

SSG-27 易裂变材料处理的临界安全性（2014）

研究堆

SSR-1 核装置的厂址评估（2019）

SSR-3 研究堆安全（2016）

SSG-9 核装置厂址评估中的地震灾害（2010）

SSG-18 核装置厂址评估中的气象水文灾害（2011）

SSG-21 核电厂厂址评估中的火山灾害（2012）

SSG-35 核装置的厂址查勘与选址（2015）

GS-G-3.5 核装置的管理体系（2009）

SSG-12 核装置的许可程序（2010）

SSG-50 核装置的运行经验反馈（2018）

NS–G–2.13 现有核装置的地震安全评估（2009）

SSG–38 核装置的建造（2015）

NS–G–4.1 研究堆的调试（2006）

NS–G–4.2 研究堆的维护、定期测试和检查（2006）

NS–G–4.3 研究堆的堆芯管理和燃料装卸（2008）

NS–G–4.4 研究堆的运行限值和条件及运行规程（2008）

NS–G–4.5 研究堆的营运组织和人员招聘、培训与资格鉴定（2008）

NS–G–4.6 研究堆设计与运行中的辐射防护与放射性废物管理（2008）

SSG–40 核电厂和研究堆放射性废物的处置前管理（2016）

SSG–47 核电厂、研究堆和其他核燃料循环设施的退役（2018）

SSG–10 研究堆的老化管理（2010）

SSG–22 分级方法在研究堆安全要求中的应用（2012）

SSG–24 研究堆使用和修改的安全性（2012）

SSG–20 研究堆安全评定和安全分析报告的准备（2012）

SSG–27 易裂变材料处理的临界安全性（2014）

SSG–37 研究堆安全重要的仪控系统和软件（2015）

Fuel Cycle Facilities

燃料循环设施

SSR–1 核装置的厂址评估（2019）

SSR–4 核燃料循环设施的安全（2017）

SSG–9 核装置厂址评估中的地震灾害（2010）

SSG–18 核装置厂址评估中的气象和水文灾害（2011）

SSG–21 核装置厂址评估中的火山灾害（2012）

SSG–35 核装置的厂址查勘与选址（2015）

GS–G–3.5 核装置的管理体系（2009）

SSG–12 核装置的许可程序（2010）

SSG–50 核装置的运行经验反馈（2018）

NS–G–2.13 现有核装置的地震安全评估（2009）

SSG–5 转换设施和铀浓缩设施的安全（2010）

SSG－6 铀燃料制造设施的安全（2010）

SSG－7 铀钚混合氧化物燃料制造设施的安全（2010）

SSG－38 核装置的建造（2015）

SSG－42 核燃料后处理设施的安全（2017）

SSG－43 核燃料循环研发设施的安全（2017）

SSG－47 核电厂、研究堆和其他核燃料循环设施的退役（2018）

SSG－15 乏燃料的贮存（2012）

SSG－27 易裂变材料处理的临界安全性和操作（2014）

Radioactive Waste Disposal Facilities

放射性废物处置设施

SSR－5 放射性废物的处置（2011）

GS－G－3.4 放射性废物处置的管理体系（2008）

SSG－1 放射性废物的钻孔处置设施（2009）

SSG－23 放射性废物处置的安全论证文件与安全评定（2012）

SSG－29 放射性废物的近地表处置设施（2014）

SSG－14 放射性废物的地质处置设施（2011）

SSG－31 放射性废物处置设施的监测与监督（2014）

采矿和选矿

WS－G－1.2 采矿和选矿中放射性废物的管理（2002）（修订中）

核技术利用

GSR Part 3 国际辐射防护和辐射源安全基本安全标准（2014）

SSG－44 建立辐射安全的基础结构（2018）

SSG－46 医用电离辐射的辐射防护与安全（2018）

RS－G－1.9 放射源的分类（2005）

RS－G－1.10 辐射发生器和密封放射源的安全（2006）

SSG－49 医疗、工业和研究设施的退役（2019）

SSG－45 医疗、工业、农业、研究和教育中放射性物质使用产生的放射性废物处置前管理（2019）

SSG－8 伽马、电子和X射线辐照设施的辐射安全（2010）

SSG-11 工业放射学中的辐射安全（2011）

SSG-17 金属回收和生产行业孤儿源和其他放射性物质的控制（2012）

SSG-19 恢复对孤儿源控制和改善对脆弱源控制的国家战略（2011）

SSG-32 保护公众免受室内氡及其他天然辐照源的照射（2015）

SSG-36 消费品的辐射安全（2016）

SSG-55 用于检测和非医学人体成像的 X 射线发生器和其他辐射源的辐射安全（2020）

放射性物质运输

SSR-6（Rev.1）放射性物质安全运输条例（2018 年版）

SSG-26 国际原子能机构放射性物质安全运输条例的咨询材料（2014）

TS-G-1.2 为涉及放射性物质的运输事故的应急响应进行计划和准备（2002）

TS-G-1.3 放射性物质运输的辐射防护大纲（2007）

TS-G-1.4 放射性物质安全运输管理体系（2008）

TS-G-1.5 放射性物质安全运输合规保证（2009）

SSG-33 国际原子能机构放射性物质安全运输条例（2012 年版）附表（2015）

SSG-27 易裂变材料处理的临界安全性（2014）

八、安全基础

SF-1：基本安全原则

Ex. DS298

取代安全丛书 Nos 110，111-F and 120

NPPs	RRs	FCFs	WDFs	MM	RS	TR

九、通用安全要求

GSR Part 1：促进安全的政府、法律和监管框架

NPPs	RRs	FCFs	WDFs	MM	RS	TR

GSR Part 1（Rev.1）：Governmental，Legal and Regulatory Framework for Safety（2016） GSR Part 1（Rev.1）：促进安全的政府，法律和监管（2016） Ex DS463 GSR Part 1：Governmental，Legal and Regulatory Framework for Safety（2010） GSR Part 1（Rev.1）：促进安全的政府，法律和监管（2010） Ex DS415 GS－R－1：Legal and Governmental Infrastructure for Nuclear，Radiation，Radioactive Waste and Transport Safety（2000） GS－R－1：核安全、辐射安全、放射性废物安全和运输安全的法律和政府的基础结构（2000） Ex DS180 Nos. 50－C－G（Rev.1）and 111－S－1			

GSR Part 2：安全领导和管理

NPPs	RRs	FCFs	WDFs	MM	RS	TR

GSR Part 2：Leadership and Management for Safety（2016） GSR Part 2：安全领导和管理（2016） Ex DS456 GS－R－3：The Management System for Facilities and Activities（2006） GS－R－3：设施和活动的管理系统（2006） Ex DS338 Safety Series 50－C－Q			

GSR Part 3：辐射防护和辐射源安全

NPPs	RRs	FCFs	WDFs	MM	RS	TR

GSR Part 3：Radiation Protection and Safety of Radiation Sources，International BSS（2014） GSR Part 3：国际辐射防护和辐射源安全基本安全标准（2014） Ex DS379 SS115：International Basic Safety Standards for Protection against Ionizing Radiation and for the Safety of Radiation Sources（1996） SS115：国际电离辐射防护和放射源安全基本安全标准（1996）			

续表

Safety Series No. 9，1982 Edition DS379 同时取代了 WS－R－3：Remediation of Areas Contaminated by Past Activities and Accidents（2003） WS－R－3：过去活动及事故受污染地区的补救（2003） Ex DS162			

GSR Part 4：设施和活动的安全评定

NPPs	RRs	FCFs	WDFs	MM	RS	TR

GSR Part 4（Rev.1）：Safety Assessment for Facilities and Activities（2016） GSR Part 4（Rev.1）：设施和活动的安全评定（2016） Ex DS466 GSR Part 4：Safety Assessment for Facilities and Activities（2009） GSR Part 4：设施和活动的安全评定（2009） Ex. DS348 NS－G－1.2			

GSR Part 5：放射性废物的处置前管理（2009）

Ex. DS353

取代 WS－R－2

NPPs	RRs	FCFs	WDFs	MM	RS	TR

GSR Part 6：活动的终止和退役

NPPs	RRs	FCFs	WDFs	MM	RS	TR

GSR Part 6：Decommissioning of Facilities（2014） GSR Part 6：设施退役（2014） Ex DS450 WS－R－5：Decommissioning of Facilities Using Radioactive Material（2006） WS－R－5：利用放射性物质的设施的退役（2006） Ex DS333 the decommissioning part of WS－R－2 on Predisposal Management of Radioactive Waste，including Decommissioning（2000） WS－R－2 含退役在内的放射性废物处置前管理（2000）的退役部分			

GSR Part 7：应急准备和响应

NPPs	RRs	FCFs	WDFs	MM	RS	TR

GSR Part 7：Preparedness and Response for a Nuclear or Radiological Emergency（2015） GSR Part 7：核或辐射应急的准备与响应（2015） Ex DS457 GS–R–2：Preparedness and Response for a Nuclear or Radiological Emergency（2002） GS–R–2：核或辐射应急的准备与响应（2002） Ex DS43			

十、专用安全要求

SSR–1：核装置的厂址评估

NPPs	RRs	FCFs	WDFs	MM	RS	TR

SSR–1：Site Evaluation for Nuclear Installations（2019） SSR–1：核装置的厂址评估（2019） Ex DS484 NS–R–3（Rev. 1）：Site Evaluation for Nuclear Installations（2016） NS–R–3（Rev. 1）：核装置的厂址评估（2016） Ex DS464 NS–R–3：Site Evaluation for Nuclear Installations（2003） NS–R–3：核装置的厂址评估（2003） Ex DS305 Safety Series Nos. 50–C–S（Rev. 1）& S9			

SSR–2/1：核电厂安全：设计

NPPs	RRs	FCFs	WDFs	MM	RS	TR

SSR–2/1（Rev. 1）：Safety of Nuclear Power Plants: Design（2016） SSR–2/1（Rev. 1）：核电厂安全：设计（2016） Ex DS465 SSR–2/1: Safety of Nuclear Power Plants: Design（2012） SSR–2/1：核电厂安全：设计（2012） Ex DS414			

续表

NS－R－1：Safety of Nuclear Power Plants：Design（2000） NS－R－1：核电厂安全：设计（2000） Ex DS181 Safety Series Nos. 50－C－D（Rev. 1）and D1			

SSR－2/2 核电厂安全：调试和运行

NPPs	RRs	FCFs	WDFs	MM	RS	TR

SSR－2/2（Rev. 1）：Safety of Nuclear Power Plants：Commissioning and Operation（2016） SSR－2/2（Rev. 1）：核电厂安全：调试和运行（2016） Ex DS467 SSR－2/2：Safety of Nuclear Power Plants：Commissioning and Operation（2011） SSR－2/2：核电厂安全：调试和运行（2011） Ex DS413 NS－R－2：Safety of Nuclear Power Plants：Operation（2000） NS－R－2：核电厂安全：运行（2000） Ex DS179 Safety Series No. 50－C－O（Rev. 1）			

SSR－3：研究堆安全

NPPs	RRs	FCFs	WDFs	MM	RS	TR

SSR－3：Safety of Research Reactors（2016） SSR－3：研究堆安全（2016） Ex DS476 NS－R－4：Safety of Research Reactors（2005） NS－R－4：研究堆安全（2005） Ex DS272 Safety Series Nos. 35－S1 and 35－S2			

SSR－4：核燃料循环设施安全

NPPs	RRs	FCFs	WDFs	MM	RS	TR

SSR－4：Safety of Nuclear Fuel Cycle Facilities（2017） SSR－4：核燃料循环设施安全（2017）			

续表

Ex：DS478 NS－R－5(Rev1)：Safety of Nuclear Fuel Cycle Facilities（2014） NS－R－5（Rev1）：核燃料循环设施安全（2014） Ex DS439 NS－R－5：Safety of Nuclear Fuel Cycle Facilities（2008） NS－R－5：核燃料循环设施安全（2008） Ex DS316			

SSR－5：放射性废物的处置（2011）

Ex DS354

取代 WS－R－1 放射性废物近地表处置（1999）和 WS－R－4 放射性废物地质处置（2006）Ex DS154

NPPs	RRs	FCFs	WDFs	MM	RS	TR

SSR－6：放射性物质安全运输条例

NPPs	RRs	FCFs	WDFs	MM	RS	TR

SSR－6（Rev. 1）：Regulations for the Safe Transport of Radioactive Material，2018 Edition（2018） SSR－6（Rev. 1）：放射性物质安全运输条例 2018 年版（2018） Ex DS495 SSR－6：Regulations for the Safe Transport of Radioactive Material，2012 Edition SSR－6：放射性物质安全运输条例 2012 年版 Ex DS437 TS－R－1：Regulations for the Safe Transport of Radioactive Material（2009 Edition） TS－R－1：放射性物质安全运输条例（2009 年版） Ex DS345			

十一、通用安全导则

1. 建立国家安全的基础结构

NPPs	RRs	FCFs	WDFs	MM	RS	TR

在 BSS 修订完成后，最后定稿的 DS424 纳入了 RS–G–1.4 建立辐射防护和辐射源安全使用的能力（2001），并扩展至其他基础结构方面。

SSG–16：Establishing the Safety Infrastructure for a Nuclear Power Programme（2012） SSG–16：建立核电项目的安全基础结构（2012） Ex DS424	DS486：Establishing the Safety Infrastructure for a Nuclear Power Programme（Rev. 1） DS486：建立核电项目的安全基础结构（Rev. 1）	已完成第 12a 步，提交出版委员会。 已完成第 12b1 步，提交获得安全标准委员会认可。 校订稿将提交安全标准委员会自动生效 T. Kobetz	NUSSC， RASSC， TRANSSC， WASSC， NSGC， EPReSC
SSG–44：Establishing the Infrastructure for Radiation Safety（2018） SSG–44：建立辐射安全的基础结构 Ex DS455 RS–G–1.4：Building Competence in Radiation Protection and the Safe Use of Radiation Sources（2001） RS–G–1.4：建立辐射防护和辐射源安全使用的能力（2001） Ex DS73			

2. 设施和活动的监管控制

NPPs	RRs	FCFs	WDFs	MM	RS	TR

修订了：

—GS–G–1.1 核设施监管机构的组织和人员配备（2002），将包括“监管机构管理系统”（DS113）以及“自我评估”指南。这应涉及核设施和活动以及对辐照设施和放射源的控制。

—GS–G–1.2 监管机构对核设施的审查和评定（2002）

—GS–G–1.3 监管机构对核设施的监督检查和执法（2002）

—GS–G–1.4 在核设施监管过程中使用的文件（2002）

—GS–G–1.5 放射源的监管（2004）纳入“授权”和“检查”方面的技术文档。这还将包括辐射源和活动的许可、授权、公告程序。

—WS–G–5.1 实践终止后监管控制点位的解除（2006）

—涉及 WS–G–2.3 放射性流出物排入环境的审管控制的修订内容（DS442）

修订后的安全导则还将包括 SSG–12 核装置的许可程序。

该指南还将涉及 DS429 中关于安全问题外部专家支持的内容。

GSG－12：Organisation，Management and Staffing of a Regulatory Body for Safety（2018） GSG－12：核安全监管机构的组织、管理和雇员（2018） Ex DS472 GS－G－1.1：Organization and Staffing of the Regulatory Body for Nuclear Facilities（2002） GS－G－1.1：核设施监管机构的组织和人员配备（2002） Ex DS247 Safety Series No. 50－SG－G1 以及 GSG－4: Use of External Experts by the Regulatory Body（2013） GSG－4：监管机构对于外部专家的使用（2013） Ex DS429			
GSG－13：Functions and Processes of the Regulatory Body for Safety（2018） GSG－13：核安全监管机构的职责和流程（2018） Ex DS473 GS－G－1.2: Review and Assessment of Nuclear Facilities by the Regulatory Body（2002） GS－G－1.2：监管机构对核设施的审查和评定（2002） Ex DS248 Safety Series No. 50－SG－G3			
GSG－13：Functions and Processes of the Regulatory Body for Safety（2018） Ex DS473 GSG－13：核安全监管机构的职责和流程（2018） Ex DS473 GS－G－1.3：Regulatory Inspection of Nuclear Facilities and Enforcement by the Regulatory Body（2002） GS－G－1.3：监管机构对核设施的监督检查和执法（2002） Ex DS289 Safety Series No. 50－SG－G4（Rev. 1）			
GSG－13：Functions and Processes of the Regulatory Body for Safety（2018） GSG－13：核安全监管机构的职责和流程（2018） Ex DS473 GS－G－1.4：Documentation for Use in Regulating Nuclear Facilities（2002） GS－G－1.4：在核设施监管过程中使用的文件（2002） Ex DS290 Safety Series Nos. 50－SG－G8 and 50－SG－G9			
GSG－12：Organisation，Management and Staffing of a Regulatory Body for Safety（2018） GSG－12：核安全监管机构的组织、管理和雇员（2018） Ex DS472			

续表

以及 GSG－13：Functions and Processes of the Regulatory Body for Safety（2018） GSG－13：核安全监管机构的职责和流程（2018） Ex DS473 GS－G－1.5：Regulatory Control of Radiation Sources（2004） GS－G－1.5：放射源的监管（2004） Ex DS67			
GSG－13：Functions and Processes of the Regulatory Body for Safety（2018） GSG－13：核安全监管机构的职责和流程（2018） Ex DS473 部分取代 WS－G－5.1：Release of Sites from Regulatory Control upon the Termination of Practices（2006） 部分取代 WS－G－5.1：实践终止后监管控制点位的解除（2006） Ex DS332			
GSG－12：Organisation，Management and Staffing of a Regulatory Body for Safety（2018） GSG－12：核安全监管机构的组织、管理和雇员（2018） Ex DS472 GSG－4：Use of External Experts by the Regulatory Body（2013） GSG－4：监管机构对于外部专家的使用（2013） Ex DS429			
GSG－6：Communication and Consultation with Interested Parties by the Regulatory Body（2017） GSG－6：监管机构与利益相关方的沟通与协商（2017） Ex DS460			

3. 放射源的分类

NPPs	RRs	FCFs	WDFs	MM	RS	TR

修订；如有需要，RS－G－1.9 放射源的分类（2005）。

RS－G－1.9：Categorization of Radioactive Sources（2005） RS－G－1.9：放射源的分类（2005） Ex DS343			

4. 排除、豁免和解控概念的适用

NPPs	RRs	FCFs	WDFs	MM	RS	TR

RS－G－1.7（2004）中的一般原理和表格应在修订中的 RS－G－1.7 保留。

RS－G－1.7：Application of the Concepts of Exclusion，Exemption and Clearance（2004） RS－G－1.7：排除、豁免和解控概念的适用（2004） Ex DS161	DS499：Application of the Concept of Exemption，revision of RS－G－1.7 DS499：豁免概念的适用，修订 RS－G－1.7 DS500：Application of the Concept of Clearance，revision of RS－G－1.7 DS500：解控概念的适用，修订 RS－G－1.7	第 6 步：第一次内部审查安全标准草案 Haridasan Pappinisseri Puthanveedu 第 6 步：第一次内部审查安全标准草案 V. Ljubenov	RASSC， WASSC， TRANSSC WASSC， RASSC， TRANSSC

5. 公众和环境保护

NPPs	RRs	FCFs	WDFs	MM	RS	TR

应包括关于优化和剂量限制使用的通用指导。

应包括 WS－G－2.3 放射性流出物排入环境的审管控制（2000）

还应该包括 DS421 和 DS432。

GSG－9：Regulatory Control of Radioactive Discharges to the Environment（2018） GSG－9：放射性流出物排入环境的审管控制（2018） Ex DS442 WS－G－2.3：Regulatory Control of Radioactive Discharges to the Environment（2000） WS－G－2.3：放射性流出物排入环境的审管控制（2000） Ex DS25 Safety Series No. 77			
SSG－32：Protection of the Public against Exposure Indoors due to Radon and Other Natural Sources of Radiation（2015） SSG－32：保护公众免受室内氡及其他天然辐照源的照射（2015） Ex DS421			
GSG－8：Radiation Protection of the Public and the Environment（2018） GSG－8：公众与环境的辐射防护（2018） Ex DS432			
WS－G－1.2：Management of Radioactive Waste from the Mining and Milling of Ores（2002） WS－G－1.2：采矿和选矿中放射性废物的管理（2002） Ex DS277 Safety Series No. 85	DS459：Management of Residues Containing Naturally Occurring Radioactive Material from Uranium Production and other Activities DS459：含有天然放射性物质的铀的生产和其他活动残留物的管理	第 12a 步：出版委员会批准 第 12b1 步：提交安全标准委员会批准 已完成 校订稿将提交安全标准委员会自动生效 Z. Fan	WASSC， RASSC

6. 设施和活动管理体系的应用

NPPs	RRs	FCFs	WDFs	MM	RS	TR

修订 GS－G－3.1，如有必要后续将纳入近期出版的 GS－G－3.2 技术服务管理体系（2008）、GS－G－3.3 放射性废物处置、处理和贮存管理体系（2008）、GS－G－3.4 放射性废物处置的管理体系（2008）和 TS－G－1.4 放射性物质安全运输管理体系（2008）。

GS－G－3.1：Application of the Management System for Facilities and Activities（2006） GS－G－3.1：设施和活动管理体系的应用（2006） Ex DS339 （Safety Series 50－SG－Q1 to Q7）	见 DS513 项目		
GSG－7：Occupational Radiation Protection（2018） GSG－7：职业辐射防护（2018） Ex DS453 GS－G－3.2：The Management System for Technical Services in Radiation Safety（2008） GS－G－3.2：技术服务管理体系（2008） Ex DS315			
GS－G－3.3：The Management System for the Processing，Handling and Storage of Radioactive Waste（2008） GS－G－3.3：放射性废物处置、处理和贮存管理体系（2008） Ex DS336	DS477：The Management System for the Predisposal Management and Disposal of Radioactive Waste，combination of GS－G－3.3 and GS－G－3.4 DS477：放射性废物处置前管理和放射性废物处置，结合 GS－G－3.3 和 GS－G－3.4	第 10 步：第二次内部审查安全标准草案 D. Bennett	WASSC，RASSC，NUSSC TRANSSC，NSGC
GS－G－3.4：The Management System for the Disposal of Radioactive Waste（2008） GS－G－3.4：放射性废物处置的管理体系（2008） Ex DS337			
TS－G－1.4：The Management System for the Safe Transport of Radioactive Material（2008） TS－G－1.4：放射性物质安全运输管理体系（2008） Ex DS326 Safety Series No.113			

7. 设施和活动的职业辐射防护

NPPs	RRs	FCFs	WDFs	MM	RS	TR

DS453，综合和取代安全导则 RS－G－1.1 职业辐射防护（1999）、RS－G－1.2

摄入放射性核素职业照射评估（1999）、RS－G－1.3 外部放射源职业照射评估（1999）、RS－G－1.6 原材料开采加工职业辐射防护（2004）和 GS－G－3.2 辐射安全技术服务管理体系（2008）。

GSG－7：Occupational Radiation Protection（2018） GSG－7：职业辐射防护（2018） Ex DS453 RS－G－1.1：Occupational Radiation Protection（1999） RS－G－1.1：职业辐射防护（1999） Ex DS69			
GSG－7：Occupational Radiation Protection（2018） GSG－7：职业辐射防护（2018） Ex DS453 RS－G－1.2：Assessment of Occupational Exposure due to Intakes of Radionuclides（1999） RS－G－1.2：摄入放射性核素职业照射评估（1999） Ex DS85			
GSG－7：Occupational Radiation Protection（2018） GSG－7：职业辐射防护（2018） Ex DS453 RS－G－1.3：Assessment of Occupational Exposure due to External Sources of Radiation（1999） RS－G－1.3：外部放射源职业照射评估（1999） Ex DS12			
GSG－7：Occupational Radiation Protection（2018） GSG－7：职业辐射防护（2018） Ex DS453 RS－G－1.6：Occupational Radiation Protection in the Mining and Processing of Raw Materials（2004） RS－G－1.6：原材料开采加工职业辐射防护（2004） Ex DS17 Safety Series No. 26			
GSG－7：Occupational Radiation Protection（2018） GSG－7：职业辐射防护（2018） Ex DS453 GS－G－3.2：The Management System for Technical Services in Radiation Safety（2008） GS－G－3.2：辐射安全技术服务管理体系（2008） Ex DS315			
	DS519：Protection of Workers against Exposure due to Radon DS519：工作人员氡照射防护	第 5 步：准备草案 O. German	RASSC

8. 综合安全评估和决策

NPPs	RRs	FCFs	WDFs	MM	RS	TR

新文档。根据第25次核安全标准分委会意见，将包括关于安全评估的若干建议，以及WS-G-5.2使用放射性物质装置退役的安全评估（2008）和“旧”DS365项目的修订内容。

WS-G-5.2：Safety Assessment for the Decommissioning of Facilities Using Radioactive Material（2008） WS-G-5.2：使用放射性物质装置退役的安全评估（2008） Ex DS376			

9. 辐射防护目的的环境和源监测

NPPs	RRs	FCFs	WDFs	MM	RS	TR

修订RS-G-1.8辐射防护目的的环境和源监测（2005）

RS-G-1.8：Environmental and Sources Monitoring for Purposes of Radiation Protection（2005） RS-G-1.8：辐射防护目的的环境和源监测（2005） Ex DS62	DS505：Source Monitoring，Environmental Monitoring and Individual Monitoring for Protection of the Public and the Environment，revision of RS-G-1.8 DS505：保护公众和环境的源监测、环境监测和个人监测，RS-G-1.8修订	第5步：准备草案 T.L. Yankovich	WASSC，RASSC，NUSSC，EPReSC

10. 处理易裂变材料的核设施和活动的临界安全性

NPPs	RRs	FCFs	WDFs	MM	RS	TR

SSG-27：Criticality Safety in the Handling of Fissile Material（2014） Ex DS407 SSG-27：易裂变材料处理的临界安全性（2014） Ex DS407	DS516: Criticality Safety in the Handling of Fissile Material DS516：易裂变材料处理的临界安全性	第8步：征求成员国意见（截至2020年5月22日） J. Rovny	NUSSC and all other Committees

11. GSG-1：放射性废物的分类（2009）

Ex DS390

取代 111-G-1.1 放射性废物的分类

NPPs	RRs	FCFs	WDFs	MM	RS	TR

12. 放射性废物处置前管理和相关设施的安全

NPPs	RRs	FCFs	WDFs	MM	RS	TR

综合并替代 WS-G-2.5 低、中水平放射性废物处置前管理（2003）、WS-G-2.6 高水平放射性废物处置前管理（2003）和 GS-G-3.3 放射性废物处置、处理和贮存管理体系（2008）。

此外，应考虑核废料设施的外部事件。

它还将包括 WS-G-6.1 放射性废物的贮存（2006）和 GSG-3 放射性废物处置前管理的安全和论证文件和安全评定。

SSG-40：Predisposal Management of Radioactive Waste from Nuclear Power Plants and Research Reactors（2016） SSG-40：核电厂和研究堆放射性废物的处置前管理（2016） Ex DS448 WS-G-2.5：Predisposal Management of Low and Intermediate Level Radioactive Waste（2003） WS-G-2.5：低、中水平放射性废物处置前管理（2003） Ex DS159			
SSG-41：Predisposal Management of Radioactive Waste from Nuclear Fuel Cycle Facilities（2016） SSG-41：核燃料循环设施放射性废物的处置前管理（2016） Ex DS447 WS-G-2.6：Predisposal Management of High Level Radioactive Waste（2003） WS-G-2.6：高水平放射性废物处置前管理（2003） Ex DS163			
GSG-7：Occupational Radiation Protection（2018） GSG-7：职业辐射防护（2018） Ex DS453 GS-G-3.2：The Management System for Technical Services in Radiation Safety（2008） GS-G-3.2：辐射安全技术服务管理体系（2008） Ex DS315			
WS-G-6.1：Storage of Radioactive Waste（2006） WS-G-6.1：放射性废物的贮存（2006） Ex DS292			

续表

GSG－3：The Safety Case and Safety Assessment for the Predisposal Management of Radioactive Waste（2013） GSG－3：放射性废物处置前管理的安全和论证文件和安全评定（2013） Ex DS284			

13. 核或辐射应急准备的安排

NPPs	RRs	FCFs	WDFs	MM	RS	TR

根据需要修订 GS－G－2.1 核应急或放射应急准备安排（2006）。

它还将包括 GSG－2 核或辐射应急准备和响应的准则。

GS－G－2.1：Arrangements for Preparedness for a Nuclear or Radiological Emergency（2007） GS－G－2.1：核或辐射应急准备的安排（2007） Ex DS105 （Safety Series Nos. 50－SG－G6，50 SG－O6 and 98）	DS504：Arrangements for Preparedness and Response for a Nuclear or Radiological Emergency，revision of GS－G－2.1 DS504：核或辐射应急准备的安排，修订 GS－G－2.1	第 5 步：准备草案 K Kouts	EPReSC RASSC， WASSC， TRANSSC， NUSSC， NSGC
GSG－2：Criteria for Use in Preparedness and Response for a Nuclear or Radiological Emergency（2011） GSG－2：核或辐射应急准备和响应的准则（2011） Ex DS44 SS109：Intervention Criteria in a Nuclear or Radiation Emergency（1994） SS109：核或辐射应急介入准则（1994）			

14. 辐射应急响应的安排

NPPs	RRs	FCFs	WDFs	MM	RS	TR

2 项新导则

GSG－11：Arrangements for the Termination of a Nuclear of Radiological Emergency（2018） GSG－11：终止核或辐射应急的安排（2018） Ex DS474			

续表

	DS475：Arrangements for Public Communications in Preparedness and Response for a Nuclear or Radiological Emergency DS475：核或辐射应急准备和响中应公众沟通的安排	第 12a 步：出版委员会批准 第 12b1 步：提交安全标准委员会批准 已完成 校订稿将提交安全标准委员会自动生效 P. Kaiser	EPReSC，RASSC，NUSSC，WASSC，TRANSSC，NSGC

初步计划：制定新安全导则以包含：

—第一类、第二类和第三类风险的设施；

—第四类风险的辐射应急；

—和自然灾害引起的辐射应急响应的安排。

15. 过去活动和事故影响地区的补救程序

NPPs	RRs	FCFs	WDFs	MM	RS	TR

根据需要修订 WS–G–3.1 过去活动和事故影响地区的补救程序（2007）

WS–G–3.1：Remediation Process for Areas affected by Past Activities and Accidents（2007） WS–G–3.1：过去活动和事故影响地区的补救程序（2007） Ex DS172	DS468：Remediation Strategy and Process for Areas Affected by Past Activities or Events DS468：过去活动和事故影响地区的补救程序	第 12b1 步：提交给安全标准委员会批准 提交出版委员会 T. Yankovich and M. Roberts	WASSC，RASSC，NSGC（for info），EPReSC

十二、专用安全导则

16. 核装置的厂址查勘与选址

NPPs	RRs	FCFs	WDFs	MM	RS	TR

修订安全丛书 50–SG–S9（1984）。

SSG–35：Site Survey and Site Selection for Nuclear Installations（2015） SSG–35：核装置的厂址查勘与选址（2015） Ex DS433			

17. SSG－21 核电厂厂址评估中的火山灾害（2012）

NPPs	RRs	FCFs	WDFs	MM	RS	TR

Ex DS405

18. SSG－9 核装置厂址评估中的地震危险性（2010）

Ex DS422

取代 NS－G－3.3 核电厂地震危险性评价（2002）DS302（取代了安全丛书 No. 50－SG－S1（Rev. 1））

NPPs	RRs	FCFs	WDFs	MM	RS	TR

SSG－9：Seismic Hazards in Site Evaluation for Nuclear Installations（2010） SSG－9：核装置厂址评估中的地震危险性（2010） Ex DS422 NS－G－3.3：Evaluation of Seismic Hazard for Nuclear Power Plants（2002） NS－G－3.3：核电厂地震危险性评价（2002） Ex DS302 安全丛书 No. 50－SG－S1（Rev. 1）	DS507：Seismic Hazards in Site Evaluation for Nuclear Installations，revision of SSG－9 DS507：核装置厂址评估中的地震危险性，修订 SSG－9	第 12b1 步：提交给安全标准委员会批准 提交出版委员会 Y. Fukushima	NUSSC，WASSC

19. SSG－18 核装置厂址评估中的气象水文灾害（2011）

Ex DS417

取代 NS－G－3.4 核电厂气象事件厂址评价（2003）Ex DS184（取代了安全丛书 Nos. 50－SG－S11A &－S11B），以及 NS－G－3.5 沿海和沿河核电厂洪水灾害（2003）Ex DS280（取代了安全丛书 Nos. 50－SG－S10A & S10B）。

NPPs	RRs	FCFs	WDFs	MM	RS	TR

20. 核设施厂址评估和地基的岩土工程问题

NPPs	RRs	FCFs	WDFs	MM	RS	TR

取代 NS－G－3.6 核电厂厂址评估和地基的岩土工程问题（2004）

NS－G－3.6：Geotechnical Aspects of Site Evaluation and Foundations for Nuclear Power Plant（2004） NS－G－3.6：核电厂厂址评估和地基的岩土工程问题（2004） Ex DS300 安全丛书 No. 50－SG－S8			

21. 核设施厂址评估中的外部人为事件

NPPs	RRs	FCFs	WDFs	MM	RS	TR

取代 NS－G－3.1 核电厂厂址评估中的外部人为事件（2002）。

NS－G－3.1：External Human Induced Events in Site Evaluation for Nuclear Power Plants（2002） NS－G－3.1：核电厂厂址评估中的外部人为事件（2002） Ex DS258 安全丛书 No. 50－SG－S5	DS520：Hazards Associated with External Human Induced Events in Site Evaluation for Nuclear Installations DS520：核装置厂址评估中外部人为事件相关灾害	第 5 步：准备草案 A. Altinyollar	NUSSC，WASSC

22. 核装置的建造

NPPs	RRs	FCFs	WDFs	MM	RS	TR

新安全导则

SSG－38：Construction for Nuclear Installations（2015） SSG－38：核装置的建造（2015） Ex DS441			

23. 核装置反应堆冷却剂系统与相关系统设计

NPPs	RRs	FCFs	WDFs	MM	RS	TR

保持现有的安全指南 NS－G－1.9 核电厂反应堆冷却剂系统与相关系统设计（2004），并在必要时修订。

SSG－56：Design of the Reactor Coolant System and Associated Systems for Nuclear Power Plants（2020）			

续表

SSG－56：核电厂反应堆冷却剂系统与相关系统设计（2020） Ex DS481 NS－G－1.9：Design of the Reactor Coolant System and Associated Systems in Nuclear Power Plants（2004） NS－G－1.9：核电厂反应堆冷却剂系统与相关系统设计（2004） Ex DS282 安全丛书 Nos. 50－SG－D6 and 50－SG－D13			

24. 核电厂反应堆安全壳系统和其他建筑物设计

NPPs	RRs	FCFs	WDFs	MM	RS	TR

SSG－53：Design of the Reactor Containment and Associated Systems for Nuclear Power Plants（2019） SSG－52：核电厂反应堆安全壳及相关系统设计 Ex DS482 NS－G－1.10：Design of Reactor Containment Systems for Nuclear Power Plants（2004） NS－G－1.10：核电厂反应堆安全壳系统设计（2004） Ex DS296 安全丛书 No. 50－SG－D12	DS482：Design of the Reactor Containment and Associated Systems for Nuclear Power Plants DS482：核电厂反应堆安全壳和相关系统设计	第 12b2 步：校订稿将提交安全标准委员会 C. Toth	NUSSC，NSGC

25. 核电厂辅助和支持系统设计

NPPs	RRs	FCFs	WDFs	MM	RS	TR

新安全导则

	DS440：Design of Auxiliary Systems and Supporting Systems for NPPs DS440：核电厂辅助和支持系统设计	第 12a 步：出版委员会批准 第 12b1 步：提交安全标准委员会批准已完成 校订稿将提交安全标准委员会自动生效 A. Amri	NUSSC NSGC

26. 核电厂电力系统设计

NPPs	RRs	FCFs	WDFs	MM	RS	TR

新安全导则将取代现行的 NS-G-1.8 核电厂应急电源系统的设计（2004），并将范围扩展到包含电缆、电缆盘等。

SSG-34：Design of Electrical Power Systems for Nuclear Power Plants（2016） SSG-34：核电厂电力系统设计（2016） Ex DS430 NS-G-1.8：Design of Emergency Power Systems for Nuclear Power Plants（2004） NS-G-1.8：核电厂应急电源系统的设计（2004） Ex DS303 安全丛书 No 50-SG-D7（Rev. 1）			

27a. 核电厂仪表和控制系统设计

NPPs	RRs	FCFs	WDFs	MM	RS	TR

新安全导则，将综合并取代现行的 2 项安全导则：

—NS-G-1.1 核电厂安全重要计算机系统软件（2000），

—NS-G-1.3 核电厂安全重要仪表和控制系统（2002）。

SSG-39：Design of Instrumentation and Control Systems for Nuclear Power Plants（2016） SSG-39：核电厂仪表和控制系统设计（2016） Ex DS431 NS-G-1.1：Software for Computer Based Systems Important to Safety in Nuclear Power Plants（2000） NS-G-1.1：核电厂安全重要计算机系统软件（2000） Ex DS264 NS-G-1.3：Instrumentation and Control Systems Important to Safety in Nuclear Power Plants（2002） NS-G-1.3：核电厂安全重要仪表和控制系统（2002） Ex DS252 安全丛书 Nos. 50-SG-D3 and D8			

27b. 核电厂人因工程

新安全导则

SSG－51：Human Factors Engineering in the Design of Nuclear Power Plants（2019） SSG－51：核电厂设计中的人因工程（2019） Ex DS492			

27c. 核装置安全重要物项的设备鉴定

新安全导则

	DS514：Qualification of Items Important to Safety for Nuclear Installations DS514：核装置安全重要物项的鉴定	第 10 步：第二次内部审查安全标准草案已完成 A. Duchac	NUSSC

28. 核电厂设计中的内外部灾害防护

NPPs	RRs	FCFs	WDFs	MM	RS	TR

最初建议制定 1 个新的安全导则，综合并取代现行的 4 个安全导则：

—NS－G－1.5 核电厂设计中不包括地震在内的外部事件（2003）；

—NS－G－1.6 核电厂抗震设计与鉴定（2003）；

—NS－G－1.7 核电厂设计中的内部火灾和爆炸防护；

—NS－G－1.11 核电厂设计中对火灾和爆炸以外的内部危险防护。

但是经过仔细分析，得出以下关于草案大纲的提案：

NS－G－1.5：External Events Excluding Earthquakes in the Design of Nuclear Power Plants（2003） NS－G－1.5：核电厂设计中不包括地震在内的外部事件（2003） Ex DS301 安全丛书 No. 50－SG－D5（Rev. 1）	DS498：Design of Nuclear Installations Against External Events Excluding Earthquakes 应对不包括地震在内外部事件的核装置设计	第 12b1 步：提交安全委员会批准 提交出版委员会 A. Altinyollar	NUSSC WASSC
NS－G－1.6：Seismic Design and Qualification for Nuclear Power Plants（2003） NS－G－1.6：核电厂抗震设计与鉴定（2003） Ex DS304 安全丛书 No. 50－SG－D15	DS490：Seismic Design of Nuclear Installations DS490：核装置抗震设计	第 12b1 步：提交安全委员会批准 提交出版委员会 O. Coman	NUSSC WASSC

续表

NS－G－1.7：Protection Against Internal Fires and Explosions in the Design of Nuclear Power Plants（2004） NS－G－1.7：核电厂设计中的内部火灾和爆炸防护（2004） Ex DS306 安全丛书 No.50－SG－D2（Rev. 1）	DS494：Protection against Internal Hazards in the Design of Nuclear Power Plants，revision and combination of NS－G－1.7 and NS－G－1.11 DS494：核电厂设计中的内部灾害防护，修订并综合 NS－G－1.7 和 NS－G－1.11	第 12b1 步：安全标准委员会批准 提交出版委员会 A. Amri	NUSSC NSGC EPReSC
NS－G－1.11：Protection against Internal Hazards other than Fires and Explosions in the Design of Nuclear Power Plants（2004） NS－G－1.11：核电厂设计中对火灾和爆炸以外的内部危险防护（2004） Ex DS299 安全丛书 No. 50－SG－D4			
NS－G－3.5：Flood Hazard for Nuclear Power Plants on Coastal and River Sites（2003） NS－G－3.5：沿海和沿河核电厂洪水灾害（2003） Ex DS280 安全丛书 Nos. 50－SG－S10A & S10B			

29. 核电厂燃料贮存系统设计

NPPs	RRs	FCFs	WDFs	MM	RS	TR

必要时修订 NS－G－1.4 核电厂燃料处理和贮存系统的设计（2003）

NS－G－1.4：Design of Fuel Handling and Storage Systems for Nuclear Power Plants（2003） NS－G－1.4：核电厂燃料处理和贮存系统的设计（2003） Ex DS276 安全丛书 No. 50－SG－D10	DS487：Design of Fuel Handling and Storage Systems for Nuclear Power Plants DS487：核电厂燃料处理和贮存系统的设计	第 12a 步：出版委员会批准 第 12b1 步：提交安全标准委员会批准已完成 校订稿将提交安全标准委员会自动生效 C. Toth	NUSSC，WASSC，TRANSSC，NSGC

30. 核电厂设计中的辐射防护

NPPs	RRs	FCFs	WDFs	MM	RS	TR

将综合并取代现行的文档：

—NS－G－1.13 核电厂设计中的辐射防护（2005）；

—NS-G-2.7 核电厂运行中的辐射防护和放射性废物管理（2002）所涵盖的辐射防护内容，包括职业照射指导。

NS-G-1.13：Radiation Protection Aspects of Design for Nuclear Power Plants（2005） NS-G-1.13：核电厂设计中的辐射防护（2005） Ex DS313 安全丛书 No. 50-SG-D9 和 No. 79	DS524		
GSG-7：Occupational Radiation Protection（2018） GSG-7：职业辐射防护（2018） Ex DS453 SSG-40：Predisposal Management of Radioactive Waste from Nuclear Power Plants and Research Reactors（2016） SSG-40：核电厂和研究堆放射性废物的处置前管理（2016） Ex DS448 NS-G-2.7：Radiation Protection and Radioactive Waste Management in the Operation of Nuclear Power Plants（2002） NS-G-2.7：核电厂运行中的辐射防护和放射性废物管理（2002） Ex DS187 安全丛书 Nos. 50-SG-O5 and O11			

31. 核电厂、研究堆和废物管理系统设计中的放射性废物管理

NPPs	RRs	FCFs	WDFs	MM	RS	TR

将综合并取代现行的文档：

—已包含在 NS-G-1.13 中的 Safety Series No.79 核电厂放射性废物管理系统设计（1986）。

—NS-G-4.6 研究堆设计与运行中的辐射防护与放射性废物管理（2008）所涵盖的废物管理相关事宜。

—WS-G-2.1 核电厂和研究堆退役中的相应部分。

NS-G-1.13：Radiation Protection Aspects of Design for Nuclear Power Plants（2005） NS-G-1.13：核电厂设计中的辐射防护（2005） Ex DS313 安全丛书 No. 50-SG-D9 和 No. 79	DS524		

续表

NS－G－4.6：Radiation Protection and Radioactive Waste Management in the Design and Operation of Research Reactors（2008） NS－G－4.6：研究堆设计与运行中的辐射防护与放射性废物管理（2008） Ex DS340			
SSG－47：Decommissioning of Nuclear Power Plants，Research Reactors and Other Nuclear Fuel Cycle Facilities（2018） SSG－47：核电厂、研究堆和其他核燃料循环设施退役（2018） Ex DS452 取代 WS－G－2.1 和 WS－G－2.4 WS－G－2.1：Decommissioning of Nuclear Power Plants and Research Reactors（1999） WS－G－2.1：核电厂和研究堆退役（1999） Ex DS257 安全丛书 Nos. 74 and 105			

32. 删除　见 29 项

33. 核电厂反应堆设计和堆芯管理

NPPs	RRs	FCFs	WDFs	MM	RS	TR

SSG－52：Design of the Reactor Core for Nuclear Power Plants（2019） SSG－52：核电厂反应堆堆芯设计（2019） Ex DS488 NS－G－1.12：Design of the Reactor Core for Nuclear Power Plants（2005） NS－G－1.12：核电厂反应堆堆芯设计（2005） Ex DS283 安全丛书 No. 50－SG－D14			

34. 乏燃料的贮存

NPPs	RRs	FCFs	WDFs	MM	RS	TR

DS371 合并并取代 Safety Series No. 116 乏燃料贮存设施的设计（1994）和 Safety Series No. 117 乏燃料贮存设施的运行（1994）。

SSG－15：Storage of Spent Nuclear Fuel（2012） SSG－15：乏燃料的贮存（2012） Ex DS371 116：Design of Spent Fuel Storage Facilities（1994） 116：乏燃料贮存设施的设计（1994） 117：Operation of Spent Fuel Storage Facilities（1994） 117：乏燃料贮存设施的运行（1994） 118：Safety Assessment for Spent Fuel Storage Facilities：A Safety Practice（1995） 118：乏燃料贮存设施的安全评估：一项安全措施（1995）	DS489：Storage of Spent Nuclear Fuel，revision of SSG－15 DS489：乏燃料的贮存，修订 SSG－15	第 12a 步：出版委员会批准 第 12b1 步：提交安全标准委员会批准已完成 校订稿将提交安全标准委员会自动生效 A. Guskov	WASSC， NUSSC， EPReSC， NSGC

35. 核装置结构、系统和部件的安全分级

NPPs	RRs	FCFs	WDFs	MM	RS	TR

DS367：确定核电厂的导则，并扩展到未来安装的装置。

SSG－30：Safety Classification of Structures，Systems and Components in Nuclear Power Plants（2014） SSG－30：核电厂结构、系统和部件的安全分级（2014） Ex DS367			

36. 核装置安全分析报告的内容

NPPs	RRs	FCFs	WDFs	MM	RS	TR

修订现行的 GS－G－4.1 核电厂安全分析报告的格式和内容（2004）以反映新的发展和更精确的范围。

它还将包含 SSG－12 的技术部分，过程部分在 2 中。

GS－G－4.1：Format and Content of the Safety Analysis Report for Nuclear Power Plants（2004） GS－G－4.1：核电厂安全分析报告的格式和内容（2004） Ex DS309 安全丛书 No. 50－SG－G2	DS449：Format and Content of the Safety Analysis Report for Nuclear Power Plants（revision of GS－G－4.1） DS449：核电厂安全分析报告的格式和内容（修订 GS－G－4.1）	第 12a 步：出版委员会批准 第 12b1 步：提交安全标准委员会批准已完成 校订稿将提交安全标准委员会自动生效 P. Villalibre	NUSSC， RASSC， WASSC， NSGC， EPReSC

续表

GSG－13：Functions and Processes of the Regulatory Body for Safety（2018） GSG－13：核安全监管机构的职责和流程（2018） Ex DS473 GS－G－1.4：Documentation for Use in Regulating Nuclear Facilities（2002） GS－G－1.4：用于核设施监管的文件（2002） Ex DS290 安全丛书 Nos. 50－SG－G8 and 50－SG－G9			
GSG－13：Functions and Processes of the Regulatory Body for Safety（2018） GSG－13：核安全监管机构的职责和流程（2018） Ex DS473 部分取代 SSG－12：Licensing Process for Nuclear Installations（2010） SSG－12：核装置的许可程序（2010） Ex DS416			

37. 核电厂的确定论安全分析（2009）

NPPs	RRs	FCFs	WDFs	MM	RS	TR

SSG－2（Rev. 1）：Deterministic Safety Analysis for Nuclear Power Plants（2019） SSG－2（Rev. 1）：核电厂的确定论安全分析（2019） Ex DS491 SSG－2：Deterministic Safety Analysis for Nuclear Power Plants（2009） SSG－2：核电厂的确定论安全分析（2009） Ex DS395 NS－G－1.2：Safety Assessment and Verification for Nuclear Power Plants（2001） NS－G－1.2：核电厂安全评价和验证（2001） Ex DS253 安全丛书 No. 50－SG－D11			

38a. 核电厂概率安全分析

NPPs	RRs	FCFs	WDFs	MM	RS	TR

综合 SSG-3 和 SSG-4，并增加三级概率安全分析。

SSG-3：Development and Application of Level 1 Probabilistic Safety Assessment for Nuclear Power Plants（2010） SSG-3：核电厂一级概率安全评价的开发与应用（2010） Ex DS394	DS523：Development and Application of Level 1 Probabilistic Safety Assessment for Nuclear Power Plants DS523：核电厂一级概率安全评价的开发与应用	第 5 步：准备草案 S. Poghosyan	NUSSC NSGC
SSG-4：Development and Application of Level 2 Probabilistic Safety Assessment for Nuclear Power Plants（2010） SSG-4：核电厂二级概率安全评价的开发与应用（2010） Ex DS393			

38b. 核电站设计通用要求的应用评估

新安全导则

NPPs	RRs	FCFs	WDFs	MM	RS	TR

	DS508：Assessment of the Application of General Requirements for Design of Nuclear Power Plants DS508：核电站设计通用要求的应用评估	第 5 步：准备草案 J. Yllera	NUSSC NSGC

39. 设施与活动的辐射环境影响分析

NPPs	RRs	FCFs	WDFs	MM	RS	TR

部分取代安全导则 NS-G-3.2 放射性物质在空气和水中的扩散与核电厂厂址评估中人口分布的考虑（2002）

GSG-10：Prospective Radiological Environmental Impact Assessment for Facilities and Activities（2018） GSG-10：设施与活动辐射环境影响的前瞻性评价（2018） Ex DS427			

续表

部分取代 NS－G－3.2：Dispersion of Radioactive Material in Air and Water and Consideration of Population Distribution in Site Evaluation for Nuclear Power Plants（2002） NS－G－3.2：放射性物质在空气和水中的扩散与核电厂厂址评估中人口分布的考虑（2002） Ex DS182 安全丛书 Nos.50－SG－S3，S4，S6 & S7			

40. 核电厂定期安全审查

NPPs	RRs	FCFs	WDFs	MM	RS	TR

修订 NS－G－2.10 核电厂定期安全审查（2003）（SSG－25），将包含长期运行相关问题。

SSG－25：Periodic Safety Review for Nuclear Power Plants（2013） SSG－25：核电厂定期安全审查（2013） Ex DS426 NS－G－2.10：Periodic Safety Review of Nuclear Power Plants（2003） NS－G－2.10：核电厂定期安全审查（2003） Ex DS307 安全丛书 No. 50－SG－O12			

41. 现有核装置的地震评估

NPPs	RRs	FCFs	WDFs	MM	RS	TR

NS－G－2.13：Evaluation of Seismic Safety for Existing Nuclear Installations（2009） NS－G－2.13：现有核装置的地震安全评估（2009） Ex DS383	DS522：Evaluation of Seismic Safety for Existing Nuclear Installations DS522：现有核装置的地震安全评估	第 5 步：准备草案 O. Coman	NUSSC WASSC

42. 核设施管理体系

NPPs	RRs	FCFs	WDFs	MM	RS	TR

完成 DS349 文档，草案发布中。

包括安全导则 NS–G–2.4 核电厂的营运组织（2001）的修订，指导营运决策、变更管理和自我评估。

也包括安全导则 NS–G–2.8 核电厂人员的招聘、认定和培训（2002）的修订，修订导则中有关知识管理的指引。

还包括安全导则 NS–G–4.5，研究堆的营运组织和人员招聘、培训与认证的修订。

GS–G–3.5：The Management System for Nuclear Installations（2009）. GS–G–3.5：核装置的管理体系（2009）. Ex DS 349 50–SG–Q，Safety Guides Q8–Q14（1996），[Q8 Research and Development，Q9 Siting，Q10 Design，Q11 Construction，Q12 Commissioning，Q13 Operation，and Q14 Decommissioning]			
NS–G–2.4：The Operating Organization for Nuclear Power Plants（2001） NS–G–2.4：核电厂的营运组织（2001） Ex DS250 安全丛书 No. 50–SG–O9	DS497c：Revision of seven closely interrelated safety guides on operational safety for NPPs：NS–G–2.2 to 2.6，NS–G–2.8 and NS–G–2.14 The Operating Organization for Nuclear Power Plants DS497c：修订 7 个紧密相关的核电厂运行安全导则：NS–G–2.2 to 2.6，NS–G–2.8 and NS–G–2.14 核电厂的营运组织	第 10 步：第二次内部审查安全标准草案已完成 R. Cavellec	NUSSC，RASSC，TRANSSC，WASSC，EPReSC，NSGC
NS–G–2.8：Recruitment，Qualification and Training of Personnel for Nuclear Power Plants（2002） NS–G–2.8：核电厂人员的招聘、认定和培训（2002） Ex DS287 安全丛书 No. 50–SG–O1（Rev. 1）	DS497f：Revision of seven closely interrelated safety guides on operational safety for NPPs：NS–G–2.2 to 2.6，NS–G–2.8 and NS–G–2.14 Recruitment，Qualification and Training of Personnel for Nuclear Power Plants DS497f：修订 7 个紧密相关的核电厂运行安全导则：NS–G–2.2 to 2.6，NS–G–2.8 and NS–G–2.14 核电厂人员的招聘、认定和培训	第 10 步：第二次内部审查安全标准草案已完成 R. Cavellec	NUSSC，RASSC，TRANSSC，WASSC，EPReSC，NSGC

续表

NS－G－4.5: The Operating Organization and the Recruitment，Training and Qualification of Personnel for Research Reactors（2008） NS－G－4.5：研究堆的营运组织和人员招聘、培训与认证的修订（2008） Ex DS325	DS509e	第 8 步：征求成员国意见（截至 2020 年 6 月 15 日） D. Sears	All RCs

43. 核电厂调试

NPPs	RRs	FCFs	WDFs	MM	RS	TR

取代安全导则 NS－G－2.9 核电厂调试（2003）

SSG－28：Commissioning for Nuclear Power Plants（2014） SSG－28：核电厂调试（2014） Ex DS446 NS－G－2.9：Commissioning for Nuclear Power Plants（2003） NS－G－2.9：核电厂调试（2003） Ex DS291 安全丛书 No. 50－SG－O4			

44. 核电厂运行

NPPs	RRs	FCFs	WDFs	MM	RS	TR

综合并取代安全导则 NS－G－2.2 核电厂的运行限值和条件及运行规程（2000）、NS－G－2.14 核电厂运行操作（2008）、NS－G－2.1 核电厂运行中的火灾安全（2000）和 SSG－13 水冷堆核电厂的化学计划，并包括关于配置管理和从运行到退役的过渡的指导。

NS－G－2.14：Conduct of Operations at Nuclear Power Plants（2008） NS－G－2.14：核电厂运行操作（2008） Ex DS347	DS497g：Revision of seven closely interrelated safety guides on operational safety for NPPs：NS－G－2.2 to 2.6，NS－G－2.8 and NS－G－2.14 Conduct of Operations at Nuclear Power Plants DS497g：修订 7 个紧密相关的核电厂运行安全导则：NS－G－2.2 to 2.6，NS－G－2.8 and NS－G－2.14 核电厂运行操作	第 10 步：第二次内部审查安全标准草案已完成 R. Cavellec	NUSSC， RASSC， TRANSSC， WASSC， EPReSC， NSGC

续表

NS－G－2.2：Operational Limits and Conditions and Operating Procedures for Nuclear Power Plants（2000） NS－G－2.2：核电厂的运行限值和条件及运行规程（2000） Ex DS185 安全丛书 No. 50－SG－O3	DS497a：Revision of seven closely interrelated safety guides on operational safety for NPPs：NS－G－2.2 to 2.6，NS－G－2.8 and NS－G－2.14 Operational Limits and Conditions for Nuclear Power Plants DS497a：修订 7 个紧密相关的核电厂运行安全导则：NS－G－2.2 to 2.6，NS－G－2.8 and NS－G－2.14 核电厂的运行限值和条件及运行规程	第 10 步：第二次内部审查安全标准草案已完成 R. Cavellec	NUSSC，RASSC，TRANSSC，WASSC，EPReSC，NSGC
SSG－13：Chemistry Programme for Water Cooled Nuclear Power Plants（2011） SSG－13：水冷堆核电厂的化学计划（2011） Ex DS388			
NS－G－2.1：Fire Safety in Operation of Nuclear Power Plants（2000） NS－G－2.1：核电厂运行中的火灾安全（2000） Ex DS263	DS503：Protection against Internal and External Hazards in the Operation of Nuclear Power Plants，revision of NS－G－2.1 DS503：核电厂运行中的内外部灾害防护，修订 NS－G－2.1	第 6 步：第一次内部审查安全标准草案已完成 K. Nagashima	NUSSC，RASSC，NSGC，EPReSC
NS－G－2.5：Core Management and Fuel Handling for Nuclear Power Plants（2002） NS－G－2.5：核电厂堆芯管理和燃料处理（2002） Ex DS297 安全丛书 No. 50－SG－O10	DS497d：Revision of seven closely interrelated safety guides on operational safety for NPPs：NS－G－2.2 to 2.6，NS－G－2.8 and NS－G－2.14 Core Management and Fuel Handling for Nuclear Power DS497d：修订 7 个紧密相关的核电厂运行安全导则：NS－G－2.2 to 2.6，NS－G－2.8 and NS－G－2.14 核电厂堆芯管理和燃料处理	第 10 步：第二次内部审查安全标准草案已完成 R. Cavellec	NUSSC，RASSC，TRANSSC，WASSC，EPReSC，NSGC

45. 核电厂的改造和维护

NPPs	RRs	FCFs	WDFs	MM	RS	TR

取代安全导则 NS–G–2.6 核电厂的维护、监管和在役检查（2002）和 NS–G–2.3

核电厂的改造（2000），包含 NS－G－2.12 核电厂老化管理（2009）。

它还将涉及最初打算由 DS426 涵盖的与长期运行有关的问题。

NS－G－2.6：Maintenance，Surveillance and In－Service Inspection in Nuclear Power Plants（2002） NS－G－2.6：核电厂的维护、监管和在役检查（2002） Ex DS273 安全丛书 Nos. 50－SG－O2，50－SG－O7（Rev. 1）and 50－SG－O8（Rev. 1）	DS497e：Revision of seven closely interrelated safety guides on operational safety for NPPs：NS－G－2.2 to 2.6，NS－G－2.8 and NS－G－2.14 Maintenance，Surveillance and In－service Inspection in Nuclear Power Plants DS497e：修订 7 个紧密相关的核电厂运行安全导则：NS－G－2.2 to 2.6，NS－G－2.8 and NS－G－2.14 核电厂的维护、监管和在役检查	第 10 步：第二次内部审查安全标准草案已完成 R. Cavellec	NUSSC，RASSC，TRANSSC，WASSC，EPReSC，NSGC
NS－G－2.3：Modifications to Nuclear Power Plants（2001） NS－G－2.3：核电厂的改造（2001） Ex DS251	DS497b：Revision of seven closely interrelated safety guides on operational safety for NPPs：NS－G－2.2 to 2.6，NS－G－2.8 and NS－G－2.14 Modifications to Nuclear Power Plants DS497b：修订 7 个紧密相关的核电厂运行安全导则：NS－G－2.2 to 2.6，NS－G－2.8 and NS－G－2.14 核电厂的改造	第 10 步：第二次内部审查安全标准草案已完成 R. Cavellec	NUSSC，RASSC，TRANSSC，WASSC，EPReSC，NSGC
SSG－48：Ageing Management and Development of a Programme for Long Term Operation of Nuclear Power Plants（2018） SSG－48：核电厂老化管理和延寿运行大纲的制订（2018） Ex DS485 NS－G－2.12：Ageing Management for Nuclear Power Plants（2009） NS－G－2.12：核电厂老化管理（2009） Ex DS382			

46. 核设施运行经验反馈

NPPs	RRs	FCFs	WDFs	MM	RS	TR

修订安全导则 NS－G－2.11 核装置事件经验反馈系统（2006），并在修订后的安全导则中包括对于有关有效纠正行动计划、低级别事件和未遂事件，以及

事件前因后果的分析。

SSG－50：Operating Experience Feedback for Nuclear Installations（2018） SSG－50：核装置运行经验反馈（2018） Ex DS479 NS－G－2.11：A System for the Feedback of Experience from Events in Nuclear Installations（2006） NS－G－2.11：核装置事件经验反馈系统（2006） Ex DS288 安全丛书 No. 93			

47. 核装置现场应急

NPPs	RRs	FCFs	WDFs	MM	RS	TR

将修订 NS－G－2.15，涵盖因事件、事故和严重事故引起的现场应急的所有方面。

SSG－54：Accident Management Programmes for Nuclear Power Plants（2019） SSG－54：核电厂事故管理大纲（2019） Ex DS483 NS－G－2.15：Severe Accident Management Programmes for Nuclear Power Plants（2009） NS－G－2.15：核电厂严重事故管理大纲（2009） Ex DS385			

48. 研究堆调试

NPPs	RRs	FCFs	WDFs	MM	RS	TR

修订 NS－G－4.1 研究堆调试（2006）

NS－G－4.1：Commissioning of Research Reactors（2006） NS－G－4.1：研究堆调试（2006） Ex DS259	DS509a	第 8 步：征求成员国意见（截至 2020 年 6 月 15 日） D. Sears	All RCs

49. 研究堆设计中的辐射防护

NPPs	RRs	FCFs	WDFs	MM	RS	TR

将综合并取代现行文件：

—安全导则 NS–G–1.13 核电厂设计中的辐射防护（2005）

—NS–G–4.6 研究堆设计与运行中的辐射防护与放射性废物管理（2008）中的辐射防护内容

—WS–G–2.1 研究堆退役中的相关部分

NS–G–1.13: Radiation Protection Aspects of Design for Nuclear Power Plants（2005） NS–G–1.13：核电厂设计中的辐射防护（2005） Ex DS313 安全丛书 No. 50–SG–D9 和 No. 79	DS524：Radiation Protection Aspects of Design for Nuclear Power Plants DS524：核电厂设计中的辐射防护	第 5 步：准备草案 C. Toth	NUSSC，RASSC，WASSC，EPReSC，NSGC
NS–G–4.6：Radiation Protection and Radioactive Waste Management in the Design and Operation of Research Reactors（2008） NS–G–4.6：研究堆设计与运行中的辐射防护与放射性废物管理（2008） Ex DS340	DS509f	第 8 步：征求成员国意见（截至 2020 年 6 月 15 日） D. Sears	All RCs
SSG–47：Decommissioning of Nuclear Power Plants，Research Reactors and Other Nuclear Fuel Cycle Facilities（2018） SSG–47：核电厂、研究堆和其他核燃料循环设施的退役 取代 WS–G–2.1 and WS–G–2.4 WS–G–2.1：Decommissioning of Nuclear Power Plants and Research Reactors（1999） WS–G–2.1：核电厂和研究堆的退役（1999） Ex DS257 安全丛书 Nos. 74 and 105		第 14 步：出版安全标准	

50. 研究堆使用（实验）和修改的安全性

NPPs	RRs	FCFs	WDFs	MM	RS	TR

SSG–24：Safety in the Utilization and Modification of Research Reactors（2012） SSG–24：研究堆使用和修改的安全性（2012） Ex DS397 35–G2：Safety in the Utilization and Modification of Research Reactors（1994） 35–G2：研究堆使用和修改的安全性（1994）	DS510	第 10 步：第二次内部审查安全标准草案已完成 F. Naseer	All RCs

51. 研究堆的维护

NPPs	RRs	FCFs	WDFs	MM	RS	TR

综合并取代安全导则 SSG-10 研究堆的老化管理（2010）和 NS-G-4.2 研究堆的维护、定期测试和检查（2006）。

还将反映老化管理和维护内容。

SSG-10：Ageing Management for Research Reactors（2010） SSG-10：研究堆的老化管理（2010） Ex DS412	DS509g	第 8 步：征求成员国意见（截至 2020 年 6 月 15 日） D. Sears	All RCs
NS-G-4.2：Maintenance，Periodic Testing and Inspections of Research Reactors（2006） NS-G-4.2：研究堆的维护、定期测试和检查（2006） Ex DS260	DS509b	第 8 步：征求成员国意见（截至 2020 年 6 月 15 日） D. Sears	All RCs

52. 研究堆分级方法的应用

NPPs	RRs	FCFs	WDFs	MM	RS	TR

确定 DS351 文件，作为一个范围广泛的导则或者包含在各单独导则中（需要做出决策）。

SSG-22：Use of a Graded Approach in the Application of the Safety Requirements for Research Reactors（2012） SSG-22：分级方法在研究堆安全要求中的应用（2012） Ex DS351	DS511	第 5 步：准备草案 A. Shokr	All RCs

53. 研究堆许可文件

NPPs	RRs	FCFs	WDFs	MM	RS	TR

综合并取代安全导则 NS-G-4.4 研究堆的运行限值和条件及运行规程（2008）、DS396 研究堆安全分析和安全分析报告准备。

SSG－20：Safety Assessment for Research Reactors and Preparation of the Safety Analysis Report（2012） SSG－20：研究堆安全分析和安全分析报告准备（2012） Ex DS396 G1 Safety Assessment of Research Reactors and Preparation of the Safety Analysis Report（1994） 35－G1：研究堆安全分析和安全分析报告准备（1994）	DS510	第 10 步：第二次内部审查安全标准草案已完成 F. Naseer	All RCs
NS－G－4.4：Operational Limits and Conditions and Operating Procedures for Research Reactors（2008） NS－G－4.4：研究堆的运行限值和条件及运行规程（2008） Ex DS261	DS509d	第 8 步：征求成员国意见（截至 2020 年 6 月 15 日） D. Sears	All RCs

54. 研究堆安全重要仪器、控制和软件

NPPs	RRs	FCFs	WDFs	MM	RS	TR

新安全导则

SSG－37：Instrumentation and Control Systems and Software Important to Safety for Research Reactors（2015） SSG－37：研究堆安全重要的仪控系统和软件（2015） Ex DS436 第 14 步：出版安全标准	DS509h	第 8 步：征求成员国意见（截至 2020 年 6 月 15 日） D. Sears	All RCs

55. 研究堆的堆芯管理和燃料装卸

NPPs	RRs	FCFs	WDFs	MM	RS	TR

修订安全导则 NS－G－4.3 研究堆的堆芯管理和燃料装卸（2008）。

NS－G－4.3：Core Management and Fuel Handling for Research Reactors（2008） NS－G－4.3：研究堆的堆芯管理和燃料装卸（2008） Ex DS350	DS509c	第 8 步：征求成员国意见（截至 2020 年 6 月 15 日） D. Sears	All RCs

56. 铀和混合氧化物燃料生产设施的安全

NPPs	RRs	FCFs	WDFs	MM	RS	TR

综合 SSG－6 and SSG－7，包括退役方面。

SSG－6：Safety of Uranium Fuel Fabrication Facilities（2010） SSG－6：铀燃料制造设施的安全（2010） Ex DS317	DS517b：Revision of the Safety Guides SSG－5 on Safety of Conversion Facilities and Uranium Enrichment Facilities，SSG－6 on Safety of Uranium Fuel Fabrication Facilities and SSG－7 on Safety of Uranium and Plutonium Mixed Oxide Fuel Fabrication Facilities DS517：修订安全导则 SSG－5 转换设施和铀浓缩设施的安全、SSG－6 铀燃料制造设施的安全和 SSG－7 铀钚混合氧化物燃料制造设施的安全	第 6 步：第一次内部审查安全标准草案已完成 J. Rovny	NUSSC，RASSC，WASSC，EPReSC and NSGC
SSG－7：Safety of Uranium and Plutonium Mixed Oxide Fuel Fabrication Facilities SSG－7：铀钚混合氧化物燃料制造设施的安全 Ex DS318	DS517c：Revision of the Safety Guides SSG－5 on Safety of Conversion Facilities and Uranium Enrichment Facilities，SSG－6 on Safety of Uranium Fuel Fabrication Facilities and SSG－7 on Safety of Uranium and Plutonium Mixed Oxide Fuel Fabrication Facilities DS517：修订安全导则 SSG－5 转换设施和铀浓缩设施的安全、SSG－6 铀燃料制造设施的安全和 SSG－7 铀钚混合氧化物燃料制造设施的安全	第 6 步：第一次内部审查安全标准草案已完成 J. Rovny	NUSSC，RASSC，WASSC，EPReSC and NSGC

57. SSG－5 转换设施和铀浓缩设施的安全

NPPs	RRs	FCFs	WDFs	MM	RS	TR

SSG－5：Safety of Conversion Facilities and Uranium Enrichment Facilities（2010） SSG－5：转换设施和铀浓缩设施的安全（2010） Ex DS344	DS517a：Revision of the Safety Guides SSG－5 on Safety of Conversion Facilities and Uranium Enrichment Facilities，SSG－6 on Safety of Uranium Fuel Fabrication Facilities and SSG－7 on Safety of Uranium and Plutonium Mixed Oxide Fuel Fabrication Facilities DS517：修订安全导则 SSG－5 转换设施和铀浓缩设施的安全、SSG－6 铀燃料制造设施的安全和 SSG－7 铀钚混合氧化物燃料制造设施的安全	第 6 步：第一次内部审查安全标准草案已完成 J. Rovny	NUSSC，RASSC，WASSC，EPReSC and NSGC

58. 后处理设施的安全

NPPs	RRs	FCFs	WDFs	MM	RS	TR

SSG－42：Safety of Nuclear Fuel Reprocessing Facilities（2017） SSG－42：核燃料后处理设施的安全（2017） Ex DS360	DS518：Revision of SSG－42 on Safety of Nuclaer Fuel Reprocessing Facilities and SSG－43 on Safety of Nuclear Fuel Cycle Research and Development Facilities DS518：修订 SSG－42 核燃料后处理设施的安全和 SSG－43 核燃料循环研发设施的安全	第 5 步：准备草案 J. Rovny	NUSSC，RASSC，WASSC，EPReSC and NSGC

59. 核燃料循环研发设施的安全

NPPs	RRs	FCFs	WDFs	MM	RS	TR

SSG－43：Safety of Nuclear Fuel Cycle Research and Development Facilities（2017） SSG－43：核燃料循环研发设施的安全（2017） Ex DS381	DS518：Revision of SSG－42 on Safety of Nuclear Fuel Reprocessing Facilities and SSG－43 on Safety of Nuclear Fuel Cycle Research and Development Facilities DS518：修订 SSG－42 核燃料后处理设施的安全和 SSG－43 核燃料循环研发设施的安全	第 5 步：准备草案 J. Rovny	NUSSC，RASSC，WASSC，EPReSC and NSGC

60. 核装置退役

NPPs	RRs	FCFs	WDFs	MM	RS	TR

综合并取代安全导则 DS402 核电厂和研究堆退役［取代 WS－G－2.1（1999）］和 DS404 核燃料循环设施退役［取代 WS－G－2.4（1999）］。

SSG－47：Decommissioning of Nuclear Power Plants，Research Reactors and Other Nuclear Fuel Cycle Facilities（2018） SSG－47：核电厂、研究堆和其他核燃料循环设施的退役（2018） Ex DS452 取代 WS－G－2.1 和 WS－G－2.4 WS－G－2.1：Decommissioning of Nuclear Power Plants and Research Reactors（1999） WS－G－2.1：核电厂和研究堆退役（1999） Ex DS257 取代安全丛书 Nos. 74 and 105 WS－G－2.4：Decommissioning of Nuclear Fuel Cycle Facilities（2001） WS－G－2.4：核燃料循环设施退役（2001） Ex DS171			

61. 使用天然放射性物质设施的退役

NPPs	RRs	FCFs	WDFs	MM	RS	TR

最初建议作为一个新安全导则。第 30 次辐射安全标准分委会和第 31 次废物安全标准分委会决定不制定本导则，而是在正在制定的相关文档（Rev of WS-G.1.2）中添加有关章节（WS-G.1.2 的 Rev），见 DS459。

62. 放射性废物近地表处置

NPPs	RRs	FCFs	WDFs	MM	RS	TR

确定 DS356 草案。后续将吸收 DS357 和 DS355。

SSG-29：Near Surface Disposal Facilities for Radioactive Waste（2014） SSG-29：放射性废物的近地表处置设施（2014） Ex DS356 111-G-3.1：Siting of Near Surface Disposal Facilities（1994） 111-G-3.1：近地表处置设施选址（1994）			
SSG-31：Monitoring and Surveillance of Radioactive Waste Disposal Facilities（2014） SSG-31：放射性废物处置设施的监测与监督（2014） Ex DS357			
SSG-23：The Safety Case and Safety Assessment for the Disposal of Radioactive Waste（2012） SSG-23：放射性废物处置的安全论证文件与安全评定（2012） Ex DS355 WS-G-1.1：Safety Assessment for Near Surface Disposal of Radioactive Waste（1999） WS-G-1.1：近地表放射性废物处置安全评估（1999）			

63. 放射性废物地质处置

NPPs	RRs	FCFs	WDFs	MM	RS	TR

SSG14 后续将吸收 DS357 和 DS355。

SSG－14：Geological Disposal Facilities for Radioactive Waste（2011） SSG－14：放射性废物地质处置设施（2011） Ex DS334 111－G－4.1：Siting of Geological Disposal Facilities（1994） 111－G－4.1：近地表处置设施选址（1994）			
SSG－31：Monitoring and Surveillance of Radioactive Waste Disposal Facilities（2014） SSG－31：放射性废物处置设施的监测与监督（2014） Ex DS357			
SSG－23：The Safety Case and Safety Assessment for the Disposal of Radioactive Waste（2012） SSG－23：放射性废物处置的安全论证文件与安全评定（2012） Ex DS355 WS－G－1.1：Safety Assessment for Near Surface Disposal of Radioactive Waste（1999） WS－G－1.1：近地表放射性废物处置安全评估（1999）			

64. 放射性废物钻孔处置

NPPs	RRs	FCFs	WDFs	MM	RS	TR

SSG－1 后续将吸收 DS357 和 DS355。

SSG－1：Borehole Disposal Facilities for Radioactive Waste（2009） SSG－1：放射性废物钻孔处置（2009） Ex DS335	DS512：Borehole Disposal Facilities for Radioactive Waste DS512：放射性废物钻孔处置设施	第 5 步：准备草案 D. Bennett	WASSC NSGC
SSG－31：Monitoring and Surveillance of Radioactive Waste Disposal Facilities（2014） SSG－31：放射性废物处置设施的监测与监督（2014） Ex DS357			
SSG－23：The Safety Case and Safety Assessment for the Disposal of Radioactive Waste（2012） SSG－23：放射性废物处置的安全论证文件与安全评定（2012） Ex DS355 WS－G－1.1：Safety Assessment for Near Surface Disposal of Radioactive Waste（1999） WS－G－1.1：近地表放射性废物处置安全评估（1999）			

65. 放射性矿石处置

NPPs	RRs	FCFs	WDFs	MM	RS	TR

解决保护公众的第 5 条中没有涉及的长期照射问题的新导则，后续将吸收 DS357 和 DS355。

SSG－31：Monitoring and Surveillance of Radioactive Waste Disposal Facilities（2014） SSG－31：Monitoring and Surveillance of Radioactive Waste Disposal Facilities（2014） Ex DS357			
SSG－23：The Safety Case and Safety Assessment for the Disposal of Radioactive Waste（2012） SSG－23：The Safety Case and Safety Assessment for the Disposal of Radioactive Waste（2012） Ex DS355 WS－G－1.1：Safety Assessment for Near Surface Disposal of Radioactive Waste（1999） WS－G－1.1：Safety Assessment for Near Surface Disposal of Radioactive Waste（1999）			

66. 医学、工业、研究、农业和教育等使用放射性物质产生的废物的管理

NPPs	RRs	FCFs	WDFs	MM	RS	TR

修订 WS－G－2.7 医学、工业、研究、农业和教育等使用放射性物质产生的废物的管理（2005）

SSG－45：Predisposal Management of Waste from the Use of Radioactive Materials in Medicine，Industry，Research，Agriculture and Education（2019） SSG－45：医学、工业、研究、农业和教育等使用放射性物质产生的废物的处置前管理（2019） Ex DS454 WS－G－2.7：Management of Waste from the Use of Radioactive Materials in Medicine，Industry，Agriculture，Research and Education（2005） WS－G－2.7：医学、工业、研究、农业和教育等使用放射性物质产生的废物的管理（2005） Ex DS160			

67. 实践的正当性（范围在标题中注明）

NPPs	RRs	FCFs	WDFs	MM	RS	TR

GSG－5：Justification of Practices，Including Non－Medical Human Imaging（2014） GSG－5：含非医学用途人体成像实践的正当性（2014） Ex DS401			

68. 电离辐射的医学应用

NPPs	RRs	FCFs	WDFs	MM	RS	TR

确定 DS399 取代安全 RS－G－1.5 医用电离辐射照射的辐射防护（2002）。医学应用导致的公众照射相关问题可以在此处或一个新的专用安全导则中加以解决。

SSG－46：Radiation Protection and Safety in Medical Uses of Ionizing Radiation（2018） SSG－46：医用电离辐射的辐射防护与安全（2018） Ex DS399 RS－G－1.5：Radiological Protection for Medical Exposure to Ionizing Radiation（2002） RS－G－1.5：医用电离辐射照射的辐射防护（2002） Ex DS22			

69. SSG－8 伽马、电子和 X 射线辐照设施的辐射安全（2010）

Ex DS409

取代 SS 107 伽马和电子辐照设施辐射安全（1992）。

NPPs	RRs	FCFs	WDFs	MM	RS	TR

70. 辐射发生器和密封放射源

NPPs	RRs	FCFs	WDFs	MM	RS	TR

必要时修订 RS－G－1.10 辐射发生器和密封放射源的安全（2006）。

RS－G－1.10：Safety of Radiation Generators and Sealed Radioactive Sources（2006） RS－G－1.10：辐射发生器和密封放射源的安全（2006） Ex DS114			

71. SSG－11 工业放射学中的辐射安全（2011）

Ex DS408

NPPs	RRs	FCFs	WDFs	MM	RS	TR

72. 放射性同位素生产设施

NPPs	RRs	FCFs	WDFs	MM	RS	TR

新安全导则

	DS434：Radiation Safety of Accelerator Based Radioisotope Production Facilities DS434：基于加速器的放射性同位素生产设施的辐射安全	第 12a 步：出版委员会批准 第 12b1 步：提交安全标准委员会批准已完成校订稿将提交安全标准委员会自动生效 Haridasan Pappinisseri Puthanveedu	RASSC， NUSSC， WASSC， TRANSSC NSGC EPReSC

73. 测井

NPPs	RRs	FCFs	WDFs	MM	RS	TR

	DS419：Radiation Safety in Well Logging DS419：测井中的辐射安全	第 12a 步：出版委员会批准 第 12b1 步：提交安全标准委员会批准已完成校订稿将提交安全标准委员会自动生效 Haridasan Pappinisseri Puthanveedu	RASSC WASSC TRANSSC NSGC

74. 核测量仪器

NPPs	RRs	FCFs	WDFs	MM	RS	TR

	DS420：核测量仪器使用的辐射安全	第 12a 步：出版委员会批准 第 12b1 步：提交安全标准委员会批准已完成校订稿将提交安全标准委员会自动生效 Haridasan Pappinisseri Puthanveedu	RASSC WASSC TRANSSC NSGC

75a. 用于检测的 X 射线发生器和辐射源

NPPs	RRs	FCFs	WDFs	MM	RS	TR

新安全导则

SSG－55：用于检测和非医学人体成像的 X 射线发生器和其他辐射源的辐射安全（2020） Ex：DS471			

75b－（非初始计划）消费品的辐射安全和监管

NPPs	RRs	FCFs	WDFs	MM	RS	TR

新安全导则

SSG－36：Radiation Safety for Consumer Products（2016） SSG－36：消费品的辐射安全（2016） Ex：DS458			

76. 研究和教育中的辐射源

NPPs	RRs	FCFs	WDFs	MM	RS	TR

新安全导则

	DS470：Radiation Safety of Radiation Sources used in Research and Education DS470：研究和教育用辐射源的辐射安全	第 5 步：准备安全标准草案 Haridasan Pappinisseri Puthanveedu	RASSC WASSC TRANSSCNS GC EPReSC

77. 医疗、工业和研究设施的退役

NPPs	RRs	FCFs	WDFs	MM	RS	TR

确定 DS403 修订 WS－G－2.2 医疗、工业和研究设施的退役（1999）。

SSG－49：Decommissioning of Medical，Industrial and Research Facilities（2019） SSG－49：医疗、工业和研究设施的退役（2019） Ex DS403 WS－G－2.2：Decommissioning of Medical，Industrial and Research Facilities（1999） WS－G－2.2：医疗、工业和研究设施的退役（1999） Ex DS173			

78. 国际原子能机构放射性物质安全运输条例咨询材料

NPPs	RRs	FCFs	WDFs	MM	RS	TR

再次修订 TS－G－1.1（rev.1），DS425。

SSG－26：Advisory Material for the IAEA Regulations for the Safety Transport of Radioactive Material，2012 Edition（2014） SSG－26：国际原子能机构放射性物质安全运输条例的咨询材料，2012 年版（2014） Ex DS425 TS－G－1.1（Rev.1）：Advisory Material for the IAEA Regulations for the Safe Transport of Radioactive Material（2008） TS－G－1.1（Rev.1）：国际原子能机构放射性物质安全运输条例的咨询材料（2008） Ex DS346 TS－G－1.1（2002）：and previous Safety Series Nos. 7 and 37 TS－G－1.1：2002 年版和以前的安全丛书 Nos. 7 and 37	DS496：Advisory Material for the IAEA Regulations for the Safe Transport of Radioactive Material－Edition for the revision of SSR－6（DS495） DS496：国际原子能机构放射性物质安全运输条例的咨询材料—SSR－6（DS495）修订版	第 12b1 步：安全标准委员会批准提交出版委员会 N. Capadona	TRANSSC，NSGC

79. 国际原子能机构放射性物质安全运输条例附表

NPPs	RRs	FCFs	WDFs	MM	RS	TR

SSG－33：Schedules of Provisions of the IAEA Regulations for the Safe Transport of Radioactive Material（2012 Edition）（2015） SSG－33：国际原子能机构放射性物质安全运输条例（2012 年版）附表（2015） Ex DS461 TS－G－1.6（Rev.1）：Schedule of Provisions of the IAEA Regulations for the Safe Transport of Radioactive Material（2009 Edition）（addendum and revision of TS－G－1.6）2014 TS－G－1.6（Rev.1）：国际原子能机构放射性物质安全运输条例（2009 年版）附表（TS－G－1.6 增编和修订）2014 EX DS451 TS－G－1.6：Schedules of Provisions of the IAEA Regulations for the Safe Transport of Radioactive Material（2005 Edition） TS－G－1.6：国际原子能机构放射性物质安全运输条例（200 年版）附表 Ex DS387	DS506：Schedules of Provisions of the IAEA Regulations for the Safe Transport of Radioactive Material（20xx Edition），revision of SSG－33 DS506：国际原子能机构放射性物质安全运输条例（20xx 年版）附表，修订 SSG－33	第 12b1 步：安全标准委员会批准提交出版委员会 N. Capadona，S.Whittingham	TRANSSC

80. 涉及放射性物质运输事故应急响应的计划和准备

NPPs	RRs	FCFs	WDFs	MM	RS	TR

修订 TS－G－1.2 涉及放射性物质运输事故应急响应的计划和准备（2002），可采用模块化方式。

TS－G－1.2：Planning and Preparing for Emergency Response to Transport Accidents Involving Radioactive Material（2002） TS－G－1.2：涉及放射性物质运输事故应急响应的计划和准备（2002） Ex DS246 安全丛书 No. 87	DS469：Preparedness and Response for a Nuclear or Radiological Emergency Involving the Transport of Radioactive Material，Revision of TS－G－1.2 DS469：涉及放射性物质运输的核或辐射应急准备和响应 修订 TS－G－1.2	第 12b1 步：安全标准委员会批准 提交出版委员会 M. Breitinger，S. Whittingham	EPReSC，TRANSSC，RASSC，NSGC

81. 放射性物质运输的辐射防护大纲

NPPs	RRs	FCFs	WDFs	MM	RS	TR

修订 TS－G－1.3 放射性物质运输的辐射防护大纲（2007）。

TS－G－1.3：Protection Programmes for Transport Radioactive Material（2007） TS－G－1.3：放射性物质运输的辐射防护大纲（2007） Ex DS377	见项目 DS521		

82. 放射性物质安全运输的合规保证

NPPs	RRs	FCFs	WDFs	MM	RS	TR

TS－G－1.5：Compliance Assurance for the Safe Transport of Radioactive Material（2009） TS－G－1.5：放射性物质安全运输合规保证（2009） Ex DS327 安全丛书 No.112	DS515：Compliance Assurance for the Safe Transport of Radioactive Material DS515：放射性物质安全运输合规保证	第 7 步：安全标准分委会第一次审查安全标准草案 E. Reber	TRANSSC EPReSC NSGC
	DS493：Format and Content of the Package Design Safety Report（PDSR）for the Transport of Radioactive Material DS493：放射性物质运输包装设计安全报告（PDSR）的格式和内容	第 11 步：安全标准分委会第二次审查安全标准草案 N. Capadona	TRANSSC

其他未列入体系的标准：

国际原子能机构制定的标准	制定中的安全标准工作编号－名称	备注/现状/技术专员/预计出版日期	委员会
SSG－19：National Strategy for Regaining Control over Orphan Sources and Improving Control over Vulnerable Sources（2011） SSG－19：恢复对孤儿源控制和改善对脆弱源控制的国家战略（2011） Ex DS410			
SSG－17：Control of Orphan Sources and Other Radioactive Material in the Metal Recycling and Production Industries（2012） SSG－17：金属回收和生产行业孤儿源和其他放射性物质的控制（2012） Ex DS411			

十三、项目

DS521：修订草案大纲，放射性物质运输的辐射防护大纲，修订 TS－G－1.3，E. Reber，运输安全标准分委会、核应急准备与响应标准委员会、辐射安全标准分委会，第 4 步。

DS525：水冷核电厂的化学程序，修订 SSG－13，M. Maekelae，核安全标准分委会、辐射安全标准分委会、废物安全标准分委会，第 2 步。

DS526：放射性废物和乏燃料安全管理、退役和修复的国家政策和战略，D.G. Bennett，废物安全标准分委会、核应急准备与响应标准委员会、辐射安全标准分委会、核安全标准分委会、核安保指导委员会，第 2 步。

十四、核安保系列状态信息

核安保基础

NSS No. 20：国家核安保体制的目标和基本原则（2013）

NM&NF	RM&AF	MORC

核安保建议

核材料和核设施

NM&NF	RM&AF	MORC

国际原子能机构发布的指导	制定中的指导 工作编号 – 名称	备注/现状/ 技术专员/	委员会
NSS No. 13：Nuclear Security Recommendations on Physical Protection of Nuclear Material and Nuclear Facilities（INFCIRC/225/Revision 5）（2011） NSS No. 13：核材料和核设施实物保护的核安保建议（INFCIRC/225/Revision 5）（2011）			

放射性物质和相关设施

NM&NF	RM&AF	MORC

国际原子能机构发布的指导	制定中的指导 工作编号 – 名称	备注/现状/ 技术专员/	委员会
NSS No. 14：Nuclear Security Recommendations on Radioactive Material and Associated Facilities（2011） NSS No. 14：关于放射性物质和相关设施的核安保建议（2011）			

失控的核与其他放射性物质

NM&NF	RM&AF	MORC

国际原子能机构发布的指导	制定中的指导 工作编号 – 名称	备注/现状/ 技术专员/	委员会
NSS No. 15：Nuclear Security Recommendations on Nuclear and Other Radioactive Material out of Regulatory Control（2011） NSS No. 15：关于脱离监管控制的核材料和其他放射性物质的核安保建议（2011）			

实施导则和技术指导

国家核安保基础结构

NM&NF	RM&AF	MORC

国际原子能机构发布的指导	制定中的指导 工作编号 – 名称	备注/现状/ 技术专员/	委员会
NSS No. 19：Establishing the Nuclear Security Infrastructure for a Nuclear Power Programme（2013） NSS No. 19：核电项目核安保基础结构的建立（2013） Ex NST010			

国家核安保监管框架

NM&NF	RM&AF	MORC

国际原子能机构发布的指导	制定中的指导 工作编号 – 名称	备注/现状/ 技术专员/	委员会
NSS No. 29 – G：Developing Regulations and Associated Administrative Measures for Nuclear Security（2018） NSS No. 29 – G：制定核安保监管和相关管理措施（2018） Ex NST002			

核安保文化

NM&NF	RM&AF	MORC

国际原子能机构发布的指导	制定中的指导 工作编号 – 名称	备注/现状/ 技术专员/	委员会
NSS No. 7：Nuclear Security Culture（2008） NSS No. 7：核安保文化（2008）			

续表

国际原子能机构发布的指导	制定中的指导 工作编号－名称	备注/现状/ 技术专员/	委员会
NSS No. 28－T：Self－assessment of Nuclear Security Culture in Facilities and Activities（2017） NSS No. 28－T：设施和活动核安保文化的自我评估（2017） Ex NST026			
	NST027：Enhancing Nuclear Security Culture in Facilities and Activities NST027：加强设施和活动的核安保文化	第 13 步：出版委员会批准 Y. Nakamura	NSGC

威胁评估

NM&NF	RM&AF	MORC

国际原子能机构发布的指导	制定中的指导 工作编号－名称	备注/现状/ 技术专员/	委员会
NSS No. 10：Development，Maintenance and Use of the Design Basis Threat（2009） NSS No. 10：设计基准威胁的制订、利用和维护（2009）	NST058：National Nuclear Security Threat Assessment，Design Basis Threats and Representative Threat Statement NST058：国家核安保威胁评估、设计基准威胁和典型威胁陈述	第 12 步，核安保副总干事批准 K. Horvath	NSGC， EPReSC， NUSSC
NSS No. 24－G：Risk Informed Approach for Nuclear Security Measures for Nuclear and Other Radioactive Material out of Regulatory Control（2015） NSS No. 24－G：失控核与其他放射性物质核安保措施的风险指引方法（2015） Ex NST007			

核材料与核设施实物保护

NM&NF	RM&AF	MORC

国际原子能机构发布的指导	制定中的指导 工作编号－名称	备注/现状/ 技术专员/	委员会
NSS No. 27－G：Physical Protection of Nuclear Material and Nuclear Facilities（Implementation of INFCIRC/225/Revision 5）			

续表

国际原子能机构发布的指导	制定中的指导 工作编号－名称	备注/现状/ 技术专员/	委员会
NSS No. 27－G：核材料和核设施的实物保护（执行 INFCIRC/225/Revision 5） Ex NST023			
	NST055：Handbook on the Design of Physical Protection Systems for Nuclear Material and Nuclear Facilities NST055：核材料和核设施实物保护系统设计手册	第 13 步：出版委员会批准 D. Shull	NSGC
	NST029：Evaluation of Physical Protection Systems at Nuclear Facilities NST029：核设施实物保护系统评价	第 5 步：草案编写 K. Horvath	NSGC
NSS No. 4：Engineering Safety Aspects of the Protection of Nuclear Power Plants against Sabotage（2007） NSS No. 4：防止核电厂遭受破坏的工程安全问题（2007）	NST063：Identification and Categorization of Sabotage Targets and Identification of Vital Areas at Nuclear Facilities NST063：核设施破坏目标的确定和分类及重要区域的确定	第 3 步：安全标准分委会审查草案大纲 K. Horvath	NSGC
NSS No. 16：Identification of Vital Areas at Nuclear Facilities（2012） NSS No. 16：确定核设施的重要区域（2012）			
NSS No. 35－G：Security during the Lifetime of a Nuclear Facility（2019） NSS No. 35－G：核设施寿期内安保（2019）			
	NST060：Regulatory Authorization for Nuclear Security during the Lifetime of a Nuclear Facility NST060：核设施寿期内的核安保监管授权	第 7 步：安全标准分委会第一次审查草案 A. Shakoor	NSGC

核安保的核材料核算与管制

NM&NF	RM&AF	MORC

国际原子能机构发布的指导	制定中的指导 工作编号－名称	备注/现状/ 技术专员/	委员会
NSS No. 25－G：Use of Nuclear Material Accounting and Control for Nuclear Security Purposes at Facilities（2015） NSS No. 25－G：为核安保目的在设施中进行核材料核算与管制（2015） Ex NST021			

续表

国际原子能机构发布的指导	制定中的指导 工作编号－名称	备注/现状/ 技术专员/	委员会
NSS No. 32－T：Establishing a System for Control for Nuclear Security Purposes at a Facility during Use，Storage and Movement（2019） NSS No. 32－T：在设施使用、贮存和移动过程中建立核安保控制体系（2019） Ex NST033			

放射性物质和相关设施的安保

NM&NF	RM&AF	MORC

国际原子能机构发布的指导	制定中的指导 工作编号－名称	备注/现状/ 技术专员/	委员会
NSS No. 11－G（Rev. 1）：Security of Radioactive Material in Use and Storage and of Associated Facilities（2019） NSS No. 11－G（Rev. 1）：使用和贮存中的放射性物质及相关设施的安保 Ex NST048 NSS No. 11：Security of Radioactive Sources（2009） NSS No. 11：放射源的安保问题（2009）			
	NST024：Security Management and Security Plans for Radioactive Material and Associated Facilities NST024：放射性物质和相关设施的安保管理和安保计划	第 12 步：核安保副总干事批准 R. Schlee	NSGC

信息和计算机安保

NM&NF	RM&AF	MORC

国际原子能机构发布的指导	制定中的指导 工作编号－名称	备注/现状/ 技术专员/	委员会
NSS No. 23－G：Security of Nuclear Information（2015） NSS No. 23－G：核信息安保（2015） Ex NST022			

续表

国际原子能机构发布的指导	制定中的指导 工作编号－名称	备注/现状/ 技术专员/	委员会
NSS No. 17：Computer Security at Nuclear Facilities（2011） NSS No. 17：核设施的计算机安全（2011） To be superseded by NST036，NST045 and NST047 when all are published. NST047 will be NSS No. 17（Rev. 1） 将被 NST036、NST045 和 NST047 在全部出版后取代，NST047 将修订为 NSS No. 17（Rev. 1）	NST045：Computer Security for Nuclear Security NST045：核安保的计算机安保	第 12a 步：提交出版委员会 M. Rowland	All RCs
	NST047：Computer Security Techniques for Nuclear Facilities NST047：核设施计算机安保技术	第 12 步：核安保副总干事批准 M. Rowland	NSGC
	NSS No. 33－T：Computer Security of Instrumentation and Control Systems at Nuclear Facilities（2018） NSS No. 33－T：核设施仪表和控制系统的计算机安保（2018） Ex NST036		

内部威胁

NM&NF	RM&AF	MORC

国际原子能机构发布的指导	制定中的指导 工作编号－名称	备注/现状/ 技术专员/	委员会
NSS No. 8－G（Rev. 1）：Preventive and Protective Measures Against Insider Threat（2020） NSS No. 8－G（Rev. 1）：针对内部威胁的预防和保护措施 Ex：NST041 NSS No. 8：Preventive and Protective Measures against Insider Threats（2008） NSS No. 8：内部威胁的预防和保护措施（2008）			

失控的核与其他放射性物质

NM&NF	RM&AF	MORC

国际原子能机构发布的指导	制定中的指导 工作编号－名称	备注/现状/ 技术专员/	委员会
NSS No. 36－G：Preventive Measures for Nuclear and Other Radioactive Material out of Regulatory Control（2019） NSS No. 36－G：核与其他放射性物质失控的预防措施（2019）			
NSS No. 18：Nuclear Security Systems and Measures for Major Public Events（2012） NSS No. 18：重大公众事件的核安保体系和措施（2012）			
NSS No. 6：Combating illicit trafficking in nuclear and other radioactive material（2007） NSS No. 6：打击核材料和其他放射性物质的非法贩卖（2007）			
NSS No. 34－T：Planning and Organizing of Nuclear Security Systems and Measures for Nuclear and Other Radioactive Material out of Regulatory Control（2019） NSS No. 34－T：应对核与其他放射性物质失控的核安保体系和措施的计划与组织（2019）			
	NST050：Preparation，Conduct and Evaluation of Exercises for Detection and Response to Acts Involving Nuclear and Other Radioactive Material out of Regulatory Control NST050：对涉及核与其他放射性物质失控行为的探测和响应演习的准备、实施和评价	第 13 步：出版委员会批准 A. McQuaid	NSGC

探测失控的材料

NM&NF	RM&AF	MORC

国际原子能机构发布的指导	制定中的指导 工作编号－名称	备注/现状/ 技术专员/	委员会
NSS No. 21：Nuclear Security Systems and Measures for the Detection of Nuclear and Other Radioactive Material out of Regulatory Control（2013） NSS No. 21：探测失控核与其他放射性物质的核安保体系和措施（2013） Ex NST012			

续表

国际原子能机构发布的指导	制定中的指导 工作编号－名称	备注/现状/ 技术专员/	委员会
NSS No. 3：Monitoring for Radioactive Material in International Mail Transported by Public Postal Operators（2006） NSS No. 3：对公共邮政运输的国际邮件进行放射性物质的监测（2006）	NST016：Detection at State Borders of Nuclear and Other Radioactive Material out of Regulatory Control（also incorporates previous NST008 and NST049） NST016：失控核与其他放射性物质的国家边境探测（还包含之前的 NST008 和 NST049）	第 11 步：安全标准分委会第二次审查安全标准草案已完成 A. McQuaid	NSGC
	NST061：Detection of Nuclear and Other Radioactive Material out of Regulatory Control within a State NST061：境内失控核与其他放射性物质的探测	第 5 步：准备草案 T. Pelletier	NSGC
NSS No. 1：Technical and Functional Specifications for Border Monitoring Equipment（2006） NSS No. 1：边境监测设备的技术和功能规范（2006）	NST059：Functional Specifications for Nuclear Security Detection Equipment and Systems NST059：核安保探测设备和系统的功能规范	第 5 步：准备草案 C. Massey	NSGC
NSS No. 5：Identification of Radioactive Sources and Devices（2007） NSS No. 5：放射源和放射性装置的识别（2007）			
	NST062：Expert Support for the Assessment of Alarms and Alerts for Nuclear and Other Radioactive Material out of Regulatory Control NST062：对失控核与其他放射性物质的警报和警戒评估的专家支持	第 5 步：准备草案 M. Mohamed	NSGC

核安保事件响应

NM&NF	RM&AF	MORC

国际原子能机构发布的指导	制定中的指导 工作编号－名称	备注/现状/ 技术专员/	委员会
NSS No. 37－G：Developing a National Framework for Managing Response to Nuclear Security Events（2020） NSS No. 37－G：制定核安保事件响应管理的国家框架 Ex NST004			

续表

国际原子能机构发布的指导	制定中的指导 工作编号－名称	备注/现状/ 技术专员/	委员会
	NST005：Regaining Control over Nuclear and Other Radioactive Material out of Regulatory Control NST005：重新管控失控的核与其他放射性物质	第 5 步：准备草案 C. Massey	NSGC， EPReSC， RASSC， TRANSSC， WASSC
NSS No. 39－T：Developing a Nuclear Security Contingency Plan for Nuclear Facilities（2019） NSS No. 39－T：制定核设施核安保应急预案 Ex NST056			
NSS No. 22－G：Radiological Crime Scene Management（2014） NSS No. 22－G：放射性犯罪现场管理（2014） Ex NST013			
NSS No. 2－G（Rev. 1）：Nuclear Forensics in Support of Investigations（2015） NSS No. 2－G（Rev. 1）：核取证支持调查（2015） Ex NST014 NSS No. 2：Nuclear Forensics Support（2006） NSS No. 2：核取证支持（2006）			

核安保的持续性

NM&NF	RM&AF	MORC

国际原子能机构发布的指导	制定中的指导 工作编号－名称	备注/现状/ 技术专员/	委员会
NSS No. 30－G: Sustaining a Nuclear Security Regime（2018） NSS No. 30－G：保障核安保机制（2018） Ex NST020			
NSS No. 31－G：Building Capacity for Nuclear Security（2018） NSS No. 31－G：核安保能力建设（2018） Ex NST009			
NSS No. 12：Educational Programme for Nuclear Security（2015） NSS No. 12：核安保教育计划（2015）	NST054：Model Academic Curriculum on Nuclear Security NST054：核安保示范学术课程	第 12a 步：提交出版委员会 D. Nikonov	NSGC

运输安保

NM&NF	RM&AF	MORC

国际原子能机构发布的指导	制定中的指导 工作编号－名称	备注/现状/ 技术专员/	委员会
NSS No. 9：Security in the Transport of Radioactive Material（2008） NSS No. 9：放射性物质运输的安保问题（2008）	NST044：Security of Radioactive Material in Transport NST044：运输放射性物质的安保	第 14 步：出版 D. Ladsous	NSGC， EPReSC， RASSC， TRANSSC
NSS No. 26－G：Security of Nuclear Material in Transport（2015） NSS No. 26－G：运输核材料的安保（2015） Ex NST017			
	NST053：Security of Nuclear and Other Radioactive Material in Transport NST053：运输核与其他放射性物质的安保	第 5 步：准备草案 M. Shannon	NSGC

IAEA 安全标准名称清单（中英对照）

文件号	英文名称	中文名称	最新版本
SPESS A	Strategies And Processes For The Establishment Of Iaea Safety Standards (Spress) Version 2.2 – 16 November 2015	建立原子能机构安全标准的战略和进程（SPRESS）第2.2版（2015.11.16）	2015
Glossary 2016	Iaea Safety Glossary Terminology Used in Nuclear Safety and Radiation Protection 2016 Revision	国际原子能机构安全术语(用于核安全和辐射防护 2016 版)	2016
SF – 1	Fundamental Safety Principles (2006)	安全基本原则（2006）	2006
GSR Part 1 (Rev.1)	Governmental, Legal and Regulatory Framework for Safety (2016)	促进安全的政府、法律和监管框架（2016）	2016
GSR Part 2	Leadership and Management for Safety (2016)	安全的领导和管理（2016）	2016
GSR Part 3	Radiation Protection and Safety of Radiation Sources: International Basic Safety Standards (2014)	辐射防护和辐射源：国际安全基本安全标准（2014）	2014
GSR Part 4 (Rev.1)	Safety Assessment for Facilities and Activities (2016)	设施和活动的安全评定（2016）	2016
GSR Part 5	Predisposal Management of Radioactive Waste (2009)	放射性废物的处置前管理（2009）	2009
GSR Part 6	Decommissioning of Facilities (2014)	设施的退役（2014）	2014
GSR Part 7	Preparedness and Response for a Nuclear or Radiological Emergency (2015)	核或辐射应急的准备与响应（2015）	2015
SSR – 1	Site Evaluation for Nuclear Installations (2019)	核装置的厂址评估（2019）	2019
SSR – 2/1 (Rev.1)	Safety of Nuclear Power Plants: Design (2016)	核电厂安全：设计（2016）	2016
SSR – 2/2 (Rev.1)	Safety of Nuclear Power Plants: Commissioning and Operation (2016)	核电厂安全：调试和运行（2016）	2016
SSR – 3	Safety of Research Reactors (2016)	研究堆的安全（2016）	2016
SSR – 4	Safety of Nuclear Fuel Cycle Facilities (2017)	核燃料循环设施的安全（2017）	2017
SSR – 5	Disposal of Radioactive Waste (2011)	放射性废物的处置（2011）	2011
SSR – 6 (Rev.1)	Regulations for the Safe Transport of Radioactive Material (2018 Edition)	放射性物质安全运输条例（2018）	2018
GSG – 1	Classification of Radioactive Waste (2009)	放射性废物的分类（2009）	2009
GSG – 2	Criteria for Use in Preparedness and Response for a Nuclear or Radiological Emergency (2011)	核或辐射应急准备和响应的准则（2011）	2011
GSG – 3	The Safety Case and Safety Assessment for the Predisposal Management of Radioactive Waste (2013)	放射性废物处置前管理的安全和论证文件和安全评定（2013）	2013

续表

文件号	英文名称	中文名称	最新版本
GSG－5	Justification of Practices, Including Non－Medical Human Imaging (2014)	含非医学用途人体成像实践的正当性（2014）	2014
GSG－6	Communication and Consultation with Interested Parties by the Regulatory Body (2017)	监管机构与利益相关方的沟通和协商（2017）	2017
GSG－7	Occupational radiation protection	职业辐射防护（2018）	2018
GSG－8	Radiation Protection of the Public and the Environment (2018)	公众与环境的辐射防护（2018）	2018
GSG－10	Prospective Radiological Environmental Impact Assessment for Facilities and Activities (2018)	设施与活动辐射环境影响的前瞻性评价（2018）	2018
GSG－11	Arrangements for the Termination of a Nuclear of Radiological Emergency (2018)	终止核或辐射应急的安排（2018）	2018
GSG－12	Organization, Management and Staffing of the Regulatory Body for Safety	核安全监管机构的组织、管理和雇员（2018）	2018
GSG－13	Functions and Processes of the Regulatory Body for Safety	核安全监管机构的职责和流程（2018）	2018
SSG－1	Borehole Disposal Facilities for Radioactive Waste (2009)	放射性废物的钻孔处理设施（2009）	2009
SSG－2	Deterministic Safety Analysis for Nuclear Power Plants (2009)	核电厂的确定论安全分析（2009）	2009
SSG－3	Development and Application of Level 1 Probabilistic Safety Assessment for Nuclear Power Plants (2010)	核电厂一级概率安全评价的开发与应用（2010）	2010
SSG－4	Development and Application of Level 2 Probabilistic Safety Assessment for Nuclear Power Plants (2010)	核电厂二级概率安全评价的开发与应用（2010）	2010
SSG－5	Safety of Conversion Facilities and Uranium Enrichment Facilities (2010)	转换设施和铀浓缩设施的安全（2010）	2010
SSG－6	Safety of Uranium Fuel Fabrication Facilities (2010)	铀燃料制造设施的安全（2010）	2010
SSG－7	Safety of Uranium and Plutonium Mixed Oxide Fuel Fabrication Facilities (2010)	铀钚混合氧化物燃料制造设施的安全（2010）	2010
SSG－8	Radiation Safety of Gamma, Electron and X Ray Irradiation Facilities (2010)	伽马、电子和 X 射线辐照设施的辐射安全（2010）	2010
SSG－9	Seismic Hazards in Site Evaluation for Nuclear Installations (2010)	核装置厂址评估中的地震灾害（2010）	2010
SSG－10	Ageing Management for Research Reactors (2010)	研究堆的老化管理（2010）	2010
SSG－11	Radiation Safety in Industrial Radiography (2011)	工业放射学中的辐射安全（2011）	2011
SSG－12	Licensing Process for Nuclear Installations (2010)	核装置的许可程序（2010）	2010
SSG－13	Chemistry Programme for Water Cooled Nuclear Power Plants (2011)	水冷堆核电厂的化学计划（2011）	2011
SSG－14	Geological Disposal Facilities for Radioactive Waste (2011)	放射性废物的地质处置设施（2011）	2011

续表

文件号	英文名称	中文名称	最新版本
SSG-15	Storage of Spent Nuclear Fuel (2012)	乏燃料的贮存（2012）	2012
SSG-16	Establishing the Safety Infrastructure for a Nuclear Power Programme (2012)	建立核电项目的安全基础结构（2012）	2012
SSG-17	Control of Orphan Sources and Other Radioactive Material in the Metal Recycling and Production Industries (2012)	金属回收和生产行业孤儿源和其他放射性物质的控制（2012）	2012
SSG-18	Meteorological and Hydrological Hazards in Site Evaluation for Nuclear Installations (2011)	核装置厂址评估中的气象水文灾害（2011）	2011
SSG-19	National Strategy for Regaining Control over Orphan Sources and Improving Control over Vulnerable Sources (2011)	恢复对孤儿源控制和改善对脆弱源的控制的国家战略（2011）	2011
SSG-20	Safety Assessment for Research Reactors and Preparation of the Safety Analysis Report (2012)	研究堆安全评定和安全分析报告的准备（2012）	2012
SSG-21	Volcanic Hazards in Site Evaluation for Nuclear Installations (2012)	核装置厂址评估中的火山灾害（2012）	2012
SSG-22	Use of a Graded Approach in the Application of the Safety Requirements for Research Reactors (2012)	采用分级方法应用于研究堆的安全要求（2012）	2012
SSG-23	The Safety Case and Safety Assessment for the Disposal of Radioactive Waste (2012)	放射性废物处置的安全论证文件与安全评定（2012）	2012
SSG-24	Safety in the Utilization and Modification of Research Reactors (2012)	研究堆使用和修改的安全性（2012）	2012
SSG-25	Periodic Safety Review for Nuclear Power Plants (2013)	核电厂的定期安全评审（2013）	2013
SSG-26	Advisory Material for the IAEA Regulations for the Safe Transport of Radioactive Material (2014)	国际原子能机构放射性物质安全运输条例的咨询材料（2014）	2014
SSG-27	Criticality Safety in the Handling of Fissile Material (2014)	易裂变材料处理的临界安全性（2014）	2014
SSG-28	Commissioning for Nuclear Power Plants (2014)	核电厂的调试（2014）	2014
SSG-29	Near Surface Disposal Facilities for Radioactive Waste (2014)	放射性废物的近地表处置设施（2014）	2014
SSG-30	Safety Classification of Structures, Systems and Components in Nuclear Power Plants (2014)	核电厂结构、系统和部件的安全分级（2014）	2014
SSG-31	Monitoring and Surveillance of Radioactive Waste Disposal Facilities (2014)	放射性废物处置设施的监测与监督（2014）	2014
SSG-32	Protection of the Public against Exposure Indoors due to Radon and Other Natural Sources of Radiation (2015)	保护公众免受室内氡及其他天然辐射源的照射（2015）	2015
SSG-33	Schedules of Provisions of the IAEA Regulations for the Safe Transport of Radioactive Material (2012 Edition) (2015)	国际原子能机构放射性物质安全运输条例（2012年版）附表（2015年）	2015
SSG-34	Design of Electrical Power Systems for Nuclear Power Plants (2016)	核电厂电力系统的设计（2016）	2016

续表

文件号	英文名称	中文名称	最新版本
SSG－35	Site Survey and Site Selection for Nuclear Installations (2015)	核装置的厂址查勘与选址（2015）	2015
SSG－36	Radiation Safety for Consumer Products (2016)	消费品的辐射安全（2016）	2016
SSG－37	Instrument and Control Systems and Software Important to Safety for Research Reactors (2015)	研究堆安全重要的仪控系统和软件（2015）	2015
SSG－38	Construction for Nuclear Installations (2015)	核装置的建造（2015）	2015
SSG－39	Design of Instrumentation and Control Systems for Nuclear Power Plants (2016)	核电厂仪表和控制系统的设计（2016）	2016
SSG－40	Predisposal Management of Radioactive Waste from Nuclear Power Plants and Research Reactors (2016)	核电厂和研究堆放射性废物的处置前管理（2016）	2016
SSG－41	Predisposal Management of Radioactive Waste from Nuclear Fuel Cycle Facilities (2016)	核燃料循环设施放射性废物的处置前管理（2016）	2016
SSG－42	Safety of Nuclear Fuel Reprocessing Facilities (2017)	核燃料后处理设施的安全（2017）	2017
SSG－43	Safety of Nuclear Fuel Cycle Research and Development Facilities (2017)	核燃料循环研发设施的安全（2017）	2017
SSG－44	Establishing the Infrastructure for Radiation Safety (2018)	建立辐射安全的基础结构（2018）	2018
SSG－45	Predisposal Management Of Radioactive Waste From The Use Of Radioactive Material In Medicine, Industry, Agriculture, Research And Education	医学、工业、农业、研究和教育中放射性物质使用产生的放射性废物处置前管理	2018
SSG－46	Radiation Protection And Safety In Medical Uses Of Ionizing Radiation	医用电离辐射的辐射防护与安全（2018）	2018
SSG－47	Decommissioning Of Nuclear Power Plants, Research Reactors And Other Nuclear Fuel Cycle Facilities	核电厂、研究堆和其他核燃料循环设施的退役（2018）	2018
SSG－48	Ageing Management And Development Of A Programme For Long Term Operation Of Nuclear Power Plants	核电厂老化管理和延寿运行大纲的制定（2018）	2018
SSG－49	Decommissioning Of Medical, Industrial And Research Facilities	医疗、工业和研究设施的退役（2019）	2019
SSG－50	Operating Experience Feedback for Nuclear Installations (2018)	核装置的运行经验反馈（2018）	2018
SSG－51	Human factors engineering in the design of nuclear power plants	核电厂设计中的人因工程（2019）	2019
SSG－54	Accident Management Programmes For Nuclear Power Plants	核电厂的事故管理大纲（2019）	2019
WS－G－1.2	Management of Radioactive Waste from the Mining and Milling of Ores (2002) (under revision)	采矿和选矿中放射性废物的管理（2002）【修订中】	2002
WS－G－2.1	Decommissioning of Nuclear Power Plants and Research Reactors (1999)	核电厂和研究堆的退役（1999）【修订中】	1999

续表

文件号	英文名称	中文名称	最新版本
WS－G－2.3	Regulatory Control of Radioactive Discharges to the Environment (2000) (under revision)	放射性流出物排入环境的监管控制（2000）【修订中】	2000
WS－G－3.1	Remediation Process for Areas Affected by Past Activities and Accidents (2007)	过去活动和事故影响地区的补救程序（2007）	2007
WS－G－5.1	Release of Sites from Regulatory Control on Termination of Practices (2006)	活动终止解除对厂址的监管（2006）	2006
WS－G－5.2	Safety Assessment for the decommissioning of Facilities Using Radioactive Material (2008)	使用放射性物质设施退役的安全评定（2008）	2008
WS－G－6.1	Storage of Radioactive Waste (2006)	放射性废物的贮存（2006）	2006
GS－G－2.1	Arrangements for Preparedness for a Nuclear or Radiological Emergency (2007)	核或辐射应急准备的安排（2007）	2007
GS－G－3.1	Application of the Management System for Facilities and Activities (2006)	设施和活动管理体系的应用（2006）	2006
GS－G－3.3	The Management System for the Processing, Handling and Storage of Radioactive Waste (2008)	放射性废物加工、装卸和贮存的管理体系（2008）	2008
GS－G－3.4	The Management System for the Disposal of Radioactive Waste (2008)	放射性废物处置的管理体系（2008）	2008
GS－G－3.5	The Management System for Nuclear Installations (2009)	核装置的管理体系（2009）	2009
GS－G－4.1	Format and Content of the Safety Analysis report for Nuclear Power Plants (2004)	核电厂安全分析报告的格式和内容（2004）	2004
NS G－1.4	Design of Fuel Handling and Storage Systems for Nuclear Power Plants (2003)	核电厂燃料处理和贮存系统的设计（2003）	2003
NS－G－1.5	External Events Excluding Earthquakes in the Design of Nuclear Power Plants (2003)	核电厂设计中不包括地震在内的外部事件（2003）	2003
NS－G－1.6	Seismic Design and Qualification for Nuclear Power Plants (2003)	核电厂的抗震设计与鉴定（2003）	2003
NS－G－1.7	Protection against Internal Fires and Explosions in the Design of Nuclear Power Plants (2004)	核电厂设计中的内部火灾和爆炸防护（2004）	2004
NS－G－1.9	Design of the Reactor Coolant System and Associated Systems in Nuclear Power Plants (2004)	核电厂的反应堆冷却剂系统与相关系统设计（2004）	2004
NS－G－1.10	Design of Reactor Containment Systems for Nuclear Power Plants (2004)	核电厂的反应堆安全壳系统的设计（2004）	2004
NS－G－1.11	Protection against Internal Hazards other than Fires and Explosions in the Design of Nuclear Power Plants (2004)	核电厂设计中对火灾和爆炸以外的内部危害防护（2004）	2004
NS－G－1.12	Design of the Reactor Core for Nuclear Power Plants (2005)	核电厂的反应堆堆芯设计（2005）	2005
NS－G－1.13	Radiation Protection Aspects of Design for Nuclear Power Plants (2005)	核电厂设计中的辐射防护（2005）	2005
NS－G－2.13	Evaluation of Seismic Safety for Existing Nuclear Installations (2009)	现有核装置的地震安全评估（2009）	2009

续表

文件号	英文名称	中文名称	最新版本
NS－G－2.14	Conduct of Operations at Nuclear Power Plants (2008)	核电厂的运行（2008）	2008
NS－G－2.1	Fire Safety in the Operation of Nuclear Power Plants (2000)	核电厂运行中的火灾安全（2000）	20002
NS－G－2.2	Operational limits and Conditions and Operating Procedures for Nuclear Power Plants (2000)	核电厂的运行限值、条件及运行规程（2000）	2000
NS－G－2.3	Modifications to Nuclear Power Plants (2001)	核电厂的改造（2001）	2002
NS－G－2.4	The Operating Organization for Nuclear Power Plants (2001)	核电厂的营运组织（2001）	2002
NS－G－2.5	Core Management and Fuel Handling for Nuclear Power Plants (2002)	核电厂的堆芯管理和燃料装卸（2002）	2002
NS－G－2.6	Maintenance, Surveillance and In－Service Inspection in Nuclear Power Plants (2002)	核电厂的维护、监测和在役检查（2002）	2002
NS－G－2.7	Radiation Protection and Radioactive Waste Management in the Operation of Nuclear Power Plants (2002)	核电厂运行中的辐射防护和放射性废物管理（2002）	2002
NS－G－2.8	Recruitment, Qualification and Training of Personnel for Nuclear Power Plants (2002)	核电厂人员的招聘、认证和培训（2002）	2002
NS－G－3.1	External Human Induced Events in Site Evaluation for Nuclear Power Plants (2002)	核电厂厂址评估中的外部人为事件（2002）	2002
NS－G－3.2	Dispersion of Radioactive Material in Air and Water and Consideration of Population Distribution in Site Evaluation for Nuclear Power Plants (2002) (under revision)	核电厂放射性物质在空气和水中的扩散与厂址评估中人口分布的考虑（2002）【修订中】	2002
NS－G－3.6	Geotechnical Aspects of Site Evaluation and Foundations for Nuclear Power Plants (2005)	核电厂厂址评估和地基的岩土工程问题（2005）	2005
NS－G－4.1	Commissioning of Research Reactors (2006)	研究堆的调试（2006）	2006
NS－G－4.2	Maintenance, Periodic Testing and Inspection of Research Reactors (2006)	研究堆的维护、定期测试和检查（2006）	2006
NS－G－4.3	Core Management and Fuel Handling for Research Reactors (2008)	研究堆的堆芯管理和燃料装卸（2008）	2008
NS－G－4.4	Operational Limits and Conditions and Operating Procedures for Research Reactors (2008)	研究堆的运行限值、条件和运行规程（2008）	2008
NS－G－4.5	The Operating Organization and the Recruitment, Training and Qualification of Personnel for Research Reactors (2008)	研究堆的营运组织和人员招聘、培训与认证（2008）	2008
NS－G－4.6	Radiation Protection and Radioactive Waste Management in the Design and Operation of Research Reactors (2008)	研究堆设计与运行中的辐射防护与放射性废物管理（2008）	2008
RS－G－1.6	Occupational Radiation Protection in the Mining and Processing of Raw Materials (2004)	原材料开采和加工中的职业辐射防护（2004）	2004
RS－G－1.7	Application of the Concepts of Exclusion, Exemption and Clearance (2004)	排除、豁免和解控概念的适用（2004）	2004

续表

文件号	英文名称	中文名称	最新版本
RS－G－1.8	Environmental and Source Monitoring for Purposes of Radiation Protection (2005)	辐射防护目的的环境和源监测（2005）	2005
RS－G－1.9	Categorization of Radioactive Sources (2005)	放射源的分类（2005）	2005
RS－G－1.10	Safety of Radiation Generators and Sealed Radioactive Sources (2006)	辐射发生器和密封辐射源的安全（2006）	2006
TS－G－1.2	Planning and Preparing for Emergency Response to Transport Accidents Involving Radioactive Material (2002)	为涉及放射性物质运输事故的应急响应进行计划和准备（2002）	2002
TS－G－1.3	Radiation Protection Programmes for the Transport of Radioactive Material (2007)	放射性物质运输的辐射防护大纲（2007）	2007
TS－G－1.4	The Management System for the Safe Transport of Radioactive Material (2008)	放射性物质安全运输管理体系（2008）	2008
TS－G－1.5	Compliance Assurance for the Safe Transport of Radioactive Material (2009)	放射性物质安全运输的合规保证（2009）	2009

三、与核与辐射安全相关的法律法规标准

中华人民共和国核安全法

（2017年9月1日第十二届全国人民代表大会常务委员会第二十九次会议通过）

目　录

第一章　总　则

第一条　为了保障核安全，预防与应对核事故，安全利用核能，保护公众和从业人员的安全与健康，保护生态环境，促进经济社会可持续发展，制定本法。

第二条　在中华人民共和国领域及管辖的其他海域内，对核设施、核材料及相关放射性废物采取充分的预防、保护、缓解和监管等安全措施，防止由于技术原因、人为原因或者自然灾害造成核事故，最大限度减轻核事故情况下的放射性后果的活动，适用本法。

核设施，是指：

（一）核电厂、核热电厂、核供汽供热厂等核动力厂及装置；

（二）核动力厂以外的研究堆、实验堆、临界装置等其他反应堆；

（三）核燃料生产、加工、贮存和后处理设施等核燃料循环设施；

（四）放射性废物的处理、贮存、处置设施。

核材料，是指：

（一）铀－235 材料及其制品；

（二）铀－233 材料及其制品；

（三）钚－239 材料及其制品；

（四）法律、行政法规规定的其他需要管制的核材料。

放射性废物，是指核设施运行、退役产生的，含有放射性核素或者被放射性核素污染，其浓度或者比活度大于国家确定的清洁解控水平，预期不再使用的废弃物。

第三条 国家坚持理性、协调、并进的核安全观，加强核安全能力建设，保障核事业健康发展。

第四条 从事核事业必须遵循确保安全的方针。

核安全工作必须坚持安全第一、预防为主、责任明确、严格管理、纵深防御、独立监管、全面保障的原则。

第五条 核设施营运单位对核安全负全面责任。

为核设施营运单位提供设备、工程以及服务等的单位，应当负相应责任。

第六条 国务院核安全监督管理部门负责核安全的监督管理。

国务院核工业主管部门、能源主管部门和其他有关部门在各自职责范围内负责有关的核安全管理工作。

国家建立核安全工作协调机制，统筹协调有关部门推进相关工作。

第七条 国务院核安全监督管理部门会同国务院有关部门编制国家核安全规划，报国务院批准后组织实施。

第八条 国家坚持从高从严建立核安全标准体系。

国务院有关部门按照职责分工制定核安全标准。核安全标准是强制执行的标准。

核安全标准应当根据经济社会发展和科技进步适时修改。

第九条 国家制定核安全政策，加强核安全文化建设。

国务院核安全监督管理部门、核工业主管部门和能源主管部门应当建立培育核安全文化的机制。

核设施营运单位和为其提供设备、工程以及服务等的单位应当积极培育和建设核安全文化，将核安全文化融入生产、经营、科研和管理的各个环节。

第十条 国家鼓励和支持核安全相关科学技术的研究、开发和利用，加强知识产权保护，注重核安全人才的培养。

国务院有关部门应当在相关科研规划中安排与核设施、核材料安全和辐射环境监测、评估相关的关键技术研究专项，推广先进、可靠的核安全技术。

核设施营运单位和为其提供设备、工程以及服务等的单位、与核安全有关的科研机构等单位，应当持续开发先进、可靠的核安全技术，充分利用先进的科学技术成果，提高核安全水平。

国务院和省、自治区、直辖市人民政府及其有关部门对在科技创新中做出重要贡献的单位和个人，按照有关规定予以表彰和奖励。

第十一条 任何单位和个人不得危害核设施、核材料安全。

公民、法人和其他组织依法享有获取核安全信息的权利，受到核损害的，有依法获得赔偿的权利。

第十二条 国家加强对核设施、核材料的安全保卫工作。

核设施营运单位应当建立和完善安全保卫制度，采取安全保卫措施，防范对核设施、核材料的破坏、损害和盗窃。

第十三条 国家组织开展与核安全有关的国际交流与合作，完善核安全国际合作机制，防范和应对核恐怖主义威胁，履行中华人民共和国缔结或者参加的国际公约所规定的义务。

第二章 核设施安全

第十四条 国家对核设施的选址、建设进行统筹规划，科学论证，合理布局。

国家根据核设施的性质和风险程度等因素，对核设施实行分类管理。

第十五条 核设施营运单位应当具备保障核设施安全运行的能力，并符合下列条件：

（一）有满足核安全要求的组织管理体系和质量保证、安全管理、岗位责任等制度；

（二）有规定数量、合格的专业技术人员和管理人员；

（三）具备与核设施安全相适应的安全评价、资源配置和财务能力；

（四）具备必要的核安全技术支撑和持续改进能力；

（五）具备应急响应能力和核损害赔偿财务保障能力；

（六）法律、行政法规规定的其他条件。

第十六条 核设施营运单位应当依照法律、行政法规和标准的要求，设置核设施纵深防御体系，有效防范技术原因、人为原因和自然灾害造成的威胁，确保核设施安全。

核设施营运单位应当对核设施进行定期安全评价，并接受国务院核安全监督管理部门的审查。

第十七条 核设施营运单位和为其提供设备、工程以及服务等的单位应当建立并实施质量保证体系，有效保证设备、工程和服务等的质量，确保设备的性能满足核安全标准的要求，工程和服务等满足核安全相关要求。

第十八条 核设施营运单位应当严格控制辐射照射，确保有关人员免受超过国家规定剂量限值的辐射照射，确保辐射照射保持在合理、可行和尽可能低的水平。

第十九条 核设施营运单位应当对核设施周围环境中所含的放射性核素的种类、浓度以及核设施流出物中的放射性核素总量实施监测，并定期向国务院环境保护主管部门和所在地省、自治区、直辖市人民政府环境保护主管部门报告监测结果。

第二十条 核设施营运单位应当按照国家有关规定，制定培训计划，对从业人员进行核安全教育和技能培训并进行考核。

核设施营运单位应当为从业人员提供相应的劳动防护和职业健康检查，保障从业人员的安全和健康。

第二十一条 省、自治区、直辖市人民政府应当对国家规划确定的核动力厂等重要核设施的厂址予以保护，在规划期内不得变更厂址用途。

省、自治区、直辖市人民政府应当在核动力厂等重要核设施周围划定规划限制区，经国务院核安全监督管理部门同意后实施。

禁止在规划限制区内建设可能威胁核设施安全的易燃、易爆、腐蚀性物品的生产、贮存设施以及人口密集场所。

第二十二条 国家建立核设施安全许可制度。

核设施营运单位进行核设施选址、建造、运行、退役等活动，应当向国务院核安全监督管理部门申请许可。

核设施营运单位要求变更许可文件规定条件的，应当报国务院核安全监督管理部门批准。

第二十三条 核设施营运单位应当对地质、地震、气象、水文、环境和人口分布等因素进行科学评估，在满足核安全技术评价要求的前提下，向国务院核安全监督管理部门提交核设施选址安全分析报告，经审查符合核安全要求后，取得核设施场址选择审查意见书。

第二十四条 核设施设计应当符合核安全标准，采用科学合理的构筑物、系统和设备参数与技术要求，提供多样保护和多重屏障，确保核设施运行可靠、稳定和便于操作，满足核安全要求。

第二十五条 核设施建造前，核设施营运单位应当向国务院核安全监督管理部门提出建造申请，并提交下列材料：

（一）核设施建造申请书；

（二）初步安全分析报告；

（三）环境影响评价文件；

（四）质量保证文件；

（五）法律、行政法规规定的其他材料。

第二十六条 核设施营运单位取得核设施建造许可证后，应当确保核设施整体性能满足核安全标准的要求。

核设施建造许可证的有效期不得超过十年。有效期届满，需要延期建造的，应当报国务院核安全监督管理部门审查批准。但是，有下列情形之一且经评估不存在安全风险的除外：

（一）国家政策或者行为导致核设施延期建造；

（二）用于科学研究的核设施；

（三）用于工程示范的核设施；

（四）用于乏燃料后处理的核设施。

核设施建造完成后应当进行调试，验证其是否满足设计的核安全要求。

第二十七条 核设施首次装投料前，核设施营运单位应当向国务院核安全监督管理部门提出运行申请，并提交下列材料：

（一）核设施运行申请书；

（二）最终安全分析报告；

（三）质量保证文件；

（四）应急预案；

（五）法律、行政法规规定的其他材料。

核设施营运单位取得核设施运行许可证后，应当按照许可证的规定运行。

核设施运行许可证的有效期为设计寿期。在有效期内，国务院核安全监督管理部门可以根据法律、行政法规和新的核安全标准的要求，对许可证规定的事项作出合理调整。

核设施营运单位调整下列事项的，应当报国务院核安全监督管理部门批准：

（一）作为颁发运行许可证依据的重要构筑物、系统和设备；

（二）运行限值和条件；

（三）国务院核安全监督管理部门批准的与核安全有关的程序和其他文件。

第二十八条 核设施运行许可证有效期届满需要继续运行的，核设施营运单位应当于有效期届满前五年，向国务院核安全监督管理部门提出延期申请，并对其是否符合核安全标准进行论证、验证，经审查批准后，方可继续运行。

第二十九条 核设施终止运行后，核设施营运单位应当采取安全的方式进行停闭管理，保证停闭期间的安全，确保退役所需的基本功能、技术人员和文件。

第三十条 核设施退役前，核设施营运单位应当向国务院核安全监督管理部门提出退役申请，并提交下列材料：

（一）核设施退役申请书；

（二）安全分析报告；

（三）环境影响评价文件；

（四）质量保证文件；

（五）法律、行政法规规定的其他材料。

核设施退役时，核设施营运单位应当按照合理、可行和尽可能低的原则处理、处置核设施场址的放射性物质，将构筑物、系统和设备的放射性水平降低至满足标准的要求。

核设施退役后，核设施所在地省、自治区、直辖市人民政府环境保护主管部门应当对核设施场址及其周围环境中所含的放射性核素的种类和浓度组织监测。

第三十一条 进口核设施，应当满足中华人民共和国有关核安全法律、行政法规和标准的要求，并报国务院核安全监督管理部门审查批准。

出口核设施，应当遵守中华人民共和国有关核设施出口管制的规定。

第三十二条 国务院核安全监督管理部门应当依照法定条件和程序，对核设施安全许可申请组织安全技术审查，满足核安全要求的，在技术审查完成之日起二十日内，依法作出准予许可的决定。

国务院核安全监督管理部门审批核设施建造、运行许可申请时，应当向国务院有关部门和核设施所在地省、自治区、直辖市人民政府征询意见，被征询意见的单位应当在三个月内给予答复。

第三十三条 国务院核安全监督管理部门组织安全技术审查时，应当委托与许可申请单位没有利益关系的技术支持单位进行技术审评。受委托的技术支持单位应当对其技术评价结论的真实性、准确性负责。

第三十四条 国务院核安全监督管理部门成立核安全专家委员会，为核安全决策提供咨询意见。

制定核安全规划和标准，进行核设施重大安全问题技术决策，应当咨询核安全专家委员会的意见。

第三十五条 国家建立核设施营运单位核安全报告制度，具体办法由国务院有关部门制定。

国务院有关部门应当建立核安全经验反馈制度，并及时处理核安全报告信息，实现信息共享。

核设施营运单位应当建立核安全经验反馈体系。

第三十六条 为核设施提供核安全设备设计、制造、安装和无损检验服务的单位，应当向国务院核安全监督管理部门申请许可。境外机构为境内核设施提供核安全设备设计、制造、安装和无损检验服务的，应当向国务院核安全监督管理部门申请注册。

国务院核安全监督管理部门依法对进口的核安全设备进行安全检验。

第三十七条 核设施操纵人员以及核安全设备焊接人员、无损检验人员等特种工艺人员应当按照国家规定取得相应资格证书。

核设施营运单位以及核安全设备制造、安装和无损检验单位应当聘用取得相应资格证书的人员从事与核设施安全专业技术有关的工作。

第三章　核材料和放射性废物安全

第三十八条　核设施营运单位和其他有关单位持有核材料，应当按照规定的条件依法取得许可，并采取下列措施，防止核材料被盗、破坏、丢失、非法转让和使用，保障核材料的安全与合法利用：

（一）建立专职机构或者指定专人保管核材料；

（二）建立核材料衡算制度，保持核材料收支平衡；

（三）建立与核材料保护等级相适应的实物保护系统；

（四）建立信息保密制度，采取保密措施；

（五）法律、行政法规规定的其他措施。

第三十九条　产生、贮存、运输、后处理乏燃料的单位应当采取措施确保乏燃料的安全，并对持有的乏燃料承担核安全责任。

第四十条　放射性废物应当实行分类处置。

低、中水平放射性废物在国家规定的符合核安全要求的场所实行近地表或者中等深度处置。

高水平放射性废物实行集中深地质处置，由国务院指定的单位专营。

第四十一条　核设施营运单位、放射性废物处理处置单位应当对放射性废物进行减量化、无害化处理、处置，确保永久安全。

第四十二条　国务院核工业主管部门会同国务院有关部门和省、自治区、直辖市人民政府编制低、中水平放射性废物处置场所的选址规划，报国务院批准后组织实施。

国务院核工业主管部门会同国务院有关部门编制高水平放射性废物处置场所的选址规划，报国务院批准后组织实施。

放射性废物处置场所的建设应当与核能发展的要求相适应。

第四十三条　国家建立放射性废物管理许可制度。

专门从事放射性废物处理、贮存、处置的单位，应当向国务院核安全监督管理部门申请许可。

核设施营运单位利用与核设施配套建设的处理、贮存设施，处理、贮存本单位产生的放射性废物的，无需申请许可。

第四十四条　核设施营运单位应当对其产生的放射性固体废物和不能经净

化排放的放射性废液进行处理，使其转变为稳定的、标准化的固体废物后，及时送交放射性废物处置单位处置。

核设施营运单位应当对其产生的放射性废气进行处理，达到国家放射性污染防治标准后，方可排放。

第四十五条 放射性废物处置单位应当按照国家放射性污染防治标准的要求，对其接收的放射性废物进行处置。

放射性废物处置单位应当建立放射性废物处置情况记录档案，如实记录处置的放射性废物的来源、数量、特征、存放位置等与处置活动有关的事项。记录档案应当永久保存。

第四十六条 国家建立放射性废物处置设施关闭制度。

放射性废物处置设施有下列情形之一的，应当依法办理关闭手续，并在划定的区域设置永久性标记：

（一）设计服役期届满；

（二）处置的放射性废物已经达到设计容量；

（三）所在地区的地质构造或者水文地质等条件发生重大变化，不适宜继续处置放射性废物；

（四）法律、行政法规规定的其他需要关闭的情形。

第四十七条 放射性废物处置设施关闭前，放射性废物处置单位应当编制放射性废物处置设施关闭安全监护计划，报国务院核安全监督管理部门批准。

安全监护计划应当包括下列主要内容：

（一）安全监护责任人及其责任；

（二）安全监护费用；

（三）安全监护措施；

（四）安全监护期限。

放射性废物处置设施关闭后，放射性废物处置单位应当按照经批准的安全监护计划进行安全监护；经国务院核安全监督管理部门会同国务院有关部门批准后，将其交由省、自治区、直辖市人民政府进行监护管理。

第四十八条 核设施营运单位应当按照国家规定缴纳乏燃料处理处置费用，列入生产成本。

核设施营运单位应当预提核设施退役费用、放射性废物处置费用，列入投资概算、生产成本，专门用于核设施退役、放射性废物处置。具体办法由国务院财政部门、价格主管部门会同国务院核安全监督管理部门、核工业主管部门和能源主管部门制定。

第四十九条 国家对核材料、放射性废物的运输实行分类管理，采取有效措施，保障运输安全。

第五十条 国家保障核材料、放射性废物的公路、铁路、水路等运输，国务院有关部门应当加强对公路、铁路、水路等运输的管理，制定具体的保障措施。

第五十一条 国务院核工业主管部门负责协调乏燃料运输管理活动，监督有关保密措施。

公安机关对核材料、放射性废物道路运输的实物保护实施监督，依法处理可能危及核材料、放射性废物安全运输的事故。通过道路运输核材料、放射性废物的，应当报启运地县级以上人民政府公安机关按照规定权限批准；其中，运输乏燃料或者高水平放射性废物的，应当报国务院公安部门批准。

国务院核安全监督管理部门负责批准核材料、放射性废物运输包装容器的许可申请。

第五十二条 核材料、放射性废物的托运人应当在运输中采取有效的辐射防护和安全保卫措施，对运输中的核安全负责。

乏燃料、高水平放射性废物的托运人应当向国务院核安全监督管理部门提交有关核安全分析报告，经审查批准后方可开展运输活动。

核材料、放射性废物的承运人应当依法取得国家规定的运输资质。

第五十三条 通过公路、铁路、水路等运输核材料、放射性废物，本法没有规定的，适用相关法律、行政法规和规章关于放射性物品运输、危险货物运输的规定。

第四章　核事故应急

第五十四条 国家设立核事故应急协调委员会，组织、协调全国的核事故应急管理工作。

省、自治区、直辖市人民政府根据实际需要设立核事故应急协调委员会，组织、协调本行政区域内的核事故应急管理工作。

第五十五条 国务院核工业主管部门承担国家核事故应急协调委员会日常工作，牵头制定国家核事故应急预案，经国务院批准后组织实施。国家核事故应急协调委员会成员单位根据国家核事故应急预案部署，制定本单位核事故应急预案，报国务院核工业主管部门备案。

省、自治区、直辖市人民政府指定的部门承担核事故应急协调委员会的日常工作，负责制定本行政区域内场外核事故应急预案，报国家核事故应急协调委员会审批后组织实施。

核设施营运单位负责制定本单位场内核事故应急预案，报国务院核工业主管部门、能源主管部门和省、自治区、直辖市人民政府指定的部门备案。

中国人民解放军和中国人民武装警察部队按照国务院、中央军事委员会的规定，制定本系统支援地方的核事故应急工作预案，报国务院核工业主管部门备案。

应急预案制定单位应当根据实际需要和情势变化，适时修订应急预案。

第五十六条 核设施营运单位应当按照应急预案，配备应急设备，开展应急工作人员培训和演练，做好应急准备。

核设施所在地省、自治区、直辖市人民政府指定的部门，应当开展核事故应急知识普及活动，按照应急预案组织有关企业、事业单位和社区开展核事故应急演练。

第五十七条 国家建立核事故应急准备金制度，保障核事故应急准备与响应工作所需经费。核事故应急准备金管理办法，由国务院制定。

第五十八条 国家对核事故应急实行分级管理。

发生核事故时，核设施营运单位应当按照应急预案的要求开展应急响应，减轻事故后果，并立即向国务院核工业主管部门、核安全监督管理部门和省、自治区、直辖市人民政府指定的部门报告核设施状况，根据需要提出场外应急响应行动建议。

第五十九条 国家核事故应急协调委员会按照国家核事故应急预案部署，组织协调国务院有关部门、地方人民政府、核设施营运单位实施核事故应急救援工作。

中国人民解放军和中国人民武装警察部队按照国务院、中央军事委员会的规定，实施核事故应急救援工作。

核设施营运单位应当按照核事故应急救援工作的要求，实施应急响应支援。

第六十条 国务院核工业主管部门或者省、自治区、直辖市人民政府指定的部门负责发布核事故应急信息。

国家核事故应急协调委员会统筹协调核事故应急国际通报和国际救援工作。

第六十一条 各级人民政府及其有关部门、核设施营运单位等应当按照国务院有关规定和授权，组织开展核事故后的恢复行动、损失评估等工作。

核事故的调查处理，由国务院或者其授权的部门负责实施。

核事故场外应急行动的调查处理，由国务院或者其指定的机构负责实施。

第六十二条 核材料、放射性废物运输的应急应当纳入所经省、自治区、直辖市场外核事故应急预案或者辐射应急预案。发生核事故时，由事故发生地省、自治区、直辖市人民政府负责应急响应。

第五章 信息公开和公众参与

第六十三条 国务院有关部门及核设施所在地省、自治区、直辖市人民政府指定的部门应当在各自职责范围内依法公开核安全相关信息。

国务院核安全监督管理部门应当依法公开与核安全有关的行政许可，以及核安全有关活动的安全监督检查报告、总体安全状况、辐射环境质量和核事故等信息。

国务院应当定期向全国人民代表大会常务委员会报告核安全情况。

第六十四条 核设施营运单位应当公开本单位核安全管理制度和相关文件、核设施安全状况、流出物和周围环境辐射监测数据、年度核安全报告等信息。具体办法由国务院核安全监督管理部门制定。

第六十五条 对依法公开的核安全信息，应当通过政府公告、网站以及其他便于公众知晓的方式，及时向社会公开。

公民、法人和其他组织，可以依法向国务院核安全监督管理部门和核设施所在地省、自治区、直辖市人民政府指定的部门申请获取核安全相关信息。

第六十六条 核设施营运单位应当就涉及公众利益的重大核安全事项通过问卷调查、听证会、论证会、座谈会，或者采取其他形式征求利益相关方的意见，并以适当形式反馈。

核设施所在地省、自治区、直辖市人民政府应当就影响公众利益的重大核安全事项举行听证会、论证会、座谈会，或者采取其他形式征求利益相关方的意见，并以适当形式反馈。

第六十七条 核设施营运单位应当采取下列措施，开展核安全宣传活动：

（一）在保证核设施安全的前提下，对公众有序开放核设施；

（二）与学校合作，开展对学生的核安全知识教育活动；

（三）建设核安全宣传场所，印制和发放核安全宣传材料；

（四）法律、行政法规规定的其他措施。

第六十八条 公民、法人和其他组织有权对存在核安全隐患或者违反核安全法律、行政法规的行为，向国务院核安全监督管理部门或者其他有关部门举报。

公民、法人和其他组织不得编造、散布核安全虚假信息。

第六十九条 涉及国家秘密、商业秘密和个人信息的政府信息公开，按照国家有关规定执行。

第六章 监督检查

第七十条 国家建立核安全监督检查制度。

国务院核安全监督管理部门和其他有关部门应当对从事核安全活动的单位遵守核安全法律、行政法规、规章和标准的情况进行监督检查。

国务院核安全监督管理部门可以在核设施集中的地区设立派出机构。国务院核安全监督管理部门或者其派出机构应当向核设施建造、运行、退役等现场派遣监督检查人员，进行核安全监督检查。

第七十一条 国务院核安全监督管理部门和其他有关部门应当加强核安全监管能力建设，提高核安全监管水平。

国务院核安全监督管理部门应当组织开展核安全监管技术研究开发，保持与核安全监督管理相适应的技术评价能力。

第七十二条 国务院核安全监督管理部门和其他有关部门进行核安全监督检查时，有权采取下列措施：

（一）进入现场进行监测、检查或者核查；

（二）调阅相关文件、资料和记录；

（三）向有关人员调查、了解情况；

（四）发现问题的，现场要求整改。

国务院核安全监督管理部门和其他有关部门应当将监督检查情况形成报告，建立档案。

第七十三条 对国务院核安全监督管理部门和其他有关部门依法进行的监督检查，从事核安全活动的单位应当予以配合，如实说明情况，提供必要资料，不得拒绝、阻挠。

第七十四条 核安全监督检查人员应当忠于职守，勤勉尽责，秉公执法。

核安全监督检查人员应当具备与监督检查活动相应的专业知识和业务能力，并定期接受培训。

核安全监督检查人员执行监督检查任务，应当出示有效证件，对获知的国家秘密、商业秘密和个人信息，应当依法予以保密。

第七章 法律责任

第七十五条 违反本法规定，有下列情形之一的，对直接负责的主管人员和其他直接责任人员依法给予处分：

（一）国务院核安全监督管理部门或者其他有关部门未依法对许可申请进行审批的；

（二）国务院有关部门或者核设施所在地省、自治区、直辖市人民政府指定的部门未依法公开核安全相关信息的；

（三）核设施所在地省、自治区、直辖市人民政府未就影响公众利益的重大核安全事项征求利益相关方意见的；

（四）国务院核安全监督管理部门或者其他有关部门未将监督检查情况形成报告，或者未建立档案的；

（五）核安全监督检查人员执行监督检查任务，未出示有效证件，或者对获知的国家秘密、商业秘密、个人信息未依法予以保密的；

（六）国务院核安全监督管理部门或者其他有关部门，省、自治区、直辖市人民政府有关部门有其他滥用职权、玩忽职守、徇私舞弊行为的。

第七十六条 违反本法规定，危害核设施、核材料安全，或者编造、散布核安全虚假信息，构成违反治安管理行为的，由公安机关依法给予治安管理处罚。

第七十七条 违反本法规定，有下列情形之一的，由国务院核安全监督管理部门或者其他有关部门责令改正，给予警告；情节严重的，处二十万元以上一百万元以下的罚款；拒不改正的，责令停止建设或者停产整顿：

（一）核设施营运单位未设置核设施纵深防御体系的；

（二）核设施营运单位或者为其提供设备、工程以及服务等的单位未建立或者未实施质量保证体系的；

（三）核设施营运单位未按照要求控制辐射照射剂量的；

（四）核设施营运单位未建立核安全经验反馈体系的；

（五）核设施营运单位未就涉及公众利益的重大核安全事项征求利益相关方意见的。

第七十八条 违反本法规定，在规划限制区内建设可能威胁核设施安全的易燃、易爆、腐蚀性物品的生产、贮存设施或者人口密集场所的，由国务院核安全监督管理部门责令限期拆除，恢复原状，处十万元以上五十万元以下的罚款。

第七十九条 违反本法规定，核设施营运单位有下列情形之一的，由国务院核安全监督管理部门责令改正，处一百万元以上五百万元以下的罚款；拒不改正的，责令停止建设或者停产整顿；有违法所得的，没收违法所得；造成环境污染的，责令限期采取治理措施消除污染，逾期不采取措施的，指定有能力的单位代为履行，所需费用由污染者承担；对直接负责的主管人员和其他直接责任人员，处五万元以上二十万元以下的罚款：

（一）未经许可，从事核设施建造、运行或者退役等活动的；

（二）未经许可，变更许可文件规定条件的；

（三）核设施运行许可证有效期届满，未经审查批准，继续运行核设施的；

（四）未经审查批准，进口核设施的。

第八十条 违反本法规定，核设施营运单位有下列情形之一的，由国务院核安全监督管理部门责令改正，给予警告；情节严重的，处五十万元以上二百万元以下的罚款；造成环境污染的，责令限期采取治理措施消除污染，逾期不采取措施的，指定有能力的单位代为履行，所需费用由污染者承担：

（一）未对核设施进行定期安全评价，或者不接受国务院核安全监督管理部门审查的；

（二）核设施终止运行后，未采取安全方式进行停闭管理，或者未确保退役所需的基本功能、技术人员和文件的；

（三）核设施退役时，未将构筑物、系统或者设备的放射性水平降低至满足标准的要求的；

（四）未将产生的放射性固体废物或者不能经净化排放的放射性废液转变为稳定的、标准化的固体废物，及时送交放射性废物处置单位处置的；

（五）未对产生的放射性废气进行处理，或者未达到国家放射性污染防治标准排放的。

第八十一条 违反本法规定，核设施营运单位未对核设施周围环境中所含的放射性核素的种类、浓度或者核设施流出物中的放射性核素总量实施监测，或者未按照规定报告监测结果的，由国务院环境保护主管部门或者所在地省、自治区、直辖市人民政府环境保护主管部门责令改正，处十万元以上五十万元以下的罚款。

第八十二条 违反本法规定，受委托的技术支持单位出具虚假技术评价结论的，由国务院核安全监督管理部门处二十万元以上一百万元以下的罚款；有违法所得的，没收违法所得；对直接负责的主管人员和其他直接责任人员处十万元以上二十万元以下的罚款。

第八十三条 违反本法规定，有下列情形之一的，由国务院核安全监督管理部门责令改正，处五十万元以上一百万元以下的罚款；有违法所得的，没收违法所得；对直接负责的主管人员和其他直接责任人员处二万元以上十万元以下的罚款：

（一）未经许可，为核设施提供核安全设备设计、制造、安装或者无损检验服务的；

（二）未经注册，境外机构为境内核设施提供核安全设备设计、制造、安装或者无损检验服务的。

第八十四条 违反本法规定，核设施营运单位或者核安全设备制造、安装、无损检验单位聘用未取得相应资格证书的人员从事与核设施安全专业技术有关的工作的，由国务院核安全监督管理部门责令改正，处十万元以上五十万元以下的罚款；拒不改正的，暂扣或者吊销许可证，对直接负责的主管人员和其他直接责任人员处二万元以上十万元以下的罚款。

第八十五条 违反本法规定，未经许可持有核材料的，由国务院核工业主管部门没收非法持有的核材料，并处十万元以上五十万元以下的罚款；有违法所得的，没收违法所得。

第八十六条 违反本法规定，有下列情形之一的，由国务院核安全监督管理部门责令改正，处十万元以上五十万元以下的罚款；情节严重的，处五十万元以上二百万元以下的罚款；造成环境污染的，责令限期采取治理措施消除污染，逾期不采取措施的，指定有能力的单位代为履行，所需费用由污染者承担：

（一）未经许可，从事放射性废物处理、贮存、处置活动的；

（二）未建立放射性废物处置情况记录档案，未如实记录与处置活动有关的事项，或者未永久保存记录档案的；

（三）对应当关闭的放射性废物处置设施，未依法办理关闭手续的；

（四）关闭放射性废物处置设施，未在划定的区域设置永久性标记的；

（五）未编制放射性废物处置设施关闭安全监护计划的；

（六）放射性废物处置设施关闭后，未按照经批准的安全监护计划进行安全监护的。

第八十七条 违反本法规定，核设施营运单位有下列情形之一的，由国务院核安全监督管理部门责令改正，处十万元以上五十万元以下的罚款；对直接负责的主管人员和其他直接责任人员，处二万元以上五万元以下的罚款：

（一）未按照规定制定场内核事故应急预案的；

（二）未按照应急预案配备应急设备，未开展应急工作人员培训或者演练的；

（三）未按照核事故应急救援工作的要求，实施应急响应支援的。

第八十八条 违反本法规定，核设施营运单位未按照规定公开相关信息的，由国务院核安全监督管理部门责令改正；拒不改正的，处十万元以上五十万元以下的罚款。

第八十九条 违反本法规定，对国务院核安全监督管理部门或者其他有关部门依法进行的监督检查，从事核安全活动的单位拒绝、阻挠的，由国务院核安全监督管理部门或者其他有关部门责令改正，可以处十万元以上五十万元以下的罚款；拒不改正的，暂扣或者吊销其许可证；构成违反治安管理行为的，由公安机关依法给予治安管理处罚。

第九十条 因核事故造成他人人身伤亡、财产损失或者环境损害的，核设施营运单位应当按照国家核损害责任制度承担赔偿责任，但能够证明损害是因战争、武装冲突、暴乱等情形造成的除外。

为核设施营运单位提供设备、工程以及服务等的单位不承担核损害赔偿责任。核设施营运单位与其有约定的，在承担赔偿责任后，可以按照约定追偿。

核设施营运单位应当通过投保责任保险、参加互助机制等方式，作出适当的财务保证安排，确保能够及时、有效履行核损害赔偿责任。

第九十一条 违反本法规定，构成犯罪的，依法追究刑事责任。

第八章 附 则

第九十二条 军工、军事核安全，由国务院、中央军事委员会依照本法规定的原则另行规定。

第九十三条 本法中下列用语的含义：

核事故，是指核设施内的核燃料、放射性产物、放射性废物或者运入运出核设施的核材料所发生的放射性、毒害性、爆炸性或者其他危害性事故，或者一系列事故。

纵深防御，是指通过设定一系列递进并且独立的防护、缓解措施或者实物屏障，防止核事故发生，减轻核事故后果。

核设施营运单位，是指在中华人民共和国境内，申请或者持有核设施安全许可证，可以经营和运行核设施的单位。

核安全设备，是指在核设施中使用的执行核安全功能的设备，包括核安全机械设备和核安全电气设备。

乏燃料，是指在反应堆堆芯内受过辐照并从堆芯永久卸出的核燃料。

停闭，是指核设施已经停止运行，并且不再启动。

退役，是指采取去污、拆除和清除等措施，使核设施不再使用的场所或者设备的辐射剂量满足国家相关标准的要求。

经验反馈，是指对核设施的事件、质量问题和良好实践等信息进行收集、筛选、评价、分析、处理和分发，总结推广良好实践经验，防止类似事件和问题重复发生。

托运人，是指在中华人民共和国境内，申请将托运货物提交运输并获得批准的单位。

第九十四条 本法自2018年1月1日起施行。

中华人民共和国放射性污染防治法

（2003 年 6 月 28 日第十届全国人民代表大会常务委员会第三次会议通过）

中华人民共和国主席令

第六号

《中华人民共和国放射性污染防治法》已由中华人民共和国第十届全国人民代表大会常务委员会第三次会议于 2003 年 6 月 28 日通过，现予公布，自 2003 年 10 月 1 日起施行。

中华人民共和国主席　胡锦涛

2003 年 6 月 28 日

目　录

第一章　总　则

第一条　为了防治放射性污染，保护环境，保障人体健康，促进核能、核技术的开发与和平利用，制定本法。

第二条　本法适用于中华人民共和国领域和管辖的其他海域在核设施选址、建造、运行、退役和核技术、铀（钍）矿、伴生放射性矿开发利用过程中发生的放射性污染的防治活动。

第三条　国家对放射性污染的防治，实行预防为主、防治结合、严格管理、安全第一的方针。

第四条　国家鼓励、支持放射性污染防治的科学研究和技术开发利用，推广先进的放射性污染防治技术。

国家支持开展放射性污染防治的国际交流与合作。

第五条　县级以上人民政府应当将放射性污染防治工作纳入环境保护规划。

县级以上人民政府应当组织开展有针对性的放射性污染防治宣传教育，使公众了解放射性污染防治的有关情况和科学知识。

第六条　任何单位和个人有权对造成放射性污染的行为提出检举和控告。

第七条　在放射性污染防治工作中作出显著成绩的单位和个人，由县级以上人民政府给予奖励。

第八条　国务院环境保护行政主管部门对全国放射性污染防治工作依法实施统一监督管理。

国务院卫生行政部门和其他有关部门依据国务院规定的职责，对有关的放射性污染防治工作依法实施监督管理。

第二章　放射性污染防治的监督管理

第九条　国家放射性污染防治标准由国务院环境保护行政主管部门根据环境安全要求、国家经济技术条件制定。国家放射性污染防治标准由国务院环境保护行政主管部门和国务院标准化行政主管部门联合发布。

第十条　国家建立放射性污染监测制度。国务院环境保护行政主管部门会同国务院其他有关部门组织环境监测网络，对放射性污染实施监测管理。

第十一条　国务院环境保护行政主管部门和国务院其他有关部门，按照职责分工，各负其责，互通信息，密切配合，对核设施、铀（钍）矿开发利用中的放射性污染防治进行监督检查。

县级以上地方人民政府环境保护行政主管部门和同级其他有关部门，按照职责分工，各负其责，互通信息，密切配合，对本行政区域内核技术利用、伴生放射性矿开发利用中的放射性污染防治进行监督检查。

监督检查人员进行现场检查时，应当出示证件。被检查的单位必须如实反映情况，提供必要的资料。监督检查人员应当为被检查单位保守技术秘密和业务秘密。对涉及国家秘密的单位和部位进行检查时，应当遵守国家有关保守国家秘密的规定，依法办理有关审批手续。

第十二条 核设施营运单位、核技术利用单位、铀（钍）矿和伴生放射性矿开发利用单位，负责本单位放射性污染的防治，接受环境保护行政主管部门和其他有关部门的监督管理，并依法对其造成的放射性污染承担责任。

第十三条 核设施营运单位、核技术利用单位、铀（钍）矿和伴生放射性矿开发利用单位，必须采取安全与防护措施，预防发生可能导致放射性污染的各类事故，避免放射性污染危害。

核设施营运单位、核技术利用单位、铀（钍）矿和伴生放射性矿开发利用单位，应当对其工作人员进行放射性安全教育、培训，采取有效的防护安全措施。

第十四条 国家对从事放射性污染防治的专业人员实行资格管理制度；对从事放射性污染监测工作的机构实行资质管理制度。

第十五条 运输放射性物质和含放射源的射线装置，应当采取有效措施，防止放射性污染。具体办法由国务院规定。

第十六条 放射性物质和射线装置应当设置明显的放射性标识和中文警示说明。生产、销售、使用、贮存、处置放射性物质和射线装置的场所，以及运输放射性物质和含放射源的射线装置的工具，应当设置明显的放射性标志。

第十七条 含有放射性物质的产品，应当符合国家放射性污染防治标准；不符合国家放射性污染防治标准的，不得出厂和销售。

使用伴生放射性矿渣和含有天然放射性物质的石材做建筑和装修材料，应当符合国家建筑材料放射性核素控制标准。

第三章 核设施的放射性污染防治

第十八条 核设施选址，应当进行科学论证，并按照国家有关规定办理审批手续。在办理核设施选址审批手续前，应当编制环境影响报告书，报国务院环境保护行政主管部门审查批准；未经批准，有关部门不得办理核设施选址批准文件。

第十九条 核设施营运单位在进行核设施建造、装料、运行、退役等活动前，必须按照国务院有关核设施安全监督管理的规定，申请领取核设施建造、运行许可证和办理装料、退役等审批手续。

核设施营运单位领取有关许可证或者批准文件后，方可进行相应的建造、装料、运行、退役等活动。

第二十条 核设施营运单位应当在申请领取核设施建造、运行许可证和办理退役审批手续前编制环境影响报告书，报国务院环境保护行政主管部门审查批准；未经批准，有关部门不得颁发许可证和办理批准文件。

第二十一条 与核设施相配套的放射性污染防治设施，应当与主体工程同时设计、同时施工、同时投入使用。

放射性污染防治设施应当与主体工程同时验收；验收合格的，主体工程方可投入生产或者使用。

第二十二条 进口核设施，应当符合国家放射性污染防治标准；没有相应的国家放射性污染防治标准的，采用国务院环境保护行政主管部门指定的国外有关标准。

第二十三条 核动力厂等重要核设施外围地区应当划定规划限制区。规划限制区的划定和管理办法，由国务院规定。

第二十四条 核设施营运单位应当对核设施周围环境中所含的放射性核素的种类、浓度以及核设施流出物中的放射性核素总量实施监测，并定期向国务院环境保护行政主管部门和所在地省、自治区、直辖市人民政府环境保护行政主管部门报告监测结果。

国务院环境保护行政主管部门负责对核动力厂等重要核设施实施监督性监测，并根据需要对其他核设施的流出物实施监测。监督性监测系统的建设、运行和维护费用由财政预算安排。

第二十五条 核设施营运单位应当建立健全安全保卫制度，加强安全保卫工作，并接受公安部门的监督指导。

核设施营运单位应当按照核设施的规模和性质制定核事故场内应急计划，做好应急准备。

出现核事故应急状态时，核设施营运单位必须立即采取有效的应急措施控制事故，并向核设施主管部门和环境保护行政主管部门、卫生行政部门、公安部门以及其他有关部门报告。

第二十六条 国家建立健全核事故应急制度。

核设施主管部门、环境保护行政主管部门、卫生行政部门、公安部门以及其他有关部门，在本级人民政府的组织领导下，按照各自的职责依法做好核事故应急工作。

中国人民解放军和中国人民武装警察部队按照国务院、中央军事委员会的有关规定在核事故应急中实施有效的支援。

第二十七条 核设施营运单位应当制定核设施退役计划。

核设施的退役费用和放射性废物处置费用应当预提，列入投资概算或者生产成本。核设施的退役费用和放射性废物处置费用的提取和管理办法，由国务院财政部门、价格主管部门会同国务院环境保护行政主管部门、核设施主管部门规定。

第四章 核技术利用的放射性污染防治

第二十八条 生产、销售、使用放射性同位素和射线装置的单位，应当按照国务院有关放射性同位素与射线装置放射防护的规定申请领取许可证，办理登记手续。

转让、进口放射性同位素和射线装置的单位以及装备有放射性同位素的仪表的单位，应当按照国务院有关放射性同位素与射线装置放射防护的规定办理有关手续。

第二十九条 生产、销售、使用放射性同位素和加速器、中子发生器以及含放射源的射线装置的单位，应当在申请领取许可证前编制环境影响评价文件，报省、自治区、直辖市人民政府环境保护行政主管部门审查批准；未经批准，有关部门不得颁发许可证。

国家建立放射性同位素备案制度。具体办法由国务院规定。

第三十条 新建、改建、扩建放射工作场所的放射防护设施，应当与主体工程同时设计、同时施工、同时投入使用。

放射防护设施应当与主体工程同时验收；验收合格的，主体工程方可投入生产或者使用。

第三十一条 放射性同位素应当单独存放，不得与易燃、易爆、腐蚀性物品等一起存放，其贮存场所应当采取有效的防火、防盗、防射线泄漏的安全防护措施，并指定专人负责保管。贮存、领取、使用、归还放射性同位素时，应当进行登记、检查，做到账物相符。

第三十二条 生产、使用放射性同位素和射线装置的单位，应当按照国务院环境保护行政主管部门的规定对其产生的放射性废物进行收集、包装、贮存。

生产放射源的单位，应当按照国务院环境保护行政主管部门的规定回收和利用废旧放射源；使用放射源的单位，应当按照国务院环境保护行政主管部门的规定将废旧放射源交回生产放射源的单位或者送交专门从事放射性固体废物贮存、处置的单位。

第三十三条 生产、销售、使用、贮存放射源的单位，应当建立健全安全保卫制度，指定专人负责，落实安全责任制，制定必要的事故应急措施。发生放射源丢失、被盗和放射性污染事故时，有关单位和个人必须立即采取应急措施，并向公安部门、卫生行政部门和环境保护行政主管部门报告。

公安部门、卫生行政部门和环境保护行政主管部门接到放射源丢失、被盗和放射性污染事故报告后，应当报告本级人民政府，并按照各自的职责立即组织采取有效措施，防止放射性污染蔓延，减少事故损失。当地人民政府应当及时将有关情况告知公众，并做好事故的调查、处理工作。

第五章 铀（钍）矿和伴生放射性矿开发利用的放射性污染防治

第三十四条 开发利用或者关闭铀（钍）矿的单位，应当在申请领取采矿许可证或者办理退役审批手续前编制环境影响报告书，报国务院环境保护行政主管部门审查批准。

开发利用伴生放射性矿的单位，应当在申请领取采矿许可证前编制环境影响报告书，报省级以上人民政府环境保护行政主管部门审查批准。

第三十五条 与铀（钍）矿和伴生放射性矿开发利用建设项目相配套的放射性污染防治设施，应当与主体工程同时设计、同时施工、同时投入使用。

放射性污染防治设施应当与主体工程同时验收；验收合格的，主体工程方可投入生产或者使用。

第三十六条 铀（钍）矿开发利用单位应当对铀（钍）矿的流出物和周围的环境实施监测，并定期向国务院环境保护行政主管部门和所在地省、自治区、直辖市人民政府环境保护行政主管部门报告监测结果。

第三十七条 对铀（钍）矿和伴生放射性矿开发利用过程中产生的尾矿，应当建造尾矿库进行贮存、处置；建造的尾矿库应当符合放射性污染防治的要求。

第三十八条 铀（钍）矿开发利用单位应当制定铀（钍）矿退役计划。铀矿退役费用由国家财政预算安排。

第六章　放射性废物管理

第三十九条 核设施营运单位、核技术利用单位、铀（钍）矿和伴生放射性矿开发利用单位，应当合理选择和利用原材料，采用先进的生产工艺和设备，尽量减少放射性废物的产生量。

第四十条 向环境排放放射性废气、废液，必须符合国家放射性污染防治标准。

第四十一条 产生放射性废气、废液的单位向环境排放符合国家放射性污染防治标准的放射性废气、废液，应当向审批环境影响评价文件的环境保护行政主管部门申请放射性核素排放量，并定期报告排放计量结果。

第四十二条 产生放射性废液的单位，必须按照国家放射性污染防治标准的要求，对不得向环境排放的放射性废液进行处理或者贮存。

产生放射性废液的单位，向环境排放符合国家放射性污染防治标准的放射性废液，必须采用符合国务院环境保护行政主管部门规定的排放方式。

禁止利用渗井、渗坑、天然裂隙、溶洞或者国家禁止的其他方式排放放射性废液。

第四十三条 低、中水平放射性固体废物在符合国家规定的区域实行近地表处置。

高水平放射性固体废物实行集中的深地质处置。

α 放射性固体废物依照前款规定处置。

禁止在内河水域和海洋上处置放射性固体废物。

第四十四条 国务院核设施主管部门会同国务院环境保护行政主管部门根据地质条件和放射性固体废物处置的需要，在环境影响评价的基础上编制放射性固体废物处置场所选址规划，报国务院批准后实施。

有关地方人民政府应当根据放射性固体废物处置场所选址规划，提供放射性固体废物处置场所的建设用地，并采取有效措施支持放射性固体废物的处置。

第四十五条 产生放射性固体废物的单位，应当按照国务院环境保护行政主管部门的规定，对其产生的放射性固体废物进行处理后，送交放射性固体废物处置单位处置，并承担处置费用。

放射性固体废物处置费用收取和使用管理办法，由国务院财政部门、价格主管部门会同国务院环境保护行政主管部门规定。

第四十六条 设立专门从事放射性固体废物贮存、处置的单位，必须经国务院环境保护行政主管部门审查批准，取得许可证。具体办法由国务院规定。

禁止未经许可或者不按照许可的有关规定从事贮存和处置放射性固体废物的活动。

禁止将放射性固体废物提供或者委托给无许可证的单位贮存和处置。

第四十七条 禁止将放射性废物和被放射性污染的物品输入中华人民共和国境内或者经中华人民共和国境内转移。

第七章　法律责任

第四十八条 放射性污染防治监督管理人员违反法律规定，利用职务上的便利收受他人财物、谋取其他利益，或者玩忽职守，有下列行为之一的，依法给予行政处分；构成犯罪的，依法追究刑事责任：

（一）对不符合法定条件的单位颁发许可证和办理批准文件的；

（二）不依法履行监督管理职责的；

（三）发现违法行为不予查处的。

第四十九条 违反本法规定，有下列行为之一的，由县级以上人民政府环境保护行政主管部门或者其他有关部门依据职权责令限期改正，可以处二万元以下罚款：

（一）不按照规定报告有关环境监测结果的；

（二）拒绝环境保护行政主管部门和其他有关部门进行现场检查，或者被检查时不如实反映情况和提供必要资料的。

第五十条 违反本法规定，未编制环境影响评价文件，或者环境影响评价文件未经环境保护行政主管部门批准，擅自进行建造、运行、生产和使用等活动的，由审批环境影响评价文件的环境保护行政主管部门责令停止违法行为，限期补办手续或者恢复原状，并处一万元以上二十万元以下罚款。

第五十一条 违反本法规定，未建造放射性污染防治设施、放射防护设施，或者防治防护设施未经验收合格，主体工程即投入生产或者使用的，由审批环境影响评价文件的环境保护行政主管部门责令停止违法行为，限期改正，并处五万元以上二十万元以下罚款。

第五十二条 违反本法规定，未经许可或者批准，核设施营运单位擅自进行核设施的建造、装料、运行、退役等活动的，由国务院环境保护行政主管部门责令停止违法行为，限期改正，并处二十万元以上五十万元以下罚款；构成犯罪的，依法追究刑事责任。

第五十三条 违反本法规定，生产、销售、使用、转让、进口、贮存放射性同位素和射线装置以及装备有放射性同位素的仪表的，由县级以上人民政府环境保护行政主管部门或者其他有关部门依据职权责令停止违法行为，限期改正；逾期不改正的，责令停产停业或者吊销许可证；有违法所得的，没收违法所得；违法所得十万元以上的，并处违法所得一倍以上五倍以下罚款；没有违法所得或者违法所得不足十万元的，并处一万元以上十万元以下罚款；构成犯罪的，依法追究刑事责任。

第五十四条 违反本法规定，有下列行为之一的，由县级以上人民政府环境保护行政主管部门责令停止违法行为，限期改正，处以罚款；构成犯罪的，依法追究刑事责任：

（一）未建造尾矿库或者不按照放射性污染防治的要求建造尾矿库，贮存、处置铀（钍）矿和伴生放射性矿的尾矿的；

（二）向环境排放不得排放的放射性废气、废液的；

（三）不按照规定的方式排放放射性废液，利用渗井、渗坑、天然裂隙、溶洞或者国家禁止的其他方式排放放射性废液的；

（四）不按照规定处理或者贮存不得向环境排放的放射性废液的；

（五）将放射性固体废物提供或者委托给无许可证的单位贮存和处置的。

有前款第（一）项、第（二）项、第（三）项、第（五）项行为之一的，处十万元以上二十万元以下罚款；有前款第（四）项行为的，处一万元以上十万元以下罚款。

第五十五条　违反本法规定，有下列行为之一的，由县级以上人民政府环境保护行政主管部门或者其他有关部门依据职权责令限期改正；逾期不改正的，责令停产停业，并处二万元以上十万元以下罚款；构成犯罪的，依法追究刑事责任：

（一）不按照规定设置放射性标识、标志、中文警示说明的；

（二）不按照规定建立健全安全保卫制度和制定事故应急计划或者应急措施的；

（三）不按照规定报告放射源丢失、被盗情况或者放射性污染事故的。

第五十六条　产生放射性固体废物的单位，不按照本法第四十五条的规定对其产生的放射性固体废物进行处置的，由审批该单位立项环境影响评价文件的环境保护行政主管部门责令停止违法行为，限期改正；逾期不改正的，指定有处置能力的单位代为处置，所需费用由产生放射性固体废物的单位承担，可以并处二十万元以下罚款；构成犯罪的，依法追究刑事责任。

第五十七条　违反本法规定，有下列行为之一的，由省级以上人民政府环境保护行政主管部门责令停产停业或者吊销许可证；有违法所得的，没收违法所得；违法所得十万元以上的，并处违法所得一倍以上五倍以下罚款；没有违法所得或者违法所得不足十万元的，并处五万元以上十万元以下罚款；构成犯罪的，依法追究刑事责任：

（一）未经许可，擅自从事贮存和处置放射性固体废物活动的；

（二）不按照许可的有关规定从事贮存和处置放射性固体废物活动的。

第五十八条　向中华人民共和国境内输入放射性废物和被放射性污染的物品，或者经中华人民共和国境内转移放射性废物和被放射性污染的物品的，由海关责令退运该放射性废物和被放射性污染的物品，并处五十万元以上一百万元以下罚款；构成犯罪的，依法追究刑事责任。

第五十九条 因放射性污染造成他人损害的，应当依法承担民事责任。

第八章 附 则

第六十条 军用设施、装备的放射性污染防治，由国务院和军队的有关主管部门依照本法规定的原则和国务院、中央军事委员会规定的职责实施监督管理。

第六十一条 劳动者在职业活动中接触放射性物质造成的职业病的防治，依照《中华人民共和国职业病防治法》的规定执行。

第六十二条 本法中下列用语的含义：

（一）放射性污染，是指由于人类活动造成物料、人体、场所、环境介质表面或者内部出现超过国家标准的放射性物质或者射线。

（二）核设施，是指核动力厂（核电厂、核热电厂、核供汽供热厂等）和其他反应堆（研究堆、实验堆、临界装置等）；核燃料生产、加工、贮存和后处理设施；放射性废物的处理和处置设施等。

（三）核技术利用，是指密封放射源、非密封放射源和射线装置在医疗、工业、农业、地质调查、科学研究和教学等领域中的使用。

（四）放射性同位素，是指某种发生放射性衰变的元素中具有相同原子序数但质量不同的核素。

（五）放射源，是指除研究堆和动力堆核燃料循环范畴的材料以外，永久密封在容器中或者有严密包层并呈固态的放射性材料。

（六）射线装置，是指 X 线机、加速器、中子发生器以及含放射源的装置。

（七）伴生放射性矿，是指含有较高水平天然放射性核素浓度的非铀矿（如稀土矿和磷酸盐矿等）。

（八）放射性废物，是指含有放射性核素或者被放射性核素污染，其浓度或者比活度大于国家确定的清洁解控水平，预期不再使用的废弃物。

第六十三条 本法自 2003 年 10 月 1 日起施行。

中华人民共和国立法法

（2000年3月15日第九届全国人民代表大会第三次会议通过
根据2015年3月15日第十二届全国人民代表大会第三次会议
《关于修改〈中华人民共和国立法法〉的决定》修正）

目　　录

第一章　总　则

第一条　为了规范立法活动，健全国家立法制度，提高立法质量，完善中国特色社会主义法律体系，发挥立法的引领和推动作用，保障和发展社会主义民主，全面推进依法治国，建设社会主义法治国家，根据宪法，制定本法。

第二条　法律、行政法规、地方性法规、自治条例和单行条例的制定、修改和废止，适用本法。

国务院部门规章和地方政府规章的制定、修改和废止，依照本法的有关规定执行。

第三条 立法应当遵循宪法的基本原则，以经济建设为中心，坚持社会主义道路、坚持人民民主专政、坚持中国共产党的领导、坚持马克思列宁主义毛泽东思想邓小平理论，坚持改革开放。

第四条 立法应当依照法定的权限和程序，从国家整体利益出发，维护社会主义法制的统一和尊严。

第五条 立法应当体现人民的意志，发扬社会主义民主，坚持立法公开，保障人民通过多种途径参与立法活动。

第六条 立法应当从实际出发，适应经济社会发展和全面深化改革的要求，科学合理地规定公民、法人和其他组织的权利与义务、国家机关的权力与责任。

法律规范应当明确、具体，具有针对性和可执行性。

第二章 法 律

第一节 立法权限

第七条 全国人民代表大会和全国人民代表大会常务委员会行使国家立法权。

全国人民代表大会制定和修改刑事、民事、国家机构的和其他的基本法律。

全国人民代表大会常务委员会制定和修改除应当由全国人民代表大会制定的法律以外的其他法律；在全国人民代表大会闭会期间，对全国人民代表大会制定的法律进行部分补充和修改，但是不得同该法律的基本原则相抵触。

第八条 下列事项只能制定法律：

（一）国家主权的事项；

（二）各级人民代表大会、人民政府、人民法院和人民检察院的产生、组织和职权；

（三）民族区域自治制度、特别行政区制度、基层群众自治制度；

（四）犯罪和刑罚；

（五）对公民政治权利的剥夺、限制人身自由的强制措施和处罚；

（六）税种的设立、税率的确定和税收征收管理等税收基本制度；

（七）对非国有财产的征收、征用；

（八）民事基本制度；

（九）基本经济制度以及财政、海关、金融和外贸的基本制度；

（十）诉讼和仲裁制度；

（十一）必须由全国人民代表大会及其常务委员会制定法律的其他事项。

第九条本法第八条规定的事项尚未制定法律的，全国人民代表大会及其常务委员会有权作出决定，授权国务院可以根据实际需要，对其中的部分事项先制定行政法规，但是有关犯罪和刑罚、对公民政治权利的剥夺和限制人身自由的强制措施和处罚、司法制度等事项除外。

第十条 授权决定应当明确授权的目的、事项、范围、期限以及被授权机关实施授权决定应当遵循的原则等。

授权的期限不得超过五年，但是授权决定另有规定的除外。

被授权机关应当在授权期限届满的六个月以前，向授权机关报告授权决定实施的情况，并提出是否需要制定有关法律的意见；需要继续授权的，可以提出相关意见，由全国人民代表大会及其常务委员会决定。

第十一条 授权立法事项，经过实践检验，制定法律的条件成熟时，由全国人民代表大会及其常务委员会及时制定法律。法律制定后，相应立法事项的授权终止。

第十二条 被授权机关应当严格按照授权决定行使被授予的权力。

被授权机关不得将被授予的权力转授给其他机关。

第十三条 全国人民代表大会及其常务委员会可以根据改革发展的需要，决定就行政管理等领域的特定事项授权在一定期限内在部分地方暂时调整或者暂时停止适用法律的部分规定。

第二节 全国人民代表大会立法程序

第十四条 全国人民代表大会主席团可以向全国人民代表大会提出法律案，由全国人民代表大会会议审议。

全国人民代表大会常务委员会、国务院、中央军事委员会、最高人民法院、最高人民检察院、全国人民代表大会各专门委员会，可以向全国人民代表大会提出法律案，由主席团决定列入会议议程。

第十五条 一个代表团或者三十名以上的代表联名，可以向全国人民代表大会提出法律案，由主席团决定是否列入会议议程，或者先交有关的专门委员会审议、提出是否列入会议议程的意见，再决定是否列入会议议程。

专门委员会审议的时候，可以邀请提案人列席会议，发表意见。

第十六条 向全国人民代表大会提出的法律案，在全国人民代表大会闭会期间，可以先向常务委员会提出，经常务委员会会议依照本法第二章第三节规定的有关程序审议后，决定提请全国人民代表大会审议，由常务委员会向大会全体会议作说明，或者由提案人向大会全体会议作说明。

常务委员会依照前款规定审议法律案，应当通过多种形式征求全国人民代表大会代表的意见，并将有关情况予以反馈；专门委员会和常务委员会工作机构进行立法调研，可以邀请有关的全国人民代表大会代表参加。

第十七条 常务委员会决定提请全国人民代表大会会议审议的法律案，应当在会议举行的一个月前将法律草案发给代表。

第十八条 列入全国人民代表大会会议议程的法律案，大会全体会议听取提案人的说明后，由各代表团进行审议。

各代表团审议法律案时，提案人应当派人听取意见，回答询问。

各代表团审议法律案时，根据代表团的要求，有关机关、组织应当派人介绍情况。

第十九条 列入全国人民代表大会会议议程的法律案，由有关的专门委员会进行审议，向主席团提出审议意见，并印发会议。

第二十条 列入全国人民代表大会会议议程的法律案，由法律委员会根据各代表团和有关的专门委员会的审议意见，对法律案进行统一审议，向主席团提出审议结果报告和法律草案修改稿，对重要的不同意见应当在审议结果报告中予以说明，经主席团会议审议通过后，印发会议。

第二十一条 列入全国人民代表大会会议议程的法律案，必要时，主席团常务主席可以召开各代表团团长会议，就法律案中的重大问题听取各代表团的审议意见，进行讨论，并将讨论的情况和意见向主席团报告。

主席团常务主席也可以就法律案中的重大的专门性问题，召集代表团推选的有关代表进行讨论，并将讨论的情况和意见向主席团报告。

第二十二条 列入全国人民代表大会会议议程的法律案，在交付表决前，提案人要求撤回的，应当说明理由，经主席团同意，并向大会报告，对该法律案的审议即行终止。

第二十三条 法律案在审议中有重大问题需要进一步研究的，经主席团提出，由大会全体会议决定，可以授权常务委员会根据代表的意见进一步审议，作出决定，并将决定情况向全国人民代表大会下次会议报告；也可以授权常务委员会根据代表的意见进一步审议，提出修改方案，提请全国人民代表大会下次会议审议决定。

第二十四条 法律草案修改稿经各代表团审议，由法律委员会根据各代表团的审议意见进行修改，提出法律草案表决稿，由主席团提请大会全体会议表决，由全体代表的过半数通过。

第二十五条 全国人民代表大会通过的法律由国家主席签署主席令予以公布。

第三节 全国人民代表大会常务委员会立法程序

第二十六条 委员长会议可以向常务委员会提出法律案，由常务委员会会议审议。

国务院、中央军事委员会、最高人民法院、最高人民检察院、全国人民代表大会各专门委员会，可以向常务委员会提出法律案，由委员长会议决定列入常务委员会会议议程，或者先交有关的专门委员会审议、提出报告，再决定列入常务委员会会议议程。如果委员长会议认为法律案有重大问题需要进一步研究，可以建议提案人修改完善后再向常务委员会提出。

第二十七条 常务委员会组成人员十人以上联名，可以向常务委员会提出法律案，由委员长会议决定是否列入常务委员会会议议程，或者先交有关的专门委员会审议、提出是否列入会议议程的意见，再决定是否列入常务委员会会议议程。不列入常务委员会会议议程的，应当向常务委员会会议报告或者向提案人说明。

专门委员会审议的时候，可以邀请提案人列席会议，发表意见。

第二十八条 列入常务委员会会议议程的法律案，除特殊情况外，应当在会议举行的七日前将法律草案发给常务委员会组成人员。

常务委员会会议审议法律案时，应当邀请有关的全国人民代表大会代表列席会议。

第二十九条 列入常务委员会会议议程的法律案，一般应当经三次常务委员会会议审议后再交付表决。

常务委员会会议第一次审议法律案，在全体会议上听取提案人的说明，由分组会议进行初步审议。

常务委员会会议第二次审议法律案，在全体会议上听取法律委员会关于法律草案修改情况和主要问题的汇报，由分组会议进一步审议。

常务委员会会议第三次审议法律案，在全体会议上听取法律委员会关于法律草案审议结果的报告，由分组会议对法律草案修改稿进行审议。

常务委员会审议法律案时，根据需要，可以召开联组会议或者全体会议，对法律草案中的主要问题进行讨论。

第三十条 列入常务委员会会议议程的法律案，各方面意见比较一致的，可以经两次常务委员会会议审议后交付表决；调整事项较为单一或者部分修改的法律案，各方面的意见比较一致的，也可以经一次常务委员会会议审议即交付表决。

第三十一条 常务委员会分组会议审议法律案时，提案人应当派人听取意见，回答询问。

常务委员会分组会议审议法律案时，根据小组的要求，有关机关、组织应当派人介绍情况。

第三十二条 列入常务委员会会议议程的法律案，由有关的专门委员会进行审议，提出审议意见，印发常务委员会会议。

有关的专门委员会审议法律案时，可以邀请其他专门委员会的成员列席会议，发表意见。

第三十三条 列入常务委员会会议议程的法律案，由法律委员会根据常务委员会组成人员、有关的专门委员会的审议意见和各方面提出的意见，对法律案进行统一审议，提出修改情况的汇报或者审议结果报告和法律草案修改稿，对重要的不同意见应当在汇报或者审议结果报告中予以说明。对有关的专门委员会的审议意见没有采纳的，应当向有关的专门委员会反馈。

法律委员会审议法律案时，应当邀请有关的专门委员会的成员列席会议，发表意见。

第三十四条 专门委员会审议法律案时，应当召开全体会议审议，根据需要，可以要求有关机关、组织派有关负责人说明情况。

第三十五条 专门委员会之间对法律草案的重要问题意见不一致时，应当向委员长会议报告。

第三十六条 列入常务委员会会议议程的法律案，法律委员会、有关的专门委员会和常务委员会工作机构应当听取各方面的意见。听取意见可以采取座谈会、论证会、听证会等多种形式。

法律案有关问题专业性较强，需要进行可行性评价的，应当召开论证会，听取有关专家、部门和全国人民代表大会代表等方面的意见。论证情况应当向常务委员会报告。

法律案有关问题存在重大意见分歧或者涉及利益关系重大调整，需要进行听证的，应当召开听证会，听取有关基层和群体代表、部门、人民团体、专家、全国人民代表大会代表和社会有关方面的意见。听证情况应当向常务委员会报告。

常务委员会工作机构应当将法律草案发送相关领域的全国人民代表大会代表、地方人民代表大会常务委员会以及有关部门、组织和专家征求意见。

第三十七条 列入常务委员会会议议程的法律案，应当在常务委员会会议后将法律草案及其起草、修改的说明等向社会公布，征求意见，但是经委员长会议决定不公布的除外。向社会公布征求意见的时间一般不少于三十日。征求意见的情况应当向社会通报。

第三十八条 列入常务委员会会议议程的法律案，常务委员会工作机构应当收集整理分组审议的意见和各方面提出的意见以及其他有关资料，分送法律委员会和有关的专门委员会，并根据需要，印发常务委员会会议。

第三十九条 拟提请常务委员会会议审议通过的法律案，在法律委员会提出审议结果报告前，常务委员会工作机构可以对法律草案中主要制度规范的可行性、法律出台时机、法律实施的社会效果和可能出现的问题等进行评估。评估情况由法律委员会在审议结果报告中予以说明。

第四十条 列入常务委员会会议议程的法律案，在交付表决前，提案人要求撤回的，应当说明理由，经委员长会议同意，并向常务委员会报告，对该法律案的审议即行终止。

第四十一条 法律草案修改稿经常务委员会会议审议，由法律委员会根据常务委员会组成人员的审议意见进行修改，提出法律草案表决稿，由委员长会议提请常务委员会全体会议表决，由常务委员会全体组成人员的过半数通过。

法律草案表决稿交付常务委员会会议表决前，委员长会议根据常务委员会会议审议的情况，可以决定将个别意见分歧较大的重要条款提请常务委员会会议单独表决。

单独表决的条款经常务委员会会议表决后，委员长会议根据单独表决的情况，可以决定将法律草案表决稿交付表决，也可以决定暂不付表决，交法律委员会和有关的专门委员会进一步审议。

第四十二条 列入常务委员会会议审议的法律案，因各方面对制定该法律的必要性、可行性等重大问题存在较大意见分歧搁置审议满两年的，或者因暂不付表决经过两年没有再次列入常务委员会会议议程审议的，由委员长会议向常务委员会报告，该法律案终止审议。

第四十三条 对多部法律中涉及同类事项的个别条款进行修改，一并提出法律案的，经委员长会议决定，可以合并表决，也可以分别表决。

第四十四条 常务委员会通过的法律由国家主席签署主席令予以公布。

第四节 法律解释

第四十五条 法律解释权属于全国人民代表大会常务委员会。

法律有以下情况之一的，由全国人民代表大会常务委员会解释：

（一）法律的规定需要进一步明确具体含义的；

（二）法律制定后出现新的情况，需要明确适用法律依据的。

第四十六条 国务院、中央军事委员会、最高人民法院、最高人民检察院和全国人民代表大会各专门委员会以及省、自治区、直辖市的人民代表大会常务委员会可以向全国人民代表大会常务委员会提出法律解释要求。

第四十七条 常务委员会工作机构研究拟订法律解释草案，由委员长会议决定列入常务委员会会议议程。

第四十八条 法律解释草案经常务委员会会议审议，由法律委员会根据常务委员会组成人员的审议意见进行审议、修改，提出法律解释草案表决稿。

第四十九条 法律解释草案表决稿由常务委员会全体组成人员的过半数通

过，由常务委员会发布公告予以公布。

第五十条 全国人民代表大会常务委员会的法律解释同法律具有同等效力。

第五节 其他规定

第五十一条 全国人民代表大会及其常务委员会加强对立法工作的组织协调，发挥在立法工作中的主导作用。

第五十二条 全国人民代表大会常务委员会通过立法规划、年度立法计划等形式，加强对立法工作的统筹安排。编制立法规划和年度立法计划，应当认真研究代表议案和建议，广泛征集意见，科学论证评估，根据经济社会发展和民主法治建设的需要，确定立法项目，提高立法的及时性、针对性和系统性。立法规划和年度立法计划由委员长会议通过并向社会公布。

全国人民代表大会常务委员会工作机构负责编制立法规划和拟订年度立法计划，并按照全国人民代表大会常务委员会的要求，督促立法规划和年度立法计划的落实。

第五十三条 全国人民代表大会有关的专门委员会、常务委员会工作机构应当提前参与有关方面的法律草案起草工作；综合性、全局性、基础性的重要法律草案，可以由有关的专门委员会或者常务委员会工作机构组织起草。

专业性较强的法律草案，可以吸收相关领域的专家参与起草工作，或者委托有关专家、教学科研单位、社会组织起草。

第五十四条 提出法律案，应当同时提出法律草案文本及其说明，并提供必要的参阅资料。修改法律的，还应当提交修改前后的对照文本。法律草案的说明应当包括制定或者修改法律的必要性、可行性和主要内容，以及起草过程中对重大分歧意见的协调处理情况。

第五十五条 向全国人民代表大会及其常务委员会提出的法律案，在列入会议议程前，提案人有权撤回。

第五十六条 交付全国人民代表大会及其常务委员会全体会议表决未获得通过的法律案，如果提案人认为必须制定该法律，可以按照法律规定的程序重新提出，由主席团、委员长会议决定是否列入会议议程；其中，未获得全国人民代表大会通过的法律案，应当提请全国人民代表大会审议决定。

第五十七条 法律应当明确规定施行日期。

第五十八条 签署公布法律的主席令载明该法律的制定机关、通过和施行日期。

法律签署公布后，及时在全国人民代表大会常务委员会公报和中国人大网以及在全国范围内发行的报纸上刊载。

在常务委员会公报上刊登的法律文本为标准文本。

第五十九条 法律的修改和废止程序，适用本章的有关规定。

法律被修改的，应当公布新的法律文本。

法律被废止的，除由其他法律规定废止该法律的以外，由国家主席签署主席令予以公布。

第六十条 法律草案与其他法律相关规定不一致的，提案人应当予以说明并提出处理意见，必要时应当同时提出修改或者废止其他法律相关规定的议案。

法律委员会和有关的专门委员会审议法律案时，认为需要修改或者废止其他法律相关规定的，应当提出处理意见。

第六十一条 法律根据内容需要，可以分编、章、节、条、款、项、目。

编、章、节、条的序号用中文数字依次表述，款不编序号，项的序号用中文数字加括号依次表述，目的序号用阿拉伯数字依次表述。

法律标题的题注应当载明制定机关、通过日期。经过修改的法律，应当依次载明修改机关、修改日期。

第六十二条 法律规定明确要求有关国家机关对专门事项作出配套的具体规定的，有关国家机关应当自法律施行之日起一年内作出规定，法律对配套的具体规定制定期限另有规定的，从其规定。有关国家机关未能在期限内作出配套的具体规定的，应当向全国人民代表大会常务委员会说明情况。

第六十三条 全国人民代表大会有关的专门委员会、常务委员会工作机构可以组织对有关法律或者法律中有关规定进行立法后评估。评估情况应当向常务委员会报告。

第六十四条 全国人民代表大会常务委员会工作机构可以对有关具体问题的法律询问进行研究予以答复，并报常务委员会备案。

第三章　行政法规

第六十五条 国务院根据宪法和法律，制定行政法规。

行政法规可以就下列事项作出规定：

（一）为执行法律的规定需要制定行政法规的事项；

（二）宪法第八十九条规定的国务院行政管理职权的事项。

应当由全国人民代表大会及其常务委员会制定法律的事项，国务院根据全国人民代表大会及其常务委员会的授权决定先制定的行政法规，经过实践检验，制定法律的条件成熟时，国务院应当及时提请全国人民代表大会及其常务委员会制定法律。

第六十六条　国务院法制机构应当根据国家总体工作部署拟订国务院年度立法计划，报国务院审批。国务院年度立法计划中的法律项目应当与全国人民代表大会常务委员会的立法规划和年度立法计划相衔接。国务院法制机构应当及时跟踪了解国务院各部门落实立法计划的情况，加强组织协调和督促指导。

国务院有关部门认为需要制定行政法规的，应当向国务院报请立项。

第六十七条　行政法规由国务院有关部门或者国务院法制机构具体负责起草，重要行政管理的法律、行政法规草案由国务院法制机构组织起草。行政法规在起草过程中，应当广泛听取有关机关、组织、人民代表大会代表和社会公众的意见。听取意见可以采取座谈会、论证会、听证会等多种形式。

行政法规草案应当向社会公布，征求意见，但是经国务院决定不公布的除外。

第六十八条　行政法规起草工作完成后，起草单位应当将草案及其说明、各方面对草案主要问题的不同意见和其他有关资料送国务院法制机构进行审查。

国务院法制机构应当向国务院提出审查报告和草案修改稿，审查报告应当对草案主要问题作出说明。

第六十九条　行政法规的决定程序依照中华人民共和国国务院组织法的有关规定办理。

第七十条　行政法规由总理签署国务院令公布。

有关国防建设的行政法规，可以由国务院总理、中央军事委员会主席共同签署国务院、中央军事委员会令公布。

第七十一条　行政法规签署公布后，及时在国务院公报和中国政府法制信息网以及在全国范围内发行的报纸上刊载。

在国务院公报上刊登的行政法规文本为标准文本。

第四章　地方性法规、自治条例和单行条例、规章

第一节　地方性法规、自治条例和单行条例

第七十二条　省、自治区、直辖市的人民代表大会及其常务委员会根据本行政区域的具体情况和实际需要，在不同宪法、法律、行政法规相抵触的前提下，可以制定地方性法规。

设区的市的人民代表大会及其常务委员会根据本市的具体情况和实际需要，在不同宪法、法律、行政法规和本省、自治区的地方性法规相抵触的前提下，可以对城乡建设与管理、环境保护、历史文化保护等方面的事项制定地方性法规，法律对设区的市制定地方性法规的事项另有规定的，从其规定。设区的市的地方性法规须报省、自治区的人民代表大会常务委员会批准后施行。省、自治区的人民代表大会常务委员会对报请批准的地方性法规，应当对其合法性进行审查，同宪法、法律、行政法规和本省、自治区的地方性法规不抵触的，应当在四个月内予以批准。

省、自治区的人民代表大会常务委员会在对报请批准的设区的市的地方性法规进行审查时，发现其同本省、自治区的人民政府的规章相抵触的，应当作出处理决定。

除省、自治区的人民政府所在地的市，经济特区所在地的市和国务院已经批准的较大的市以外，其他设区的市开始制定地方性法规的具体步骤和时间，由省、自治区的人民代表大会常务委员会综合考虑本省、自治区所辖的设区的市的人口数量、地域面积、经济社会发展情况以及立法需求、立法能力等因素确定，并报全国人民代表大会常务委员会和国务院备案。

自治州的人民代表大会及其常务委员会可以依照本条第二款规定行使设区的市制定地方性法规的职权。自治州开始制定地方性法规的具体步骤和时间，依照前款规定确定。

省、自治区的人民政府所在地的市，经济特区所在地的市和国务院已经批准的较大的市已经制定的地方性法规，涉及本条第二款规定事项范围以外的，继续有效。

第七十三条　地方性法规可以就下列事项作出规定：

（一）为执行法律、行政法规的规定，需要根据本行政区域的实际情况作具

体规定的事项；

（二）属于地方性事务需要制定地方性法规的事项。

除本法第八条规定的事项外，其他事项国家尚未制定法律或者行政法规的，省、自治区、直辖市和设区的市、自治州根据本地方的具体情况和实际需要，可以先制定地方性法规。在国家制定的法律或者行政法规生效后，地方性法规同法律或者行政法规相抵触的规定无效，制定机关应当及时予以修改或者废止。

设区的市、自治州根据本条第一款、第二款制定地方性法规，限于本法第七十二条第二款规定的事项。

制定地方性法规，对上位法已经明确规定的内容，一般不作重复性规定。

第七十四条 经济特区所在地的省、市的人民代表大会及其常务委员会根据全国人民代表大会的授权决定，制定法规，在经济特区范围内实施。

第七十五条 民族自治地方的人民代表大会有权依照当地民族的政治、经济和文化的特点，制定自治条例和单行条例。自治区的自治条例和单行条例，报全国人民代表大会常务委员会批准后生效。自治州、自治县的自治条例和单行条例，报省、自治区、直辖市的人民代表大会常务委员会批准后生效。

自治条例和单行条例可以依照当地民族的特点，对法律和行政法规的规定作出变通规定，但不得违背法律或者行政法规的基本原则，不得对宪法和民族区域自治法的规定以及其他有关法律、行政法规专门就民族自治地方所作的规定作出变通规定。

第七十六条 规定本行政区域特别重大事项的地方性法规，应当由人民代表大会通过。

第七十七条 地方性法规案、自治条例和单行条例案的提出、审议和表决程序，根据中华人民共和国地方各级人民代表大会和地方各级人民政府组织法，参照本法第二章第二节、第三节、第五节的规定，由本级人民代表大会规定。

地方性法规草案由负责统一审议的机构提出审议结果的报告和草案修改稿。

第七十八条 省、自治区、直辖市的人民代表大会制定的地方性法规由大会主席团发布公告予以公布。

省、自治区、直辖市的人民代表大会常务委员会制定的地方性法规由常务委员会发布公告予以公布。

设区的市、自治州的人民代表大会及其常务委员会制定的地方性法规报经批准后，由设区的市、自治州的人民代表大会常务委员会发布公告予以公布。

自治条例和单行条例报经批准后，分别由自治区、自治州、自治县的人民代表大会常务委员会发布公告予以公布。

第七十九条 地方性法规、自治区的自治条例和单行条例公布后，及时在本级人民代表大会常务委员会公报和中国人大网、本地方人民代表大会网站以及在本行政区域范围内发行的报纸上刊载。

在常务委员会公报上刊登的地方性法规、自治条例和单行条例文本为标准文本。

第二节 规 章

第八十条 国务院各部、委员会、中国人民银行、审计署和具有行政管理职能的直属机构，可以根据法律和国务院的行政法规、决定、命令，在本部门的权限范围内，制定规章。

部门规章规定的事项应当属于执行法律或者国务院的行政法规、决定、命令的事项。没有法律或者国务院的行政法规、决定、命令的依据，部门规章不得设定减损公民、法人和其他组织权利或者增加其义务的规范，不得增加本部门的权力或者减少本部门的法定职责。

第八十一条 涉及两个以上国务院部门职权范围的事项，应当提请国务院制定行政法规或者由国务院有关部门联合制定规章。

第八十二条 省、自治区、直辖市和设区的市、自治州的人民政府，可以根据法律、行政法规和本省、自治区、直辖市的地方性法规，制定规章。

地方政府规章可以就下列事项作出规定：

（一）为执行法律、行政法规、地方性法规的规定需要制定规章的事项；

（二）属于本行政区域的具体行政管理事项。

设区的市、自治州的人民政府根据本条第一款、第二款制定地方政府规章，限于城乡建设与管理、环境保护、历史文化保护等方面的事项。已经制定的地方政府规章，涉及上述事项范围以外的，继续有效。

除省、自治区的人民政府所在地的市，经济特区所在地的市和国务院已经批准的较大的市以外，其他设区的市、自治州的人民政府开始制定规章的时间，与本省、自治区人民代表大会常务委员会确定的本市、自治州开始制定地方性法规的时间同步。

应当制定地方性法规但条件尚不成熟的，因行政管理迫切需要，可以先制定地方政府规章。规章实施满两年需要继续实施规章所规定的行政措施的，应当提请本级人民代表大会或者其常务委员会制定地方性法规。

没有法律、行政法规、地方性法规的依据，地方政府规章不得设定减损公民、法人和其他组织权利或者增加其义务的规范。

第八十三条 国务院部门规章和地方政府规章的制定程序，参照本法第三章的规定，由国务院规定。

第八十四条 部门规章应当经部务会议或者委员会会议决定。

地方政府规章应当经政府常务会议或者全体会议决定。

第八十五条 部门规章由部门首长签署命令予以公布。

地方政府规章由省长、自治区主席、市长或者自治州州长签署命令予以公布。

第八十六条 部门规章签署公布后，及时在国务院公报或者部门公报和中国政府法制信息网以及在全国范围内发行的报纸上刊载。

地方政府规章签署公布后，及时在本级人民政府公报和中国政府法制信息网以及在本行政区域范围内发行的报纸上刊载。

在国务院公报或者部门公报和地方人民政府公报上刊登的规章文本为标准文本。

第五章　适用与备案审查

第八十七条 宪法具有最高的法律效力，一切法律、行政法规、地方性法规、自治条例和单行条例、规章都不得同宪法相抵触。

第八十八条 法律的效力高于行政法规、地方性法规、规章。

行政法规的效力高于地方性法规、规章。

第八十九条 地方性法规的效力高于本级和下级地方政府规章。

省、自治区的人民政府制定的规章的效力高于本行政区域内的设区的市、自治州的人民政府制定的规章。

第九十条 自治条例和单行条例依法对法律、行政法规、地方性法规作变通规定的，在本自治地方适用自治条例和单行条例的规定。

经济特区法规根据授权对法律、行政法规、地方性法规作变通规定的，在本经济特区适用经济特区法规的规定。

第九十一条 部门规章之间、部门规章与地方政府规章之间具有同等效力，在各自的权限范围内施行。

第九十二条 同一机关制定的法律、行政法规、地方性法规、自治条例和单行条例、规章，特别规定与一般规定不一致的，适用特别规定；新的规定与旧的规定不一致的，适用新的规定。

第九十三条 法律、行政法规、地方性法规、自治条例和单行条例、规章不溯及既往，但为了更好地保护公民、法人和其他组织的权利和利益而作的特别规定除外。

第九十四条 法律之间对同一事项的新的一般规定与旧的特别规定不一致，不能确定如何适用时，由全国人民代表大会常务委员会裁决。

行政法规之间对同一事项的新的一般规定与旧的特别规定不一致，不能确定如何适用时，由国务院裁决。

第九十五条 地方性法规、规章之间不一致时，由有关机关依照下列规定的权限作出裁决：

（一）同一机关制定的新的一般规定与旧的特别规定不一致时，由制定机关裁决；

（二）地方性法规与部门规章之间对同一事项的规定不一致，不能确定如何适用时，由国务院提出意见，国务院认为应当适用地方性法规的，应当决定在该地方适用地方性法规的规定；认为应当适用部门规章的，应当提请全国人民代表大会常务委员会裁决；

（三）部门规章之间、部门规章与地方政府规章之间对同一事项的规定不一致时，由国务院裁决。

根据授权制定的法规与法律规定不一致，不能确定如何适用时，由全国人民代表大会常务委员会裁决。

第九十六条 法律、行政法规、地方性法规、自治条例和单行条例、规章有下列情形之一的，由有关机关依照本法第九十七条规定的权限予以改变或者撤销：

（一）超越权限的；

（二）下位法违反上位法规定的；

（三）规章之间对同一事项的规定不一致，经裁决应当改变或者撤销一方的规定的；

（四）规章的规定被认为不适当，应当予以改变或者撤销的；

（五）违背法定程序的。

第九十七条 改变或者撤销法律、行政法规、地方性法规、自治条例和单行条例、规章的权限是：

（一）全国人民代表大会有权改变或者撤销它的常务委员会制定的不适当的法律，有权撤销全国人民代表大会常务委员会批准的违背宪法和本法第七十五条第二款规定的自治条例和单行条例；

（二）全国人民代表大会常务委员会有权撤销同宪法和法律相抵触的行政法规，有权撤销同宪法、法律和行政法规相抵触的地方性法规，有权撤销省、自治区、直辖市的人民代表大会常务委员会批准的违背宪法和本法第七十五条第二款规定的自治条例和单行条例；

（三）国务院有权改变或者撤销不适当的部门规章和地方政府规章；

（四）省、自治区、直辖市的人民代表大会有权改变或者撤销它的常务委员会制定的和批准的不适当的地方性法规；

（五）地方人民代表大会常务委员会有权撤销本级人民政府制定的不适当的规章；

（六）省、自治区的人民政府有权改变或者撤销下一级人民政府制定的不适当的规章；

（七）授权机关有权撤销被授权机关制定的超越授权范围或者违背授权目的的法规，必要时可以撤销授权。

第九十八条 行政法规、地方性法规、自治条例和单行条例、规章应当在公布后的三十日内依照下列规定报有关机关备案：

（一）行政法规报全国人民代表大会常务委员会备案；

（二）省、自治区、直辖市的人民代表大会及其常务委员会制定的地方性法规，报全国人民代表大会常务委员会和国务院备案；设区的市、自治州的人民代表大会及其常务委员会制定的地方性法规，由省、自治区的人民代表大会常务委员会报全国人民代表大会常务委员会和国务院备案；

（三）自治州、自治县的人民代表大会制定的自治条例和单行条例，由省、自治区、直辖市的人民代表大会常务委员会报全国人民代表大会常务委员会和国务院备案；自治条例、单行条例报送备案时，应当说明对法律、行政法规、地方性法规作出变通的情况；

（四）部门规章和地方政府规章报国务院备案；地方政府规章应当同时报本级人民代表大会常务委员会备案；设区的市、自治州的人民政府制定的规章应当同时报省、自治区的人民代表大会常务委员会和人民政府备案；

（五）根据授权制定的法规应当报授权决定规定的机关备案；经济特区法规报送备案时，应当说明对法律、行政法规、地方性法规作出变通的情况。

第九十九条　国务院、中央军事委员会、最高人民法院、最高人民检察院和各省、自治区、直辖市的人民代表大会常务委员会认为行政法规、地方性法规、自治条例和单行条例同宪法或者法律相抵触的，可以向全国人民代表大会常务委员会书面提出进行审查的要求，由常务委员会工作机构分送有关的专门委员会进行审查、提出意见。

前款规定以外的其他国家机关和社会团体、企业事业组织以及公民认为行政法规、地方性法规、自治条例和单行条例同宪法或者法律相抵触的，可以向全国人民代表大会常务委员会书面提出进行审查的建议，由常务委员会工作机构进行研究，必要时，送有关的专门委员会进行审查、提出意见。

有关的专门委员会和常务委员会工作机构可以对报送备案的规范性文件进行主动审查。

第一百条　全国人民代表大会专门委员会、常务委员会工作机构在审查、研究中认为行政法规、地方性法规、自治条例和单行条例同宪法或者法律相抵触的，可以向制定机关提出书面审查意见、研究意见；也可以由法律委员会与有关的专门委员会、常务委员会工作机构召开联合审查会议，要求制定机关到会说明情况，再向制定机关提出书面审查意见。制定机关应当在两个月内研究提出是否修改的意见，并向全国人民代表大会法律委员会和有关的专门委员会或者常务委员会工作机构反馈。

全国人民代表大会法律委员会、有关的专门委员会、常务委员会工作机构根据前款规定，向制定机关提出审查意见、研究意见，制定机关按照所提意见对行政法规、地方性法规、自治条例和单行条例进行修改或者废止的，审查终止。

全国人民代表大会法律委员会、有关的专门委员会、常务委员会工作机构经审查、研究认为行政法规、地方性法规、自治条例和单行条例同宪法或者法律相抵触而制定机关不予修改的，应当向委员长会议提出予以撤销的议案、建议，由委员长会议决定提请常务委员会会议审议决定。

第一百零一条 全国人民代表大会有关的专门委员会和常务委员会工作机构应当按照规定要求，将审查、研究情况向提出审查建议的国家机关、社会团体、企业事业组织以及公民反馈，并可以向社会公开。

第一百零二条 其他接受备案的机关对报送备案的地方性法规、自治条例和单行条例、规章的审查程序，按照维护法制统一的原则，由接受备案的机关规定。

第六章 附 则

第一百零三条 中央军事委员会根据宪法和法律，制定军事法规。

中央军事委员会各总部、军兵种、军区、中国人民武装警察部队，可以根据法律和中央军事委员会的军事法规、决定、命令，在其权限范围内，制定军事规章。

军事法规、军事规章在武装力量内部实施。

军事法规、军事规章的制定、修改和废止办法，由中央军事委员会依照本法规定的原则规定。

第一百零四条 最高人民法院、最高人民检察院作出的属于审判、检察工作中具体应用法律的解释，应当主要针对具体的法律条文，并符合立法的目的、原则和原意。遇有本法第四十五条第二款规定情况的，应当向全国人民代表大会常务委员会提出法律解释的要求或者提出制定、修改有关法律的议案。

最高人民法院、最高人民检察院作出的属于审判、检察工作中具体应用法律的解释，应当自公布之日起三十日内报全国人民代表大会常务委员会备案。

最高人民法院、最高人民检察院以外的审判机关和检察机关，不得作出具体应用法律的解释。

第一百零五条 本法自 2000 年 7 月 1 日起施行。

中华人民共和国标准化法

（1988年12月29日第七届全国人民代表大会常务委员会第五次会议通过　2017年11月4日第十二届全国人民代表大会常务委员会第三十次会议修订）

目　　录

第一章　总　　则

第一条　为了加强标准化工作，提升产品和服务质量，促进科学技术进步，保障人身健康和生命财产安全，维护国家安全、生态环境安全，提高经济社会发展水平，制定本法。

第二条　本法所称标准（含标准样品），是指农业、工业、服务业以及社会事业等领域需要统一的技术要求。

标准包括国家标准、行业标准、地方标准和团体标准、企业标准。国家标准分为强制性标准、推荐性标准，行业标准、地方标准是推荐性标准。

强制性标准必须执行。国家鼓励采用推荐性标准。

第三条　标准化工作的任务是制定标准、组织实施标准以及对标准的制定、实施进行监督。

县级以上人民政府应当将标准化工作纳入本级国民经济和社会发展规划，将标准化工作经费纳入本级预算。

第四条 制定标准应当在科学技术研究成果和社会实践经验的基础上，深入调查论证，广泛征求意见，保证标准的科学性、规范性、时效性，提高标准质量。

第五条 国务院标准化行政主管部门统一管理全国标准化工作。国务院有关行政主管部门分工管理本部门、本行业的标准化工作。

县级以上地方人民政府标准化行政主管部门统一管理本行政区域内的标准化工作。县级以上地方人民政府有关行政主管部门分工管理本行政区域内本部门、本行业的标准化工作。

第六条 国务院建立标准化协调机制，统筹推进标准化重大改革，研究标准化重大政策，对跨部门跨领域、存在重大争议标准的制定和实施进行协调。

设区的市级以上地方人民政府可以根据工作需要建立标准化协调机制，统筹协调本行政区域内标准化工作重大事项。

第七条 国家鼓励企业、社会团体和教育、科研机构等开展或者参与标准化工作。

第八条 国家积极推动参与国际标准化活动，开展标准化对外合作与交流，参与制定国际标准，结合国情采用国际标准，推进中国标准与国外标准之间的转化运用。

国家鼓励企业、社会团体和教育、科研机构等参与国际标准化活动。

第九条 对在标准化工作中做出显著成绩的单位和个人，按照国家有关规定给予表彰和奖励。

第二章 标准的制定

第十条 对保障人身健康和生命财产安全、国家安全、生态环境安全以及满足经济社会管理基本需要的技术要求，应当制定强制性国家标准。

国务院有关行政主管部门依据职责负责强制性国家标准的项目提出、组织起草、征求意见和技术审查。国务院标准化行政主管部门负责强制性国家标准的立项、编号和对外通报。国务院标准化行政主管部门应当对拟制定的强制性国家标准是否符合前款规定进行立项审查，对符合前款规定的予以立项。

省、自治区、直辖市人民政府标准化行政主管部门可以向国务院标准化行政主管部门提出强制性国家标准的立项建议，由国务院标准化行政主管部门会同国务院有关行政主管部门决定。社会团体、企业事业组织以及公民可以向国务院标准化行政主管部门提出强制性国家标准的立项建议，国务院标准化行政主管部门认为需要立项的，会同国务院有关行政主管部门决定。

强制性国家标准由国务院批准发布或者授权批准发布。

法律、行政法规和国务院决定对强制性标准的制定另有规定的，从其规定。

第十一条 对满足基础通用、与强制性国家标准配套、对各有关行业起引领作用等需要的技术要求，可以制定推荐性国家标准。

推荐性国家标准由国务院标准化行政主管部门制定。

第十二条 对没有推荐性国家标准、需要在全国某个行业范围内统一的技术要求，可以制定行业标准。

行业标准由国务院有关行政主管部门制定，报国务院标准化行政主管部门备案。

第十三条 为满足地方自然条件、风俗习惯等特殊技术要求，可以制定地方标准。

地方标准由省、自治区、直辖市人民政府标准化行政主管部门制定；设区的市级人民政府标准化行政主管部门根据本行政区域的特殊需要，经所在地省、自治区、直辖市人民政府标准化行政主管部门批准，可以制定本行政区域的地方标准。地方标准由省、自治区、直辖市人民政府标准化行政主管部门报国务院标准化行政主管部门备案，由国务院标准化行政主管部门通报国务院有关行政主管部门。

第十四条 对保障人身健康和生命财产安全、国家安全、生态环境安全以及经济社会发展所急需的标准项目，制定标准的行政主管部门应当优先立项并及时完成。

第十五条 制定强制性标准、推荐性标准，应当在立项时对有关行政主管部门、企业、社会团体、消费者和教育、科研机构等方面的实际需求进行调查，对制定标准的必要性、可行性进行论证评估；在制定过程中，应当按照便捷有效的原则采取多种方式征求意见，组织对标准相关事项进行调查分析、实验、论证，并做到有关标准之间的协调配套。

第十六条 制定推荐性标准，应当组织由相关方组成的标准化技术委员会，承担标准的起草、技术审查工作。制定强制性标准，可以委托相关标准化技术委员会承担标准的起草、技术审查工作。未组成标准化技术委员会的，应当成立专家组承担相关标准的起草、技术审查工作。标准化技术委员会和专家组的组成应当具有广泛代表性。

第十七条 强制性标准文本应当免费向社会公开。国家推动免费向社会公开推荐性标准文本。

第十八条 国家鼓励学会、协会、商会、联合会、产业技术联盟等社会团体协调相关市场主体共同制定满足市场和创新需要的团体标准，由本团体成员约定采用或者按照本团体的规定供社会自愿采用。

制定团体标准，应当遵循开放、透明、公平的原则，保证各参与主体获取相关信息，反映各参与主体的共同需求，并应当组织对标准相关事项进行调查分析、实验、论证。

国务院标准化行政主管部门会同国务院有关行政主管部门对团体标准的制定进行规范、引导和监督。

第十九条 企业可以根据需要自行制定企业标准，或者与其他企业联合制定企业标准。

第二十条 国家支持在重要行业、战略性新兴产业、关键共性技术等领域利用自主创新技术制定团体标准、企业标准。

第二十一条 推荐性国家标准、行业标准、地方标准、团体标准、企业标准的技术要求不得低于强制性国家标准的相关技术要求。

国家鼓励社会团体、企业制定高于推荐性标准相关技术要求的团体标准、企业标准。

第二十二条 制定标准应当有利于科学合理利用资源，推广科学技术成果，增强产品的安全性、通用性、可替换性，提高经济效益、社会效益、生态效益，做到技术上先进、经济上合理。

禁止利用标准实施妨碍商品、服务自由流通等排除、限制市场竞争的行为。

第二十三条 国家推进标准化军民融合和资源共享，提升军民标准通用化水平，积极推动在国防和军队建设中采用先进适用的民用标准，并将先进适用的军用标准转化为民用标准。

第二十四条 标准应当按照编号规则进行编号。标准的编号规则由国务院标准化行政主管部门制定并公布。

第三章　标准的实施

第二十五条　不符合强制性标准的产品、服务，不得生产、销售、进口或者提供。

第二十六条　出口产品、服务的技术要求，按照合同的约定执行。

第二十七条　国家实行团体标准、企业标准自我声明公开和监督制度。企业应当公开其执行的强制性标准、推荐性标准、团体标准或者企业标准的编号和名称；企业执行自行制定的企业标准的，还应当公开产品、服务的功能指标和产品的性能指标。国家鼓励团体标准、企业标准通过标准信息公共服务平台向社会公开。

企业应当按照标准组织生产经营活动，其生产的产品、提供的服务应当符合企业公开标准的技术要求。

第二十八条　企业研制新产品、改进产品，进行技术改造，应当符合本法规定的标准化要求。

第二十九条　国家建立强制性标准实施情况统计分析报告制度。

国务院标准化行政主管部门和国务院有关行政主管部门、设区的市级以上地方人民政府标准化行政主管部门应当建立标准实施信息反馈和评估机制，根据反馈和评估情况对其制定的标准进行复审。标准的复审周期一般不超过五年。经过复审，对不适应经济社会发展需要和技术进步的应当及时修订或者废止。

第三十条　国务院标准化行政主管部门根据标准实施信息反馈、评估、复审情况，对有关标准之间重复交叉或者不衔接配套的，应当会同国务院有关行政主管部门作出处理或者通过国务院标准化协调机制处理。

第三十一条　县级以上人民政府应当支持开展标准化试点示范和宣传工作，传播标准化理念，推广标准化经验，推动全社会运用标准化方式组织生产、经营、管理和服务，发挥标准对促进转型升级、引领创新驱动的支撑作用。

第四章　监督管理

第三十二条　县级以上人民政府标准化行政主管部门、有关行政主管部门依据法定职责，对标准的制定进行指导和监督，对标准的实施进行监督检查。

第三十三条　国务院有关行政主管部门在标准制定、实施过程中出现争议的，由国务院标准化行政主管部门组织协商；协商不成的，由国务院标准化协调机制解决。

第三十四条 国务院有关行政主管部门、设区的市级以上地方人民政府标准化行政主管部门未依照本法规定对标准进行编号、复审或者备案的，国务院标准化行政主管部门应当要求其说明情况，并限期改正。

第三十五条 任何单位或者个人有权向标准化行政主管部门、有关行政主管部门举报、投诉违反本法规定的行为。

标准化行政主管部门、有关行政主管部门应当向社会公开受理举报、投诉的电话、信箱或者电子邮件地址，并安排人员受理举报、投诉。对实名举报人或者投诉人，受理举报、投诉的行政主管部门应当告知处理结果，为举报人保密，并按照国家有关规定对举报人给予奖励。

第五章 法律责任

第三十六条 生产、销售、进口产品或者提供服务不符合强制性标准，或者企业生产的产品、提供的服务不符合其公开标准的技术要求的，依法承担民事责任。

第三十七条 生产、销售、进口产品或者提供服务不符合强制性标准的，依照《中华人民共和国产品质量法》《中华人民共和国进出口商品检验法》《中华人民共和国消费者权益保护法》等法律、行政法规的规定查处，记入信用记录，并依照有关法律、行政法规的规定予以公示；构成犯罪的，依法追究刑事责任。

第三十八条 企业未依照本法规定公开其执行的标准的，由标准化行政主管部门责令限期改正；逾期不改正的，在标准信息公共服务平台上公示。

第三十九条 国务院有关行政主管部门、设区的市级以上地方人民政府标准化行政主管部门制定的标准不符合本法第二十一条第一款、第二十二条第一款规定的，应当及时改正；拒不改正的，由国务院标准化行政主管部门公告废止相关标准；对负有责任的领导人员和直接责任人员依法给予处分。

社会团体、企业制定的标准不符合本法第二十一条第一款、第二十二条第一款规定的，由标准化行政主管部门责令限期改正；逾期不改正的，由省级以上人民政府标准化行政主管部门废止相关标准，并在标准信息公共服务平台上公示。

违反本法第二十二条第二款规定，利用标准实施排除、限制市场竞争行为的，依照《中华人民共和国反垄断法》等法律、行政法规的规定处理。

第四十条 国务院有关行政主管部门、设区的市级以上地方人民政府标准化行政主管部门未依照本法规定对标准进行编号或者备案，又未依照本法第三十四条的规定改正的，由国务院标准化行政主管部门撤销相关标准编号或者公告废止未备案标准；对负有责任的领导人员和直接责任人员依法给予处分。

国务院有关行政主管部门、设区的市级以上地方人民政府标准化行政主管部门未依照本法规定对其制定的标准进行复审，又未依照本法第三十四条的规定改正的，对负有责任的领导人员和直接责任人员依法给予处分。

第四十一条 国务院标准化行政主管部门未依照本法第十条第二款规定对制定强制性国家标准的项目予以立项，制定的标准不符合本法第二十一条第一款、第二十二条第一款规定，或者未依照本法规定对标准进行编号、复审或者予以备案的，应当及时改正；对负有责任的领导人员和直接责任人员可以依法给予处分。

第四十二条 社会团体、企业未依照本法规定对团体标准或者企业标准进行编号的，由标准化行政主管部门责令限期改正；逾期不改正的，由省级以上人民政府标准化行政主管部门撤销相关标准编号，并在标准信息公共服务平台上公示。

第四十三条 标准化工作的监督、管理人员滥用职权、玩忽职守、徇私舞弊的，依法给予处分；构成犯罪的，依法追究刑事责任。

第六章 附 则

第四十四条 军用标准的制定、实施和监督办法，由国务院、中央军事委员会另行制定。

第四十五条 本法自 2018 年 1 月 1 日起施行。

行政法规制定程序条例

中华人民共和国国务院令

第 694 号

现公布《国务院关于修改〈行政法规制定程序条例〉的决定》，自 2018 年 5 月 1 日起施行。

总理　李克强

2017 年 12 月 22 日

国务院关于修改《行政法规制定程序条例》的决定

国务院决定对《行政法规制定程序条例》作如下修改：

一、将第三条修改为："制定行政法规，应当贯彻落实党的路线方针政策和决策部署，符合宪法和法律的规定，遵循立法法确定的立法原则。"

二、增加一条，作为第四条："制定政治方面法律的配套行政法规，应当按照有关规定及时报告党中央。

"制定经济、文化、社会、生态文明等方面重大体制和重大政策调整的重要行政法规，应当将行政法规草案或者行政法规草案涉及的重大问题按照有关规定及时报告党中央。"

三、将第七条改为第八条，修改为："国务院有关部门认为需要制定行政法规的，应当于国务院编制年度立法工作计划前，向国务院报请立项。

"国务院有关部门报送的行政法规立项申请，应当说明立法项目所要解决的主要问题、依据的党的路线方针政策和决策部署，以及拟确立的主要制度。

"国务院法制机构应当向社会公开征集行政法规制定项目建议。"

四、将第八条改为第九条，第一款修改为："国务院法制机构应当根据国家总体工作部署，对行政法规立项申请和公开征集的行政法规制定项目建议进行评估论证，突出重点，统筹兼顾，拟订国务院年度立法工作计划，报党中央、国务院批准后向社会公布。"

第二款第一项修改为："（一）贯彻落实党的路线方针政策和决策部署，适应改革、发展、稳定的需要"。

五、将第九条改为第十条，第一款修改为："对列入国务院年度立法工作计划的行政法规项目，承担起草任务的部门应当抓紧工作，按照要求上报国务院；上报国务院前，应当与国务院法制机构沟通。"

增加一款，作为第二款："国务院法制机构应当及时跟踪了解国务院各部门落实国务院年度立法工作计划的情况，加强组织协调和督促指导。"

六、将第十一条改为第十二条，修改为："起草行政法规，应当符合本条例第三条、第四条的规定，并符合下列要求：

"（一）弘扬社会主义核心价值观；

"（二）体现全面深化改革精神，科学规范行政行为，促进政府职能向宏观调控、市场监管、社会管理、公共服务、环境保护等方面转变；

"（三）符合精简、统一、效能的原则，相同或者相近的职能规定由一个行政机关承担，简化行政管理手续；

"（四）切实保障公民、法人和其他组织的合法权益，在规定其应当履行的义务的同时，应当规定其相应的权利和保障权利实现的途径；

"（五）体现行政机关的职权与责任相统一的原则，在赋予有关行政机关必要的职权的同时，应当规定其行使职权的条件、程序和应承担的责任。"

七、将第十二条改为第十三条，修改为："起草行政法规，起草部门应当深入调查研究，总结实践经验，广泛听取有关机关、组织和公民的意见。涉及社会公众普遍关注的热点难点问题和经济社会发展遇到的突出矛盾，减损公民、法人和其他组织权利或者增加其义务，对社会公众有重要影响等重大利益调整事项的，应当进行论证咨询。听取意见可以采取召开座谈会、论证会、听证会等多种形式。

"起草行政法规，起草部门应当将行政法规草案及其说明等向社会公布，征求意见，但是经国务院决定不公布的除外。向社会公布征求意见的期限一般不少于 30 日。

“起草专业性较强的行政法规，起草部门可以吸收相关领域的专家参与起草工作，或者委托有关专家、教学科研单位、社会组织起草。”

八、将第十三条改为第十四条，修改为：“起草行政法规，起草部门应当就涉及其他部门的职责或者与其他部门关系紧密的规定，与有关部门充分协商，涉及部门职责分工、行政许可、财政支持、税收优惠政策的，应当征得机构编制、财政、税务等相关部门同意。”

九、将第十五条改为第十六条，修改为：“起草部门向国务院报送的行政法规草案送审稿（以下简称行政法规送审稿），应当由起草部门主要负责人签署。

“起草行政法规，涉及几个部门共同职责需要共同起草的，应当共同起草，达成一致意见后联合报送行政法规送审稿。几个部门共同起草的行政法规送审稿，应当由该几个部门主要负责人共同签署。”

十、将第十六条改为第十七条，第二款修改为：“行政法规送审稿的说明应当对立法的必要性，主要思路，确立的主要制度，征求有关机关、组织和公民意见的情况，各方面对送审稿主要问题的不同意见及其协调处理情况，拟设定、取消或者调整行政许可、行政强制的情况等作出说明。有关材料主要包括所规范领域的实际情况和相关数据、实践中存在的主要问题、国内外的有关立法资料、调研报告、考察报告等。”

十一、将第十七条改为第十八条，第二款第一项修改为：“是否严格贯彻落实党的路线方针政策和决策部署，是否符合宪法和法律的规定，是否遵循立法法确定的立法原则”。

十二、将第十八条改为第十九条，修改为：“行政法规送审稿有下列情形之一的，国务院法制机构可以缓办或者退回起草部门：

“（一）制定行政法规的基本条件尚不成熟或者发生重大变化的；

“（二）有关部门对送审稿规定的主要制度存在较大争议，起草部门未征得机构编制、财政、税务等相关部门同意的；

“（三）未按照本条例有关规定公开征求意见的；

“（四）上报送审稿不符合本条例第十五条、第十六条、第十七条规定的。”

十三、将第十九条改为第二十条，修改为：“国务院法制机构应当将行政法规送审稿或者行政法规送审稿涉及的主要问题发送国务院有关部门、地方人民政府、有关组织和专家等各方面征求意见。国务院有关部门、地方人民政府应当在规定期限内反馈书面意见，并加盖本单位或者本单位办公厅（室）印章。

“国务院法制机构可以将行政法规送审稿或者修改稿及其说明等向社会公布，征求意见。向社会公布征求意见的期限一般不少于30日。”

十四、将第二十一条、第二十二条合并，作为第二十二条，修改为：“行政法规送审稿涉及重大利益调整的，国务院法制机构应当进行论证咨询，广泛听取有关方面的意见。论证咨询可以采取座谈会、论证会、听证会、委托研究等多种形式。

“行政法规送审稿涉及重大利益调整或者存在重大意见分歧，对公民、法人或者其他组织的权利义务有较大影响，人民群众普遍关注的，国务院法制机构可以举行听证会，听取有关机关、组织和公民的意见。”

十五、将第二十三条修改为：“国务院有关部门对行政法规送审稿涉及的主要制度、方针政策、管理体制、权限分工等有不同意见的，国务院法制机构应当进行协调，力求达成一致意见。对有较大争议的重要立法事项，国务院法制机构可以委托有关专家、教学科研单位、社会组织进行评估。

“经过充分协调不能达成一致意见的，国务院法制机构、起草部门应当将争议的主要问题、有关部门的意见以及国务院法制机构的意见及时报国务院领导协调，或者报国务院决定。”

十六、将第二十八条第一款修改为：“行政法规签署公布后，及时在国务院公报和中国政府法制信息网以及在全国范围内发行的报纸上刊载。国务院法制机构应当及时汇编出版行政法规的国家正式版本。”

十七、将第三十一条第一款修改为：“行政法规有下列情形之一的，由国务院解释：

“（一）行政法规的规定需要进一步明确具体含义的；

“（二）行政法规制定后出现新的情况，需要明确适用行政法规依据的。”

十八、增加一条，作为第三十五条：“国务院可以根据全面深化改革、经济社会发展需要，就行政管理等领域的特定事项，决定在一定期限内在部分地方暂时调整或者暂时停止适用行政法规的部分规定。”

十九、增加一条，作为第三十六条：“国务院法制机构或者国务院有关部门应当根据全面深化改革、经济社会发展需要以及上位法规定，及时组织开展行政法规清理工作。对不适应全面深化改革和经济社会发展要求、不符合上位法规定的行政法规，应当及时修改或者废止。”

二十、增加一条，作为第三十七条：“国务院法制机构或者国务院有关部门可以组织对有关行政法规或者行政法规中的有关规定进行立法后评估，并把评估结果作为修改、废止有关行政法规的重要参考。”

二十一、将第三十五条改为第三十八条，修改为：“行政法规的修改、废止程序适用本条例的有关规定。

“行政法规修改、废止后，应当及时公布。”

此外，对条文顺序和个别文字作相应调整和修改。

本决定自 2018 年 5 月 1 日起施行。

《行政法规制定程序条例》根据本决定作相应修改，重新公布。

行政法规制定程序条例

（2001 年 11 月 16 日中华人民共和国国务院令第 321 号公布
根据 2017 年 12 月 22 日《国务院关于修改
〈行政法规制定程序条例〉的决定》修订）

第一章　总　则

第一条　为了规范行政法规制定程序，保证行政法规质量，根据宪法、立法法和国务院组织法的有关规定，制定本条例。

第二条　行政法规的立项、起草、审查、决定、公布、解释，适用本条例。

第三条　制定行政法规，应当贯彻落实党的路线方针政策和决策部署，符合宪法和法律的规定，遵循立法法确定的立法原则。

第四条　制定政治方面法律的配套行政法规，应当按照有关规定及时报告党中央。

制定经济、文化、社会、生态文明等方面重大体制和重大政策调整的重要行政法规，应当将行政法规草案或者行政法规草案涉及的重大问题按照有关规定及时报告党中央。

第五条 行政法规的名称一般称“条例”，也可以称“规定”“办法”等。国务院根据全国人民代表大会及其常务委员会的授权决定制定的行政法规，称“暂行条例”或者“暂行规定”。

国务院各部门和地方人民政府制定的规章不得称“条例”。

第六条 行政法规应当备而不繁，逻辑严密，条文明确、具体，用语准确、简洁，具有可操作性。

行政法规根据内容需要，可以分章、节、条、款、项、目。章、节、条的序号用中文数字依次表述，款不编序号，项的序号用中文数字加括号依次表述，目的序号用阿拉伯数字依次表述。

第二章　立　项

第七条 国务院于每年年初编制本年度的立法工作计划。

第八条 国务院有关部门认为需要制定行政法规的，应当于国务院编制年度立法工作计划前，向国务院报请立项。

国务院有关部门报送的行政法规立项申请，应当说明立法项目所要解决的主要问题、依据的党的路线方针政策和决策部署，以及拟确立的主要制度。

国务院法制机构应当向社会公开征集行政法规制定项目建议。

第九条 国务院法制机构应当根据国家总体工作部署，对行政法规立项申请和公开征集的行政法规制定项目建议进行评估论证，突出重点，统筹兼顾，拟订国务院年度立法工作计划，报党中央、国务院批准后向社会公布。

列入国务院年度立法工作计划的行政法规项目应当符合下列要求：

（一）贯彻落实党的路线方针政策和决策部署，适应改革、发展、稳定的需要；

（二）有关的改革实践经验基本成熟；

（三）所要解决的问题属于国务院职权范围并需要国务院制定行政法规的事项。

第十条 对列入国务院年度立法工作计划的行政法规项目，承担起草任务的部门应当抓紧工作，按照要求上报国务院；上报国务院前，应当与国务院法制机构沟通。

国务院法制机构应当及时跟踪了解国务院各部门落实国务院年度立法工作计划的情况，加强组织协调和督促指导。

国务院年度立法工作计划在执行中可以根据实际情况予以调整。

第三章 起 草

第十一条 行政法规由国务院组织起草。国务院年度立法工作计划确定行政法规由国务院的一个部门或者几个部门具体负责起草工作，也可以确定由国务院法制机构起草或者组织起草。

第十二条 起草行政法规，应当符合本条例第三条、第四条的规定，并符合下列要求：

（一）弘扬社会主义核心价值观；

（二）体现全面深化改革精神，科学规范行政行为，促进政府职能向宏观调控、市场监管、社会管理、公共服务、环境保护等方面转变；

（三）符合精简、统一、效能的原则，相同或者相近的职能规定由一个行政机关承担，简化行政管理手续；

（四）切实保障公民、法人和其他组织的合法权益，在规定其应当履行的义务的同时，应当规定其相应的权利和保障权利实现的途径；

（五）体现行政机关的职权与责任相统一的原则，在赋予有关行政机关必要的职权的同时，应当规定其行使职权的条件、程序和应承担的责任。

第十三条 起草行政法规，起草部门应当深入调查研究，总结实践经验，广泛听取有关机关、组织和公民的意见。涉及社会公众普遍关注的热点难点问题和经济社会发展遇到的突出矛盾，减损公民、法人和其他组织权利或者增加其义务，对社会公众有重要影响等重大利益调整事项的，应当进行论证咨询。听取意见可以采取召开座谈会、论证会、听证会等多种形式。

起草行政法规，起草部门应当将行政法规草案及其说明等向社会公布，征求意见，但是经国务院决定不公布的除外。向社会公布征求意见的期限一般不少于30日。

起草专业性较强的行政法规，起草部门可以吸收相关领域的专家参与起草工作，或者委托有关专家、教学科研单位、社会组织起草。

第十四条 起草行政法规，起草部门应当就涉及其他部门的职责或者与其他部门关系紧密的规定，与有关部门充分协商，涉及部门职责分工、行政许可、财政支持、税收优惠政策的，应当征得机构编制、财政、税务等相关部门同意。

第十五条 起草行政法规，起草部门应当对涉及有关管理体制、方针政策等需要国务院决策的重大问题提出解决方案，报国务院决定。

第十六条 起草部门向国务院报送的行政法规草案送审稿（以下简称行政法规送审稿），应当由起草部门主要负责人签署。

起草行政法规，涉及几个部门共同职责需要共同起草的，应当共同起草，达成一致意见后联合报送行政法规送审稿。几个部门共同起草的行政法规送审稿，应当由该几个部门主要负责人共同签署。

第十七条 起草部门将行政法规送审稿报送国务院审查时，应当一并报送行政法规送审稿的说明和有关材料。

行政法规送审稿的说明应当对立法的必要性，主要思路，确立的主要制度，征求有关机关、组织和公民意见的情况，各方面对送审稿主要问题的不同意见及其协调处理情况，拟设定、取消或者调整行政许可、行政强制的情况等作出说明。有关材料主要包括所规范领域的实际情况和相关数据、实践中存在的主要问题、国内外的有关立法资料、调研报告、考察报告等。

第四章 审 查

第十八条 报送国务院的行政法规送审稿，由国务院法制机构负责审查。

国务院法制机构主要从以下方面对行政法规送审稿进行审查：

（一）是否严格贯彻落实党的路线方针政策和决策部署，是否符合宪法和法律的规定，是否遵循立法法确定的立法原则；

（二）是否符合本条例第十二条的要求；

（三）是否与有关行政法规协调、衔接；

（四）是否正确处理有关机关、组织和公民对送审稿主要问题的意见；

（五）其他需要审查的内容。

第十九条 行政法规送审稿有下列情形之一的，国务院法制机构可以缓办或者退回起草部门：

（一）制定行政法规的基本条件尚不成熟或者发生重大变化的；

（二）有关部门对送审稿规定的主要制度存在较大争议，起草部门未征得机构编制、财政、税务等相关部门同意的；

（三）未按照本条例有关规定公开征求意见的；

（四）上报送审稿不符合本条例第十五条、第十六条、第十七条规定的。

第二十条 国务院法制机构应当将行政法规送审稿或者行政法规送审稿涉及的主要问题发送国务院有关部门、地方人民政府、有关组织和专家等各方面征求意见。国务院有关部门、地方人民政府应当在规定期限内反馈书面意见，并加盖本单位或者本单位办公厅（室）印章。

国务院法制机构可以将行政法规送审稿或者修改稿及其说明等向社会公布，征求意见。向社会公布征求意见的期限一般不少于30日。

第二十一条 国务院法制机构应当就行政法规送审稿涉及的主要问题，深入基层进行实地调查研究，听取基层有关机关、组织和公民的意见。

第二十二条 行政法规送审稿涉及重大利益调整的，国务院法制机构应当进行论证咨询，广泛听取有关方面的意见。论证咨询可以采取座谈会、论证会、听证会、委托研究等多种形式。

行政法规送审稿涉及重大利益调整或者存在重大意见分歧，对公民、法人或者其他组织的权利义务有较大影响，人民群众普遍关注的，国务院法制机构可以举行听证会，听取有关机关、组织和公民的意见。

第二十三条 国务院有关部门对行政法规送审稿涉及的主要制度、方针政策、管理体制、权限分工等有不同意见的，国务院法制机构应当进行协调，力求达成一致意见。对有较大争议的重要立法事项，国务院法制机构可以委托有关专家、教学科研单位、社会组织进行评估。

经过充分协调不能达成一致意见的，国务院法制机构、起草部门应当将争议的主要问题、有关部门的意见以及国务院法制机构的意见及时报国务院领导协调，或者报国务院决定。

第二十四条 国务院法制机构应当认真研究各方面的意见，与起草部门协商后，对行政法规送审稿进行修改，形成行政法规草案和对草案的说明。

第二十五条 行政法规草案由国务院法制机构主要负责人提出提请国务院常务会议审议的建议；对调整范围单一、各方面意见一致或者依据法律制定的配套行政法规草案，可以采取传批方式，由国务院法制机构直接提请国务院审批。

第五章　决定与公布

第二十六条　行政法规草案由国务院常务会议审议，或者由国务院审批。

国务院常务会议审议行政法规草案时，由国务院法制机构或者起草部门作说明。

第二十七条　国务院法制机构应当根据国务院对行政法规草案的审议意见，对行政法规草案进行修改，形成草案修改稿，报请总理签署国务院令公布施行。

签署公布行政法规的国务院令载明该行政法规的施行日期。

第二十八条　行政法规签署公布后，及时在国务院公报和中国政府法制信息网以及在全国范围内发行的报纸上刊载。国务院法制机构应当及时汇编出版行政法规的国家正式版本。

在国务院公报上刊登的行政法规文本为标准文本。

第二十九条　行政法规应当自公布之日起30日后施行；但是，涉及国家安全、外汇汇率、货币政策的确定以及公布后不立即施行将有碍行政法规施行的，可以自公布之日起施行。

第三十条　行政法规在公布后的30日内由国务院办公厅报全国人民代表大会常务委员会备案。

第六章　行政法规解释

第三十一条　行政法规有下列情形之一的，由国务院解释：

（一）行政法规的规定需要进一步明确具体含义的；

（二）行政法规制定后出现新的情况，需要明确适用行政法规依据的。

国务院法制机构研究拟订行政法规解释草案，报国务院同意后，由国务院公布或者由国务院授权国务院有关部门公布。

行政法规的解释与行政法规具有同等效力。

第三十二条　国务院各部门和省、自治区、直辖市人民政府可以向国务院提出行政法规解释要求。

第三十三条　对属于行政工作中具体应用行政法规的问题，省、自治区、直辖市人民政府法制机构以及国务院有关部门法制机构请求国务院法制机构解释的，国务院法制机构可以研究答复；其中涉及重大问题的，由国务院法制机构提出意见，报国务院同意后答复。

第七章　附　则

第三十四条　拟订国务院提请全国人民代表大会或者全国人民代表大会常务委员会审议的法律草案，参照本条例的有关规定办理。

第三十五条　国务院可以根据全面深化改革、经济社会发展需要，就行政管理等领域的特定事项，决定在一定期限内在部分地方暂时调整或者暂时停止适用行政法规的部分规定。

第三十六条　国务院法制机构或者国务院有关部门应当根据全面深化改革、经济社会发展需要以及上位法规定，及时组织开展行政法规清理工作。对不适应全面深化改革和经济社会发展要求、不符合上位法规定的行政法规，应当及时修改或者废止。

第三十七条　国务院法制机构或者国务院有关部门可以组织对有关行政法规或者行政法规中的有关规定进行立法后评估，并把评估结果作为修改、废止有关行政法规的重要参考。

第三十八条　行政法规的修改、废止程序适用本条例的有关规定。

行政法规修改、废止后，应当及时公布。

第三十九条　行政法规的外文正式译本和民族语言文本，由国务院法制机构审定。

第四十条　本条例自 2002 年 1 月 1 日起施行。1987 年 4 月 21 日国务院批准、国务院办公厅发布的《行政法规制定程序暂行条例》同时废止。

规章制定程序条例

中华人民共和国国务院令

第 695 号

现公布《国务院关于修改〈规章制定程序条例〉的决定》，自 2018 年 5 月 1 日起施行。

总理　李克强

2017 年 12 月 22 日

国务院关于修改《规章制定程序条例》的决定

国务院决定对《规章制定程序条例》作如下修改：

一、将第三条修改为："制定规章，应当贯彻落实党的路线方针政策和决策部署，遵循立法法确定的立法原则，符合宪法、法律、行政法规和其他上位法的规定。

"没有法律或者国务院的行政法规、决定、命令的依据，部门规章不得设定减损公民、法人和其他组织权利或者增加其义务的规范，不得增加本部门的权力或者减少本部门的法定职责。没有法律、行政法规、地方性法规的依据，地方政府规章不得设定减损公民、法人和其他组织权利或者增加其义务的规范。"

二、增加一条，作为第四条："制定政治方面法律的配套规章，应当按照有关规定及时报告党中央或者同级党委（党组）。

"制定重大经济社会方面的规章，应当按照有关规定及时报告同级党委（党组）。"

三、将第五条改为第六条，第一款修改为："制定规章，应当体现全面深化改革精神，科学规范行政行为，促进政府职能向宏观调控、市场监管、社会管理、公共服务、环境保护等方面转变。”

四、将第九条改为第十条，第二款修改为：“省、自治区、直辖市和设区的市、自治州的人民政府所属工作部门或者下级人民政府认为需要制定地方政府规章的，应当向该省、自治区、直辖市或者设区的市、自治州的人民政府报请立项。”

增加一款，作为第三款：“国务院部门，省、自治区、直辖市和设区的市、自治州的人民政府，可以向社会公开征集规章制定项目建议。”

五、将第十一条改为第十二条，第一款修改为：“国务院部门法制机构，省、自治区、直辖市和设区的市、自治州的人民政府法制机构（以下简称法制机构），应当对制定规章的立项申请和公开征集的规章制定项目建议进行评估论证，拟订本部门、本级人民政府年度规章制定工作计划，报本部门、本级人民政府批准后向社会公布。”

六、将第十二条改为第十三条，第一款修改为：“国务院部门，省、自治区、直辖市和设区的市、自治州的人民政府，应当加强对执行年度规章制定工作计划的领导。对列入年度规章制定工作计划的项目，承担起草工作的单位应当抓紧工作，按照要求上报本部门或者本级人民政府决定。”

增加一款，作为第二款：“法制机构应当及时跟踪了解本部门、本级人民政府年度规章制定工作计划执行情况，加强组织协调和督促指导。”

七、将第十四条改为第十五条，增加一款，作为第二款：“起草规章，除依法需要保密的外，应当将规章草案及其说明等向社会公布，征求意见。向社会公布征求意见的期限一般不少于 30 日。”

将第十三条第四款改为第十五条第三款，修改为：“起草专业性较强的规章，可以吸收相关领域的专家参与起草工作，或者委托有关专家、教学科研单位、社会组织起草。”

八、将第十五条改为第十六条，修改为：“起草规章，涉及社会公众普遍关注的热点难点问题和经济社会发展遇到的突出矛盾，减损公民、法人和其他组织权利或者增加其义务，对社会公众有重要影响等重大利益调整事项的，起草单位应当进行论证咨询，广泛听取有关方面的意见。

“起草的规章涉及重大利益调整或者存在重大意见分歧，对公民、法人或者其他组织的权利义务有较大影响，人民群众普遍关注，需要进行听证的，起草单位应当举行听证会听取意见。听证会依照下列程序组织：

“（一）听证会公开举行，起草单位应当在举行听证会的30日前公布听证会的时间、地点和内容；

“（二）参加听证会的有关机关、组织和公民对起草的规章，有权提问和发表意见；

“（三）听证会应当制作笔录，如实记录发言人的主要观点和理由；

“（四）起草单位应当认真研究听证会反映的各种意见，起草的规章在报送审查时，应当说明对听证会意见的处理情况及其理由。”

九、将第十七条改为第十八条，第三款修改为：“规章送审稿的说明应当对制定规章的必要性、规定的主要措施、有关方面的意见及其协调处理情况等作出说明。”

第四款修改为：“有关材料主要包括所规范领域的实际情况和相关数据、实践中存在的主要问题、汇总的意见、听证会笔录、调研报告、国内外有关立法资料等。”

十、将第十八条改为第十九条，修改为：“规章送审稿由法制机构负责统一审查。法制机构主要从以下方面对送审稿进行审查：

“（一）是否符合本条例第三条、第四条、第五条、第六条的规定；

“（二）是否符合社会主义核心价值观的要求；

“（三）是否与有关规章协调、衔接；

“（四）是否正确处理有关机关、组织和公民对规章送审稿主要问题的意见；

“（五）是否符合立法技术要求；

“（六）需要审查的其他内容。”

十一、将第十九条改为第二十条，修改为：“规章送审稿有下列情形之一的，法制机构可以缓办或者退回起草单位：

“（一）制定规章的基本条件尚不成熟或者发生重大变化的；

“（二）有关机构或者部门对规章送审稿规定的主要制度存在较大争议，起草单位未与有关机构或者部门充分协商的；

“（三）未按照本条例有关规定公开征求意见的；

“（四）上报送审稿不符合本条例第十八条规定的。”

十二、将第二十条改为第二十一条，增加一款，作为第二款：“法制机构可以将规章送审稿或者修改稿及其说明等向社会公布，征求意见。向社会公布征求意见的期限一般不少于30日。”

十三、将第二十二条、第二十三条合并，作为第二十三条，修改为：“规章送审稿涉及重大利益调整的，法制机构应当进行论证咨询，广泛听取有关方面的意见。论证咨询可以采取座谈会、论证会、听证会、委托研究等多种形式。

“规章送审稿涉及重大利益调整或者存在重大意见分歧，对公民、法人或者其他组织的权利义务有较大影响，人民群众普遍关注，起草单位在起草过程中未举行听证会的，法制机构经本部门或者本级人民政府批准，可以举行听证会。举行听证会的，应当依照本条例第十六条规定的程序组织。”

十四、将第二十四条修改为：“有关机构或者部门对规章送审稿涉及的主要措施、管理体制、权限分工等问题有不同意见的，法制机构应当进行协调，力求达成一致意见。对有较大争议的重要立法事项，法制机构可以委托有关专家、教学科研单位、社会组织进行评估。

“经过充分协调不能达成一致意见的，法制机构应当将主要问题、有关机构或者部门的意见和法制机构的意见及时报本部门或者本级人民政府领导协调，或者报本部门或者本级人民政府决定。”

十五、将第二十九条修改为：“法制机构应当根据有关会议审议意见对规章草案进行修改，形成草案修改稿，报请本部门首长或者省长、自治区主席、市长、自治州州长签署命令予以公布。”

十六、将第三十一条修改为：“部门规章签署公布后，及时在国务院公报或者部门公报和中国政府法制信息网以及在全国范围内发行的报纸上刊载。

“地方政府规章签署公布后，及时在本级人民政府公报和中国政府法制信息网以及在本行政区域范围内发行的报纸上刊载。

“在国务院公报或者部门公报和地方人民政府公报上刊登的规章文本为标准文本。”

十七、将第三十五条修改为：“国家机关、社会团体、企业事业组织、公民认为规章同法律、行政法规相抵触的，可以向国务院书面提出审查的建议，由国务院法制机构研究并提出处理意见，按照规定程序处理。

“国家机关、社会团体、企业事业组织、公民认为设区的市、自治州的人民政府规章同法律、行政法规相抵触或者违反其他上位法的规定的，也可以向本省、自治区人民政府书面提出审查的建议，由省、自治区人民政府法制机构研究并提出处理意见，按照规定程序处理。”

十八、将第三十七条修改为：“国务院部门，省、自治区、直辖市和设区的市、自治州的人民政府，应当根据全面深化改革、经济社会发展需要以及上位法规定，及时组织开展规章清理工作。对不适应全面深化改革和经济社会发展要求、不符合上位法规定的规章，应当及时修改或者废止。”

十九、增加一条，作为第三十八条：“国务院部门，省、自治区、直辖市和设区的市、自治州的人民政府，可以组织对有关规章或者规章中的有关规定进行立法后评估，并把评估结果作为修改、废止有关规章的重要参考。”

二十、将第三十七条第二款改为第三十九条第一款，修改为：“规章的修改、废止程序适用本条例的有关规定。”

增加一款，作为第二款：“规章修改、废止后，应当及时公布。”

此外，对条文顺序和个别文字作相应调整和修改。

本决定自 2018 年 5 月 1 日起施行。

《规章制定程序条例》根据本决定作相应修改，重新公布。

规章制定程序条例

（2001 年 11 月 16 日中华人民共和国国务院令第 322 号公布　根据 2017 年 12 月 22 日《国务院关于修改〈规章制定程序条例〉的决定》修订）

第一章　总　则

第一条　为了规范规章制定程序，保证规章质量，根据立法法的有关规定，制定本条例。

第二条　规章的立项、起草、审查、决定、公布、解释，适用本条例。

违反本条例规定制定的规章无效。

第三条　制定规章，应当贯彻落实党的路线方针政策和决策部署，遵循立法法确定的立法原则，符合宪法、法律、行政法规和其他上位法的规定。

没有法律或者国务院的行政法规、决定、命令的依据，部门规章不得设定减损公民、法人和其他组织权利或者增加其义务的规范，不得增加本部门的权力或者减少本部门的法定职责。没有法律、行政法规、地方性法规的依据，地方政府规章不得设定减损公民、法人和其他组织权利或者增加其义务的规范。

第四条 制定政治方面法律的配套规章，应当按照有关规定及时报告党中央或者同级党委（党组）。

制定重大经济社会方面的规章，应当按照有关规定及时报告同级党委（党组）。

第五条 制定规章，应当切实保障公民、法人和其他组织的合法权益，在规定其应当履行的义务的同时，应当规定其相应的权利和保障权利实现的途径。

制定规章，应当体现行政机关的职权与责任相统一的原则，在赋予有关行政机关必要的职权的同时，应当规定其行使职权的条件、程序和应承担的责任。

第六条 制定规章，应当体现全面深化改革精神，科学规范行政行为，促进政府职能向宏观调控、市场监管、社会管理、公共服务、环境保护等方面转变。

制定规章，应当符合精简、统一、效能的原则，相同或者相近的职能应当规定由一个行政机关承担，简化行政管理手续。

第七条 规章的名称一般称“规定”“办法”，但不得称“条例”。

第八条 规章用语应当准确、简洁，条文内容应当明确、具体，具有可操作性。

法律、法规已经明确规定的内容，规章原则上不作重复规定。

除内容复杂的外，规章一般不分章、节。

第九条 涉及国务院两个以上部门职权范围的事项，制定行政法规条件尚不成熟，需要制定规章的，国务院有关部门应当联合制定规章。

有前款规定情形的，国务院有关部门单独制定的规章无效。

第二章 立 项

第十条 国务院部门内设机构或者其他机构认为需要制定部门规章的，应当向该部门报请立项。

省、自治区、直辖市和设区的市、自治州的人民政府所属工作部门或者下级人民政府认为需要制定地方政府规章的，应当向该省、自治区、直辖市或者设区的市、自治州的人民政府报请立项。

国务院部门，省、自治区、直辖市和设区的市、自治州的人民政府，可以向社会公开征集规章制定项目建议。

第十一条 报送制定规章的立项申请，应当对制定规章的必要性、所要解决的主要问题、拟确立的主要制度等作出说明。

第十二条 国务院部门法制机构，省、自治区、直辖市和设区的市、自治州的人民政府法制机构（以下简称法制机构），应当对制定规章的立项申请和公开征集的规章制定项目建议进行评估论证，拟订本部门、本级人民政府年度规章制定工作计划，报本部门、本级人民政府批准后向社会公布。

年度规章制定工作计划应当明确规章的名称、起草单位、完成时间等。

第十三条 国务院部门，省、自治区、直辖市和设区的市、自治州的人民政府，应当加强对执行年度规章制定工作计划的领导。对列入年度规章制定工作计划的项目，承担起草工作的单位应当抓紧工作，按照要求上报本部门或者本级人民政府决定。

法制机构应当及时跟踪了解本部门、本级人民政府年度规章制定工作计划执行情况，加强组织协调和督促指导。

年度规章制定工作计划在执行中，可以根据实际情况予以调整，对拟增加的规章项目应当进行补充论证。

第三章 起 草

第十四条 部门规章由国务院部门组织起草，地方政府规章由省、自治区、直辖市和设区的市、自治州的人民政府组织起草。

国务院部门可以确定规章由其一个或者几个内设机构或者其他机构具体负责起草工作，也可以确定由其法制机构起草或者组织起草。

省、自治区、直辖市和设区的市、自治州的人民政府可以确定规章由其一个部门或者几个部门具体负责起草工作，也可以确定由其法制机构起草或者组织起草。

第十五条 起草规章，应当深入调查研究，总结实践经验，广泛听取有关机关、组织和公民的意见。听取意见可以采取书面征求意见、座谈会、论证会、听证会等多种形式。

起草规章，除依法需要保密的外，应当将规章草案及其说明等向社会公布，征求意见。向社会公布征求意见的期限一般不少于30日。

起草专业性较强的规章，可以吸收相关领域的专家参与起草工作，或者委托有关专家、教学科研单位、社会组织起草。

第十六条 起草规章，涉及社会公众普遍关注的热点难点问题和经济社会发展遇到的突出矛盾，减损公民、法人和其他组织权利或者增加其义务，对社会公众有重要影响等重大利益调整事项的，起草单位应当进行论证咨询，广泛听取有关方面的意见。

起草的规章涉及重大利益调整或者存在重大意见分歧，对公民、法人或者其他组织的权利义务有较大影响，人民群众普遍关注，需要进行听证的，起草单位应当举行听证会听取意见。听证会依照下列程序组织：

（一）听证会公开举行，起草单位应当在举行听证会的30日前公布听证会的时间、地点和内容；

（二）参加听证会的有关机关、组织和公民对起草的规章，有权提问和发表意见；

（三）听证会应当制作笔录，如实记录发言人的主要观点和理由；

（四）起草单位应当认真研究听证会反映的各种意见，起草的规章在报送审查时，应当说明对听证会意见的处理情况及其理由。

第十七条 起草部门规章，涉及国务院其他部门的职责或者与国务院其他部门关系紧密的，起草单位应当充分征求国务院其他部门的意见。

起草地方政府规章，涉及本级人民政府其他部门的职责或者与其他部门关系紧密的，起草单位应当充分征求其他部门的意见。起草单位与其他部门有不同意见的，应当充分协商；经过充分协商不能取得一致意见的，起草单位应当在上报规章草案送审稿（以下简称规章送审稿）时说明情况和理由。

第十八条 起草单位应当将规章送审稿及其说明、对规章送审稿主要问题的不同意见和其他有关材料按规定报送审查。

报送审查的规章送审稿，应当由起草单位主要负责人签署；几个起草单位共同起草的规章送审稿，应当由该几个起草单位主要负责人共同签署。

规章送审稿的说明应当对制定规章的必要性、规定的主要措施、有关方面的意见及其协调处理情况等作出说明。

有关材料主要包括所规范领域的实际情况和相关数据、实践中存在的主要问题、汇总的意见、听证会笔录、调研报告、国内外有关立法资料等。

第四章　审　查

第十九条　规章送审稿由法制机构负责统一审查。法制机构主要从以下方面对送审稿进行审查：

（一）是否符合本条例第三条、第四条、第五条、第六条的规定；

（二）是否符合社会主义核心价值观的要求；

（三）是否与有关规章协调、衔接；

（四）是否正确处理有关机关、组织和公民对规章送审稿主要问题的意见；

（五）是否符合立法技术要求；

（六）需要审查的其他内容。

第二十条　规章送审稿有下列情形之一的，法制机构可以缓办或者退回起草单位：

（一）制定规章的基本条件尚不成熟或者发生重大变化的；

（二）有关机构或者部门对规章送审稿规定的主要制度存在较大争议，起草单位未与有关机构或者部门充分协商的；

（三）未按照本条例有关规定公开征求意见的；

（四）上报送审稿不符合本条例第十八条规定的。

第二十一条　法制机构应当将规章送审稿或者规章送审稿涉及的主要问题发送有关机关、组织和专家征求意见。

法制机构可以将规章送审稿或者修改稿及其说明等向社会公布，征求意见。向社会公布征求意见的期限一般不少于30日。

第二十二条　法制机构应当就规章送审稿涉及的主要问题，深入基层进行实地调查研究，听取基层有关机关、组织和公民的意见。

第二十三条　规章送审稿涉及重大利益调整的，法制机构应当进行论证咨询，广泛听取有关方面的意见。论证咨询可以采取座谈会、论证会、听证会、委托研究等多种形式。

规章送审稿涉及重大利益调整或者存在重大意见分歧，对公民、法人或者其他组织的权利义务有较大影响，人民群众普遍关注，起草单位在起草过程中未举行听证会的，法制机构经本部门或者本级人民政府批准，可以举行听证会。

举行听证会的，应当依照本条例第十六条规定的程序组织。

第二十四条 有关机构或者部门对规章送审稿涉及的主要措施、管理体制、权限分工等问题有不同意见的，法制机构应当进行协调，力求达成一致意见。对有较大争议的重要立法事项，法制机构可以委托有关专家、教学科研单位、社会组织进行评估。

经过充分协调不能达成一致意见的，法制机构应当将主要问题、有关机构或者部门的意见和法制机构的意见及时报本部门或者本级人民政府领导协调，或者报本部门或者本级人民政府决定。

第二十五条 法制机构应当认真研究各方面的意见，与起草单位协商后，对规章送审稿进行修改，形成规章草案和对草案的说明。说明应当包括制定规章拟解决的主要问题、确立的主要措施以及与有关部门的协调情况等。

规章草案和说明由法制机构主要负责人签署，提出提请本部门或者本级人民政府有关会议审议的建议。

第二十六条 法制机构起草或者组织起草的规章草案，由法制机构主要负责人签署，提出提请本部门或者本级人民政府有关会议审议的建议。

第五章 决定和公布

第二十七条 部门规章应当经部务会议或者委员会会议决定。

地方政府规章应当经政府常务会议或者全体会议决定。

第二十八条 审议规章草案时，由法制机构作说明，也可以由起草单位作说明。

第二十九条 法制机构应当根据有关会议审议意见对规章草案进行修改，形成草案修改稿，报请本部门首长或者省长、自治区主席、市长、自治州州长签署命令予以公布。

第三十条 公布规章的命令应当载明该规章的制定机关、序号、规章名称、通过日期、施行日期、部门首长或者省长、自治区主席、市长、自治州州长署名以及公布日期。

部门联合规章由联合制定的部门首长共同署名公布，使用主办机关的命令序号。

第三十一条 部门规章签署公布后，及时在国务院公报或者部门公报和中国政府法制信息网以及在全国范围内发行的报纸上刊载。

地方政府规章签署公布后，及时在本级人民政府公报和中国政府法制信息网以及在本行政区域范围内发行的报纸上刊载。

在国务院公报或者部门公报和地方人民政府公报上刊登的规章文本为标准文本。

第三十二条 规章应当自公布之日起30日后施行；但是，涉及国家安全、外汇汇率、货币政策的确定以及公布后不立即施行将有碍规章施行的，可以自公布之日起施行。

第六章 解释与备案

第三十三条 规章解释权属于规章制定机关。

规章有下列情形之一的，由制定机关解释：

（一）规章的规定需要进一步明确具体含义的；

（二）规章制定后出现新的情况，需要明确适用规章依据的。

规章解释由规章制定机关的法制机构参照规章送审稿审查程序提出意见，报请制定机关批准后公布。

规章的解释同规章具有同等效力。

第三十四条 规章应当自公布之日起30日内，由法制机构依照立法法和《法规规章备案条例》的规定向有关机关备案。

第三十五条 国家机关、社会团体、企业事业组织、公民认为规章同法律、行政法规相抵触的，可以向国务院书面提出审查的建议，由国务院法制机构研究并提出处理意见，按照规定程序处理。

国家机关、社会团体、企业事业组织、公民认为设区的市、自治州的人民政府规章同法律、行政法规相抵触或者违反其他上位法的规定的，也可以向本省、自治区人民政府书面提出审查的建议，由省、自治区人民政府法制机构研究并提出处理意见，按照规定程序处理。

第七章 附 则

第三十六条 依法不具有规章制定权的县级以上地方人民政府制定、发布具有普遍约束力的决定、命令，参照本条例规定的程序执行。

第三十七条 国务院部门，省、自治区、直辖市和设区的市、自治州的人民政府，应当根据全面深化改革、经济社会发展需要以及上位法规定，及时组织开展规章清理工作。对不适应全面深化改革和经济社会发展要求、不符合上位法规定的规章，应当及时修改或者废止。

第三十八条 国务院部门，省、自治区、直辖市和设区的市、自治州的人民政府，可以组织对有关规章或者规章中的有关规定进行立法后评估，并把评估结果作为修改、废止有关规章的重要参考。

第三十九条 规章的修改、废止程序适用本条例的有关规定。

规章修改、废止后，应当及时公布。

第四十条 编辑出版正式版本、民族文版、外文版本的规章汇编，由法制机构依照《法规汇编编辑出版管理规定》的有关规定执行。

第四十一条 本条例自 2002 年 1 月 1 日起施行。

环境保护法规制定程序办法

《环境保护法规制定程序办法》已经2005年4月11日国家环境保护总局局务会议审议通过，现予发布，自2005年6月1日起施行。1990年3月12日国家环境保护局发布的《国家环境保护局法规性文件管理办法》同时废止。

国家环境保护总局局长
解振华
二〇〇五年四月二十五日

主题词：环保　法规　制定　程序

环境保护法规制定程序办法

第一章　总　则

第一条　为了规范环境保护法规的制定程序，保证立法质量，根据《立法法》《行政法规制定程序条例》《部门规章制定程序条例》《法规部门规章备案条例》和《全面推进依法行政实施纲要》，制定本办法。

第二条　本办法所称“环境保护法规”，是指国家环境保护总局（以下简称总局），根据全国人大有关机关的委托，或者根据法律、行政法规的授权，或者根据职权，制定的下列规范性文件：

（一）根据全国人大有关机关的委托起草的环境保护法律的草案代拟稿；

（二）拟报送国务院的环境保护法律或者行政法规的送审稿；

（三）环境保护部门规章。

第三条　环境保护法律、行政法规的立项、起草、审查、送审，环境保护部门规章的立项、起草、审查、决定、公布、备案和解释，适用本办法。

其他国家机关或者部门发送总局征求意见的有关法律、法规和部门规章的征求意见稿的办理程序，适用本办法的有关规定。

第二章　立　项

第四条　总局于每年年初编制本年度立法计划。

年度立法计划确定的环境保护法律或者行政法规类立法项目，分为第一类、第二类和第三类立法项目：

（一）已被列入全国人大常委会立法规划或者国务院年度立法计划，总局年内必须报出或者已报出需要配合全国人大或者国务院有关立法工作机构审查的立法项目，列入第一类立法项目；

（二）立法依据充分、立法思路清晰、所要解决的问题为环境保护管理工作急需、拟确立的主要制度和措施可行、总局力争年内报出的立法项目，列入第二类立法项目；

（三）需要研究、论证和起草的立法项目，列入第三类立法项目。

第五条　环境保护部门规章的立法项目根据实际工作需要适时确定，不做立法计划安排。

国务院领导指示需要开展环境立法研究的项目，总局应当及时开展有关工作。

第六条　除已被列入全国人大常委会立法规划或者国务院年度立法计划的立法项日外，总局有关司（办、局）认为需要制定环境保护法规的，应当于每年 1 月底前提出立项建议。

提出立项建议，应当填写立法项目申报表（见附件 1），并提交有关立法必要性、所要解决的主要问题和拟确立的主要制度和措施的书面说明材料，并可附具国内外有关立法参考资料。

第七条　法规司对立项建议汇总研究，提出总局年度立法计划的建议稿，报总局局务会议审议决定。

第八条　经总局局务会议审议通过的年度立法计划是总局本年度立法工作依据。

第三章　起　草

第九条　具体负责起草环境保护法规工作的司（办、局），应当组织有关立法工作者、实际工作者和专家学者，承担立法起草工作。

法规司应当适时参加有关环境保护法规的起草工作。

第十条 起草环境保护法规，应当广泛收集资料，深入调查研究，广泛听取有关机关、组织和公民的意见。

听取意见可以采取召开讨论会、专家论证会、部门协调会、企业代表座谈会、听证会等多种形式。

第十一条 负责起草工作的司（办、局）完成环境保护法规初稿后，应当征求总局其他有关司（办、局）和有关直属单位的意见，并根据反馈意见，对初稿进行修改，形成环境保护法规征求意见稿草案，经负责起草工作的司（办、局）主要负责人签署后，报送总局局长专题会议审议。

局长专题会议重点就环境保护法规征求意见稿草案涉及的主要法律制度和措施的必要性和可行性，设定的行政许可和行政处罚的适当性和合法性等内容进行审议。

第十二条 负责起草工作的司（办、局）应当根据总局局长专题会议审议意见，对征求意见稿草案进行修改，形成环境保护法规征求意见稿及其说明，以总局局函发送省级环境保护部门、国务院有关部门征求意见。

负责起草工作的司（办、局）可以根据环境保护法规征求意见稿内容所涉及的范围，征求有关地方人民政府、省级以下环境保护部门、有代表性的企业和公民的意见。

征求意见稿的说明，应当包括立法必要性、主要制度和措施等主要内容的说明。

第十三条 环境保护法规直接涉及公民、法人或者其他组织切身利益的，可以公布征求意见稿，公开征求意见。

环境保护部门规章影响贸易和投资的，应当按照国家有关规定履行对外通报程序，公布征求意见稿。

环境保护法规的征求意见稿，可以在《中国环境报》和总局网站等媒体公布。

第十四条 起草环境保护法规，涉及国务院其他部门的职能或者与国务院其他部门职能关系紧密的，负责起草工作的司（办、局）应当充分征求其他部门的意见；与其他部门有不同意见的，应当充分协商；经过充分协商不能取得一致意见的，负责起草工作的司（办、局）应当在环境保护法规草案送审稿说明中说明情况和理由。

第十五条 负责起草工作的司（办、局）根据征求的意见，对征求意见稿及其说明进行修改，形成环境保护法规草案送审稿及其说明，连同其他有关材料，经负责起草工作的司（办、局）主要负责人签署后，移送法规司审查。

草案送审稿的说明，应当包括立法必要性、起草过程、主要制度和措施的说明、征求意见情况以及未采纳意见的处理情况等内容。

其他有关材料，主要包括：目前管理现状和存在的主要问题分析，草案规定的主要制度和措施的必要性和可行性的专项论证材料，征求意见及其处理情况汇总表、对未采纳的主要不同意见的说明，有关立法调研报告和国内外包括法规条文在内的其他立法参考资料。

第四章　审　查

第十六条 对未按照本办法第三章的有关规定征求意见或者准备有关论证材料的，法规司可以转送负责起草工作的司（办、局）补办有关程序或者补充有关论证材料。

第十七条 法规司会同负责起草工作的司（办、局），主要从下列方面对环境保护法规草案送审稿进行审查：

（一）设定的环境保护行政许可项目是否符合《行政许可法》和其他有关法律、法规和国务院其他法规性文件关于设定行政许可的规定；

（二）设定的环境保护行政处罚是否符合《行政处罚法》和其他有关法律、行政法规和国务院其他法规性文件关于设定行政处罚的规定；

（三）是否与国家有关法规和政策协调、衔接；

（四）是否符合立法技术要求。

第十八条 在审查过程中，法规司认为环境保护法规草案送审稿涉及的法律问题需要进一步研究的，法规司可以组织实地调查，并可召开座谈会、论证会，听取意见。

环境保护法规草案送审稿创设行政许可事项，或者直接涉及公民、法人或者其他组织切身利益，有关机关、组织或者公民对其有重大意见分歧的，法规司和负责起草工作的司（办、局）可以向社会公开征求意见，也可以采取听证会等形式，听取有关机关、组织和公民的意见。

第十九条 法规司会同负责起草工作的司（办、局）应当在20个工作日内完成环境保护部门规章草案送审稿的修改，在40个工作日内完成环境保护法律、行政法规草案送审稿的修改，形成环境保护法规草案送审稿。因涉及有关方面重大意见分歧需要协调等特殊情形的，可适当延长审查时限，但最长不得超过60个工作日。

法规司负责提出法规送审签报，经负责起草工作的司（办、局）会签后，连同环境保护法规草案及其起草说明和审查说明以及有关专项论证材料目录，提请总局局务会议审议。

起草说明应当包括立法必要性、起草过程、主要制度和措施的说明、征求意见情况以及未采纳意见的处理等情况的说明。

审查说明应当包括立法依据、行政许可和行政处罚设定的合法性、环境保护法规草案与有关法律、法规协调一致性等问题的说明。

第二十条 对环境保护法规草案送审稿规定的管理体制、主要制度或者措施，有关方面存在重大分歧的，法规司会同负责起草工作的司（办、局）可以在环境保护法规草案中提出一种或多种备选方案，提交局长专题会议审议。

第五章 送审、决定和公布

第二十一条 环境保护法规草案应当经总局局务会议审议。

第二十二条 审议环境保护法规草案时，负责起草工作的司（办、局）做起草说明，并负责就具体管理现状、主要管理制度和措施的必要性、可行性等专业性问题做说明或答辩。

法规司做审查说明，并负责就行政许可、行政处罚设定的合法性和环境保护法规草案与其他法律、法规的衔接等法律问题做说明和答辩。

第二十三条 法规司应当会同负责起草工作的司（办、局），根据总局局务会议审议意见对环境保护部门规章草案进行修改，形成环境保护部门规章，报请总局局长签署命令予以公布。

法规司应当会同负责起草工作的司（办、局），根据总局局务会议审议意见对环境保护法律或者行政法规草案进行修改，形成环境保护法律或者行政法规送审稿，并以总局文件形式报送国务院。

总局根据全国人大有关机关委托起草的环境保护法律草案代拟稿，以总局局函报送委托机关。

报送环境保护法律或者行政法规送审稿、环境保护法律草案代拟稿，应当附送有关专项论证材料。

第二十四条 公布环境保护部门规章的命令应当载明该环境保护部门规章的序号、名称、通过日期、施行日期、总局局长署名以及公布日期。环境保护部门规章公布格式见附件 2。

总局与国务院有关部门联合发布的环境保护部门规章由有关部门首长共同署名公布；总局为主办机关的，使用总局的命令序号。

第二十五条 环境保护部门规章签署公布后，《中国环境报》和总局网站应当及时刊载。

第二十六条 经《国务院公报》刊载的环境保护部门规章文本为标准文本。在《中国环境报》上刊载的环境保护部门规章文本也为标准文本。

第二十七条 环境保护部门规章应当自公布之日起 30 日后施行；但公布后不立即施行将有碍环境保护部门规章施行的，可以自公布之日起施行。

第六章 备案与解释

第二十八条 环境保护部门规章应当自公布之日起 30 日内，由法规司依照《立法法》和《法规部门规章备案条例》的规定，办理具体的备案工作。

报送环境保护部门规章备案，应当提交备案报告、部门规章文本和说明，并按照规定的格式装订成册，一式十份。环境保护部门规章备案格式见附件 3。

法规司应当于每年 1 月 31 日前将上一年度所制定的环境保护部门规章目录报国务院法制办公室。

第二十九条 环境保护部门规章解释权属于总局。由总局与国务院有关部门联合发布的部门规章，由总局和国务院有关部门联合解释。

环境保护部门规章有下列情况之一的，由依据前款规定享有解释权的机关解释：

（一）环境保护部门规章的规定需要进一步明确具体含义的；

（二）环境保护部门规章制定后出现新的情况，需要明确适用依据的。

环境保护部门规章解释的办理程序，适用《环境保护法规解释管理办法》的有关规定。

环境保护部门规章的解释和环境保护部门规章具有同等效力。

第三十条 环境保护法律、行政法规具体适用过程中的解释，适用《全国人民代表大会常务委员会关于加强法律解释工作的决议》、《国务院办公厅关于行政法规解释权限和程序问题的通知》和《环境保护法规解释管理办法》的有关规定。

第七章 其他部门法规征求意见稿的办理

第三十一条 其他国家机关或者部门组织起草法律、行政法规或者部门规章，发送总局征求意见的，由法规司归口受理，并根据所涉及的内容分送有关司（办、局）征求意见。

第三十二条 各有关司（办、局）应当按照确定的时限提出意见，返回法规司。

法规司根据是否与环境保护法律、行政法规、部门规章协调、衔接的原则，负责汇总研究，拟定函复意见。

第三十三条 对其他国家机关或者部门组织起草法律、行政法规或者部门规章的征求意见稿，总局各有关司（办、局）之间存在较大意见分歧的，法规司负责进行协调；经协调仍不能达成一致意见的，报总局局长专题会议研究、协调。

第三十四条 其他国家机关或者部门组织起草法律、行政法规或者部门规章的征求意见稿拟设立的管理体制、主要制度或者措施，与环境保护法律、行政法规、部门规章存在重大矛盾或者交叉，或者对环境保护部门监督管理工作具有重大影响的，法规司应当商有关司（办、局）提出意见和建议，报请总局局长专题会议或者局务会议研究。

第八章 附 则

第三十五条 环境保护部门规章影响贸易和投资的，应当在公布后按照有关规定翻译英文译本，按照规定程序对外公布。

环境保护法律、行政法规由总局负责起草的，应当在公布后按照有关规定翻译成英文译本。

环境保护法规英文译本由总局国际司提出英文译本初稿，经负责起草工作的司（办、局）审核后，由法规司按照有关规定对外公布或者报送有关国家机关审查。

环境保护法规少数民族语言翻译工作按照国家有关规定执行。

第三十六条 总局应当经常对环境保护部门规章进行清理，发现与新公布的法律、行政法规或者其他上位法的规定不一致的，或者与法律、行政法规或者其他上位法的规定相抵触的，或者出现不适应新出现的情况的，应当及时修改或者废止。

修改、废止环境保护部门规章的程序，依照本办法的有关规定执行。

第三十七条 编辑出版正式版本、外文版本的环境保护法规汇编，由法规司依照《法规汇编编辑出版管理规定》的有关规定执行。

第三十八条 本办法自 2005 年 6 月 1 日起施行。

1990 年 3 月 12 日国家环境保护局发布的《国家环境保护局法规性文件管理办法》同时废止。

附件：1. 立法项目申报表

2. 部门规章公布格式

3. 部门规章备案格式

4. 环保法规主要制定程序流程图

生态环境标准管理办法

《生态环境标准管理办法》已于 2020 年 11 月 5 日由生态环境部部务会议审议通过，现予公布，自 2021 年 2 月 1 日起施行。

生态环境部部长　黄润秋

2020 年 12 月 15 日

生态环境标准管理办法

第一章　总　则

第一条　为加强生态环境标准管理工作，依据《中华人民共和国环境保护法》《中华人民共和国标准化法》等法律法规，制定本办法。

第二条　本办法适用于生态环境标准的制定、实施、备案和评估。

第三条　本办法所称生态环境标准，是指由国务院生态环境主管部门和省级人民政府依法制定的生态环境保护工作中需要统一的各项技术要求。

第四条　生态环境标准分为国家生态环境标准和地方生态环境标准。

国家生态环境标准包括国家生态环境质量标准、国家生态环境风险管控标准、国家污染物排放标准、国家生态环境监测标准、国家生态环境基础标准和国家生态环境管理技术规范。国家生态环境标准在全国范围或者标准指定区域范围执行。

地方生态环境标准包括地方生态环境质量标准、地方生态环境风险管控标准、地方污染物排放标准和地方其他生态环境标准。地方生态环境标准在发布该标准的省、自治区、直辖市行政区域范围或者标准指定区域范围执行。

有地方生态环境质量标准、地方生态环境风险管控标准和地方污染物排放标准的地区，应当依法优先执行地方标准。

第五条　国家和地方生态环境质量标准、生态环境风险管控标准、污染物排放标准和法律法规规定强制执行的其他生态环境标准，以强制性标准的形式发布。法律法规未规定强制执行的国家和地方生态环境标准，以推荐性标准的形式发布。

强制性生态环境标准必须执行。

推荐性生态环境标准被强制性生态环境标准或者规章、行政规范性文件引用并赋予其强制执行效力的，被引用的内容必须执行，推荐性生态环境标准本身的法律效力不变。

第六条 国务院生态环境主管部门依法制定并组织实施国家生态环境标准，评估国家生态环境标准实施情况，开展地方生态环境标准备案，指导地方生态环境标准管理工作。

省级人民政府依法制定地方生态环境质量标准、地方生态环境风险管控标准和地方污染物排放标准，并报国务院生态环境主管部门备案。机动车等移动源大气污染物排放标准由国务院生态环境主管部门统一制定。

地方各级生态环境主管部门在各自职责范围内组织实施生态环境标准。

第七条 制定生态环境标准，应当遵循合法合规、体系协调、科学可行、程序规范等原则。

制定国家生态环境标准，应当根据生态环境保护需求编制标准项目计划，组织相关事业单位、行业协会、科研机构或者高等院校等开展标准起草工作，广泛征求国家有关部门、地方政府及相关部门、行业协会、企业事业单位和公众等方面的意见，并组织专家进行审查和论证。具体工作程序与要求由国务院生态环境主管部门另行制定。

第八条 制定生态环境标准，不得增加法律法规规定之外的行政权力事项或者减少法定职责；不得设定行政许可、行政处罚、行政强制等事项，增加办理行政许可事项的条件，规定出具循环证明、重复证明、无谓证明的内容；不得违法减损公民、法人和其他组织的合法权益或者增加其义务；不得超越职权规定应由市场调节、企业和社会自律、公民自我管理的事项；不得违法制定含有排除或者限制公平竞争内容的措施，违法干预或者影响市场主体正常生产经营活动，违法设置市场准入和退出条件等。

生态环境标准中不得规定采用特定企业的技术、产品和服务，不得出现特定企业的商标名称，不得规定采用尚在保护期内的专利技术和配方不公开的试剂，不得规定使用国家明令禁止或者淘汰使用的试剂。

第九条 生态环境标准发布时，应当留出适当的实施过渡期。

生态环境质量标准、生态环境风险管控标准、污染物排放标准等标准发布前，应当明确配套的污染防治、监测、执法等方面的指南、标准、规范及相关制定或者修改计划，以及标准宣传培训方案，确保标准有效实施。

第二章 生态环境质量标准

第十条为保护生态环境，保障公众健康，增进民生福祉，促进经济社会可持续发展，限制环境中有害物质和因素，制定生态环境质量标准。

第十一条 生态环境质量标准包括大气环境质量标准、水环境质量标准、海洋环境质量标准、声环境质量标准、核与辐射安全基本标准。

第十二条 制定生态环境质量标准，应当反映生态环境质量特征，以生态环境基准研究成果为依据，与经济社会发展和公众生态环境质量需求相适应，科学合理确定生态环境保护目标。

第十三条 生态环境质量标准应当包括下列内容：

（一）功能分类；

（二）控制项目及限值规定；

（三）监测要求；

（四）生态环境质量评价方法；

（五）标准实施与监督等。

第十四条 生态环境质量标准是开展生态环境质量目标管理的技术依据，由生态环境主管部门统一组织实施。

实施大气、水、海洋、声环境质量标准，应当按照标准规定的生态环境功能类型划分功能区，明确适用的控制项目指标和控制要求，并采取措施达到生态环境质量标准的要求。

实施核与辐射安全基本标准，应当确保核与辐射的公众暴露风险可控。

第三章 生态环境风险管控标准

第十五条 为保护生态环境，保障公众健康，推进生态环境风险筛查与分类管理，维护生态环境安全，控制生态环境中的有害物质和因素，制定生态环境风险管控标准。

第十六条 生态环境风险管控标准包括土壤污染风险管控标准以及法律法规规定的其他环境风险管控标准。

第十七条 制定生态环境风险管控标准，应当根据环境污染状况、公众健康风险、生态环境风险、环境背景值和生态环境基准研究成果等因素，区分不同保护对象和用途功能，科学合理确定风险管控要求。

第十八条 生态环境风险管控标准应当包括下列内容：

（一）功能分类；

（二）控制项目及风险管控值规定；

（三）监测要求；

（四）风险管控值使用规则；

（五）标准实施与监督等。

第十九条 生态环境风险管控标准是开展生态环境风险管理的技术依据。

实施土壤污染风险管控标准，应当按照土地用途分类管理，管控风险，实现安全利用。

第四章　污染物排放标准

第二十条 为改善生态环境质量，控制排入环境中的污染物或者其他有害因素，根据生态环境质量标准和经济、技术条件，制定污染物排放标准。

国家污染物排放标准是对全国范围内污染物排放控制的基本要求。地方污染物排放标准是地方为进一步改善生态环境质量和优化经济社会发展，对本行政区域提出的国家污染物排放标准补充规定或者更加严格的规定。

第二十一条 污染物排放标准包括大气污染物排放标准、水污染物排放标准、固体废物污染控制标准、环境噪声排放控制标准和放射性污染防治标准等。

水和大气污染物排放标准，根据适用对象分为行业型、综合型、通用型、流域（海域）或者区域型污染物排放标准。

行业型污染物排放标准适用于特定行业或者产品污染源的排放控制；综合型污染物排放标准适用于行业型污染物排放标准适用范围以外的其他行业污染源的排放控制；通用型污染物排放标准适用于跨行业通用生产工艺、设备、操作过程或者特定污染物、特定排放方式的排放控制；流域（海域）或者区域型污染物排放标准适用于特定流域（海域）或者区域范围内的污染源排放控制。

第二十二条 制定行业型或者综合型污染物排放标准，应当反映所管控行业的污染物排放特征，以行业污染防治可行技术和可接受生态环境风险为主要依据，科学合理确定污染物排放控制要求。

制定通用型污染物排放标准，应当针对所管控的通用生产工艺、设备、操作过程的污染物排放特征，或者特定污染物、特定排放方式的排放特征，以污染防治可行技术、可接受生态环境风险、感官阈值等为主要依据，科学合理确定污染物排放控制要求。

制定流域（海域）或者区域型污染物排放标准，应当围绕改善生态环境质量、防范生态环境风险、促进转型发展，在国家污染物排放标准基础上作出补充规定或者更加严格的规定。

第二十三条 污染物排放标准应当包括下列内容：

（一）适用的排放控制对象、排放方式、排放去向等情形；

（二）排放控制项目、指标、限值和监测位置等要求，以及必要的技术和管理措施要求；

（三）适用的监测技术规范、监测分析方法、核算方法及其记录要求；

（四）达标判定要求；

（五）标准实施与监督等。

第二十四条 污染物排放标准按照下列顺序执行：

（一）地方污染物排放标准优先于国家污染物排放标准；地方污染物排放标准未规定的项目，应当执行国家污染物排放标准的相关规定。

（二）同属国家污染物排放标准的，行业型污染物排放标准优先于综合型和通用型污染物排放标准；行业型或者综合型污染物排放标准未规定的项目，应当执行通用型污染物排放标准的相关规定。

（三）同属地方污染物排放标准的，流域（海域）或者区域型污染物排放标准优先于行业型污染物排放标准，行业型污染物排放标准优先于综合型和通用型污染物排放标准。流域（海域）或者区域型污染物排放标准未规定的项目，应当执行行业型或者综合型污染物排放标准的相关规定；流域（海域）或者区域型、行业型或者综合型污染物排放标准均未规定的项目，应当执行通用型污染物排放标准的相关规定。

第二十五条 污染物排放标准规定的污染物排放方式、排放限值等是判定污染物排放是否超标的技术依据。排放污染物或者其他有害因素，应当符合污染物排放标准规定的各项控制要求。

第五章　生态环境监测标准

第二十六条　为监测生态环境质量和污染物排放情况，开展达标评定和风险筛查与管控，规范布点采样、分析测试、监测仪器、卫星遥感影像质量、量值传递、质量控制、数据处理等监测技术要求，制定生态环境监测标准。

第二十七条　生态环境监测标准包括生态环境监测技术规范、生态环境监测分析方法标准、生态环境监测仪器及系统技术要求、生态环境标准样品等。

第二十八条　制定生态环境监测标准应当配套支持生态环境质量标准、生态环境风险管控标准、污染物排放标准的制定和实施，以及优先控制化学品环境管理、国际履约等生态环境管理及监督执法需求，采用稳定可靠且经过验证的方法，在保证标准的科学性、合理性、普遍适用性的前提下提高便捷性，易于推广使用。

第二十九条　生态环境监测技术规范应当包括监测方案制定、布点采样、监测项目与分析方法、数据分析与报告、监测质量保证与质量控制等内容。

生态环境监测分析方法标准应当包括试剂材料、仪器与设备、样品、测定操作步骤、结果表示等内容。

生态环境监测仪器及系统技术要求应当包括测定范围、性能要求、检验方法、操作说明及校验等内容。

第三十条　制定生态环境质量标准、生态环境风险管控标准和污染物排放标准时，应当采用国务院生态环境主管部门制定的生态环境监测分析方法标准；国务院生态环境主管部门尚未制定适用的生态环境监测分析方法标准的，可以采用其他部门制定的监测分析方法标准。

对生态环境质量标准、生态环境风险管控标准和污染物排放标准实施后发布的生态环境监测分析方法标准，未明确是否适用于相关标准的，国务院生态环境主管部门可以组织开展适用性、等效性比对；通过比对的，可以用于生态环境质量标准、生态环境风险管控标准和污染物排放标准中控制项目的测定。

第三十一条　对地方生态环境质量标准、地方生态环境风险管控标准或者地方污染物排放标准中规定的控制项目，国务院生态环境主管部门尚未制定适用的国家生态环境监测分析方法标准的，可以在地方生态环境质量标准、地方生态环境风险管控标准或者地方污染物排放标准中规定相应的监测分析方法，或者采用地方生态环境监测分析方法标准。适用于该控制项目监测的国家生态环境监测分析方法标准实施后，地方生态环境监测分析方法不再执行。

第六章　生态环境基础标准

第三十二条　为统一规范生态环境标准的制订技术工作和生态环境管理工作中具有通用指导意义的技术要求，制定生态环境基础标准，包括生态环境标准制订技术导则，生态环境通用术语、图形符号、编码和代号（代码）及其相应的编制规则等。

第三十三条　制定生态环境标准制订技术导则，应当明确标准的定位、基本原则、技术路线、技术方法和要求，以及对标准文本及编制说明等材料的内容和格式要求。

第三十四条　制定生态环境通用术语、图形符号、编码和代号（代码）编制规则等，应当借鉴国际标准和国内标准的相关规定，做到准确、通用、可辨识，力求简洁易懂。

第三十五条　制定生态环境标准，应当符合相应类别生态环境标准制订技术导则的要求，采用生态环境基础标准规定的通用术语、图形符号、编码和代号（代码）编制规则等，做到标准内容衔接、体系协调、格式规范。

在生态环境保护工作中使用专业用语和名词术语，设置图形标志，对档案信息进行分类、编码等，应当采用相应的术语、图形、编码技术标准。

第七章　生态环境管理技术规范

第三十六条　为规范各类生态环境保护管理工作的技术要求，制定生态环境管理技术规范，包括大气、水、海洋、土壤、固体废物、化学品、核与辐射安全、声与振动、自然生态、应对气候变化等领域的管理技术指南、导则、规程、规范等。

第三十七条　制定生态环境管理技术规范应当有明确的生态环境管理需求，内容科学合理，针对性和可操作性强，有利于规范生态环境管理工作。

第三十八条　生态环境管理技术规范为推荐性标准，在相关领域环境管理中实施。

第八章　地方生态环境标准

第三十九条　地方生态环境质量标准、地方生态环境风险管控标准和地方污染物排放标准可以对国家相应标准中未规定的项目作出补充规定，也可以对国家相应标准中已规定的项目作出更加严格的规定。

第四十条　对本行政区域内没有国家污染物排放标准的特色产业、特有污染物，或者国家有明确要求的特定污染源或者污染物，应当补充制定地方污染物排放标准。

有下列情形之一的，应当制定比国家污染物排放标准更严格的地方污染物排放标准：

（一）产业密集、环境问题突出的；

（二）现有污染物排放标准不能满足行政区域内环境质量要求的；

（三）行政区域环境形势复杂，无法适用统一的污染物排放标准的。

国务院生态环境主管部门应当加强对地方污染物排放标准制定工作的指导。

第四十一条　制定地方流域（海域）或者区域型污染物排放标准，应当按照生态环境质量改善要求，进行合理分区，确定污染物排放控制要求，促进流域（海域）或者区域内行业优化布局、调整结构、转型升级。

第四十二条　制定地方生态环境标准，或者提前执行国家污染物排放标准中相应排放控制要求的，应当根据本行政区域生态环境质量改善需求和经济、技术条件，进行全面评估论证，并充分听取各方意见。

第四十三条　地方生态环境质量标准、地方生态环境风险管控标准和地方污染物排放标准发布后，省级人民政府或者其委托的省级生态环境主管部门应当依法报国务院生态环境主管部门备案。

第四十四条　地方生态环境质量标准、地方生态环境风险管控标准和地方污染物排放标准报国务院生态环境主管部门备案时，应当提交标准文本、编制说明、发布文件等材料。

标准编制说明应当设立专章，说明与该标准适用范围相同或者交叉的国家生态环境标准中控制要求的对比分析情况。

第四十五条　国务院生态环境主管部门收到地方生态环境标准备案材料后，予以备案，并公开相关备案信息；发现问题的，可以告知相关省级生态环境主管部门，建议按照法定程序修改。

第四十六条　依法提前实施国家机动车大气污染物排放标准中相应阶段排放限值的，应当报国务院生态环境主管部门备案。

第四十七条　新发布实施的国家生态环境质量标准、生态环境风险管控标准或者污染物排放标准规定的控制要求严于现行的地方生态环境质量标准、生态环境风险管控标准或者污染物排放标准的，地方生态环境质量标准、生态环境风险管控标准或者污染物排放标准，应当依法修订或者废止。

第九章　标准实施评估及其他规定

第四十八条　为掌握生态环境标准实际执行情况及存在的问题，提升生态环境标准科学性、系统性、适用性，标准制定机关应当根据生态环境和经济社会发展形势，结合相关科学技术进展和实际工作需要，组织评估生态环境标准实施情况，并根据评估结果对标准适时进行修订。

第四十九条　强制性生态环境标准应当定期开展实施情况评估，与其配套的推荐性生态环境标准实施情况可以同步开展评估。

第五十条　生态环境质量标准实施评估，应当依据生态环境基准研究进展，针对生态环境质量特征的演变，评估标准技术内容的科学合理性。

生态环境风险管控标准实施评估，应当依据环境背景值、生态环境基准和环境风险评估研究进展，针对环境风险特征的演变，评估标准风险管控要求的科学合理性。

污染物排放标准实施评估，应当关注标准实施中普遍反映的问题，重点评估标准规定内容的执行情况，论证污染控制项目、排放限值等设置的合理性，分析标准实施的生态环境效益、经济成本、达标技术和达标率，开展影响标准实施的制约因素分析并提出解决建议。

生态环境监测标准和生态环境管理技术规范的实施评估，应当结合标准使用过程中反馈的问题、建议和相关技术手段的发展，重点评估标准规定内容的适用性和科学性，以及与生态环境质量标准、生态环境风险管控标准和污染物排放标准的协调性。

第五十一条　生态环境标准由其制定机关委托的出版机构出版、发行，依法公开。省级以上人民政府生态环境主管部门应当在其网站上公布相关的生态环境标准，供公众免费查阅、下载。

第五十二条 生态环境标准由其制定机关负责解释，标准解释与标准正文具有同等效力。相关技术单位可以受标准制定机关委托，对标准内容提供技术咨询。

第十章 附 则

第五十三条 本办法由国务院生态环境主管部门负责解释。

第五十四条 本办法自 2021 年 2 月 1 日起施行。《环境标准管理办法》（国家环境保护总局令第 3 号）和《地方环境质量标准和污染物排放标准备案管理办法》（环境保护部令第 9 号）同时废止。

附 1

国家环境保护标准制（修）订工作流程图

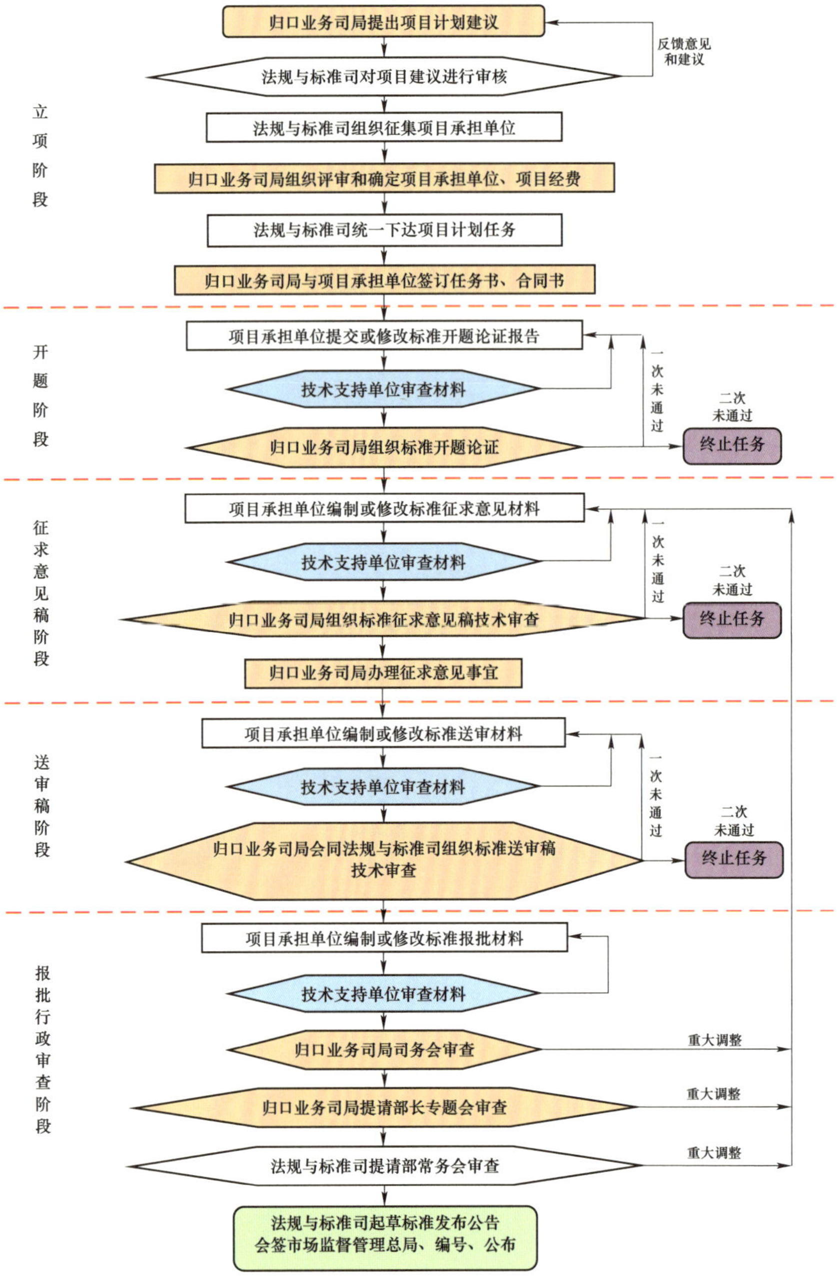
归口业务司局提出项目计划建议
反馈意见和建议
法规与标准司对项目建议进行审核
立项阶段
法规与标准司组织征集项目承担单位
归口业务司局组织评审和确定项目承担单位、项目经费
法规与标准司统一下达项目计划任务
归口业务司局与项目承担单位签订任务书、合同书
开题阶段
项目承担单位提交或修改标准开题论证报告
技术支持单位审查材料
一次未通过
二次未通过
归口业务司局组织标准开题论证
终止任务
征求意见稿阶段
项目承担单位编制或修改标准征求意见材料
技术支持单位审查材料
一次未通过
二次未通过
归口业务司局组织标准征求意见稿技术审查
终止任务
归口业务司局办理征求意见事宜
送审稿阶段
项目承担单位编制或修改标准送审材料
技术支持单位审查材料
一次未通过
二次未通过
归口业务司局会同法规与标准司组织标准送审稿技术审查
终止任务
报批行政审查阶段
项目承担单位编制或修改标准报批材料
技术支持单位审查材料
归口业务司局司务会审查
重大调整
归口业务司局提请部长专题会审查
重大调整
法规与标准司提请部常务会审查
重大调整
法规与标准司起草标准发布公告
会签市场监督管理总局、编号、公布

图 1　国家标准（GB）制（修）订工作流程图

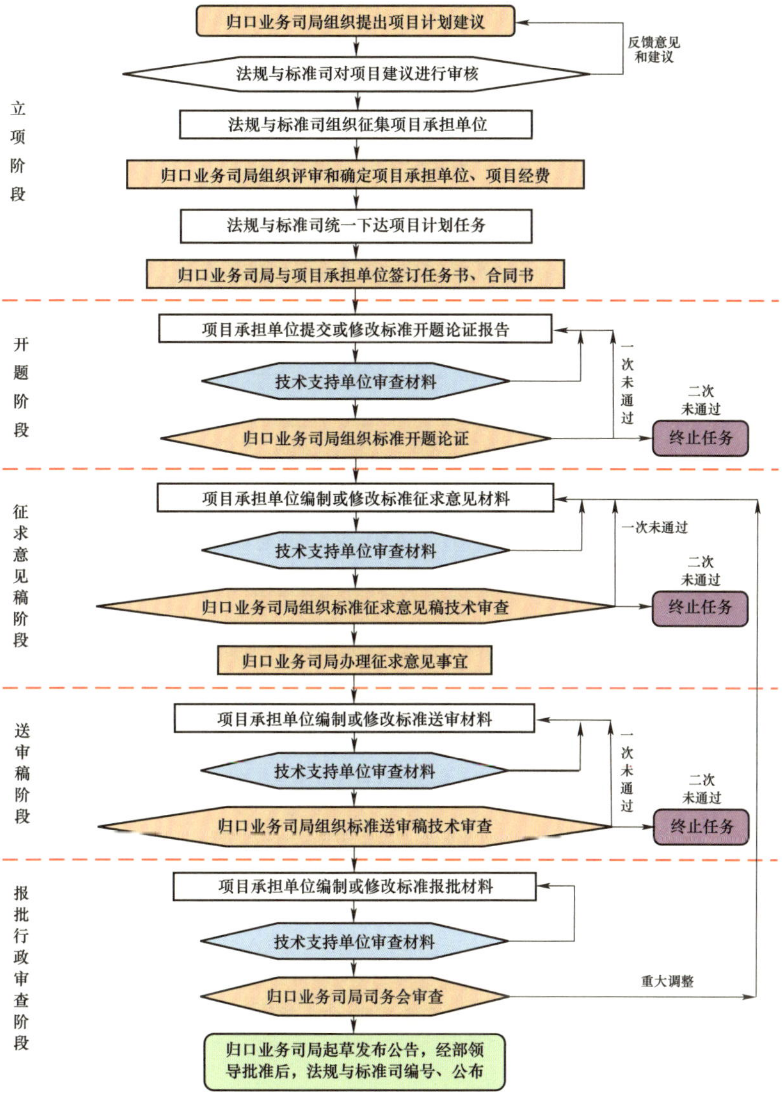
立项阶段
归口业务司局组织提出项目计划建议
法规与标准司对项目建议进行审核
反馈意见和建议
法规与标准司组织征集项目承担单位
归口业务司局组织评审和确定项目承担单位、项目经费
法规与标准司统一下达项目计划任务
归口业务司局与项目承担单位签订任务书、合同书
开题阶段
项目承担单位提交或修改标准开题论证报告
技术支持单位审查材料
归口业务司局组织标准开题论证
一次未通过
二次未通过
终止任务
征求意见稿阶段
项目承担单位编制或修改标准征求意见材料
技术支持单位审查材料
一次未通过
归口业务司局组织标准征求意见稿技术审查
二次未通过
终止任务
归口业务司局办理征求意见事宜
送审稿阶段
项目承担单位编制或修改标准送审材料
技术支持单位审查材料
归口业务司局组织标准送审稿技术审查
一次未通过
二次未通过
终止任务
报批行政审查阶段
项目承担单位编制或修改标准报批材料
技术支持单位审查材料
归口业务司局司务会审查
重大调整
归口业务司局起草发布公告，经部领导批准后，法规与标准司编号、公布

图 2　环境标准（HJ）制（修）订工作流程图

附 2

国家环境保护标准制（修）订项目建议表

建议开展制（修）订工作的标准项目名称		
提出建议单位	（应使用单位规范的全称）	
联系人	姓名	
	所在部门	
	职务	
	电子邮箱	
联系电话	办公室（含区号）	
	移动电话	（必须填写）
环境保护部负责监督实施该标准的部门	（应列出按相关规定，环境保护部负责监督实施该标准的全部职能部门名称）	
与制定和实施该标准有关的国务院部门的意见	（适用于按法律、法规规定，由环境保护部与国务院有关部门会同制定的标准，应附各有关部门对制定和实施该标准问题的书面意见）	
建议开展标准制（修）订工作的理由	（包括实施法律、法规、规章的需要；开展专项工作的需要；现行标准和正在制（修）订的标准不能满足工作要求的原因等）	
实施该标准的依据	（包括法律、法规、规章和其他规范性文件等，列出文件全称和具体条款的内容）	
目前制定该标准项目具备的条件	（包括科研基础条件、最新研究成果、新技术开发应用情况、开展相关执法和监督管理工作的情况等）	
该标准的适用对象	（指有执行该标准义务的主体，包括法人或其他组织等）	

续表

该标准的适用范围	（指要求执行该标准的情形，如生产、建设、审批等活动）
该标准的主要内容	（指标准规范的各类事项，包括开展活动的程序、要求、评价手段、判断方法等）
该标准与相关环保标准或其他标准的关系	（说明该标准与现行的和正在制（修）订的国家环境保护标准的关系，以及与其他部门制定的标准的关系）
该标准的内容是否与相关环保标准有重叠？若有，请予以具体说明	（说明该标准的内容与现行的和正在制（修）订的国家环境保护标准的内容是否重叠，如：是否可能出现不同的标准对同一事项提出不同要求的现象）
提出建议单位的意见	单位领导签字： （盖公章） 年　月　日

附 3

国家环境保护标准制（修）订项目申报表

<table>
<tr><td>申报单位名称</td><td colspan="4">（应与国家质量监督检验检疫总局制发的《组织机构代码证》的内容一致）</td></tr>
<tr><td>申报单位代码</td><td colspan="4">（应与国家质量监督检验检疫总局制发的《组织机构代码证》的内容一致）</td></tr>
<tr><td>申报承担项目名称</td><td colspan="4">（应与征集项目承担单位文件中的项目名称一致）</td></tr>
<tr><td>申报承担项目的统一编号</td><td colspan="4">（应与征集项目承担单位文件中的项目编号一致）</td></tr>
<tr><td rowspan="6">拟任项目负责人情况</td><td>姓名</td><td>（为拟任标准编制组的负责人，应为现职的、具有高级技术职称的人员）</td><td>所在部门（科室）</td><td></td></tr>
<tr><td>职务</td><td></td><td>职称</td><td></td></tr>
<tr><td>办公电话</td><td>（含区号）</td><td>移动电话</td><td>（必须填写，否则申报无效）</td></tr>
<tr><td>传真</td><td></td><td>电子邮箱</td><td></td></tr>
<tr><td colspan="4">工作简历</td></tr>
<tr><td colspan="4"></td></tr>
<tr><td>对制（修）订该标准目的、意义及制订方法的初步认识</td><td colspan="4"></td></tr>
<tr><td>标准制（修）订的技术路线</td><td colspan="4">（需详细说明标准制（修）订拟开展的工作，包括国内外有关情况调研、实际监测分析、试验等）</td></tr>
<tr><td>与项目相关的科研、管理等基础工作情况</td><td colspan="4"></td></tr>
</table>

续表

<table>
<tr><td>申报单位与该标准制（修）订项目相关的基础条件及能为制（修）订工作提供的支持</td><td colspan="3"></td></tr>
<tr><td>申报单位是否有承担环保标准制（修）订项目工作的经历、是否有尚未完成的项目。若有，请说明工作情况</td><td colspan="3">（承担过历年国家环境保护标准制（修）订计划项目的单位必须如实填写，否则申报无效）</td></tr>
<tr><td>申报单位是否愿意作为参加单位参与项目工作</td><td>□是</td><td colspan="2">□否</td></tr>
<tr><td>完成项目需要的经费总额（万元）</td><td colspan="3">（指需要中央财政专项资金的数额）</td></tr>
<tr><td>完成项目需要的时间（月）</td><td colspan="3">（指从环境保护部下达项目计划和经费起，至完成标准报批稿并上报所需的时间，不得长于《生态环境标准管理办法》所规定的时间）</td></tr>
<tr><td>项目经费使用方案</td><td colspan="3">（需结合拟开展的工作，详细说明经费预算测算依据）</td></tr>
<tr><td colspan="4">参与项目工作单位分工及项目经费分配方案</td></tr>
<tr><td>单位</td><td>分担项目工作内容</td><td>经费额度（万元）</td><td>分配经费占项目总经费的比例（%）</td></tr>
<tr><td>申报单位</td><td></td><td></td><td></td></tr>
<tr><td>协作单位 1 名称</td><td rowspan="2"></td><td rowspan="2"></td><td rowspan="2"></td></tr>
<tr><td></td></tr>
</table>

续表

<table>
<tr><td>单位</td><td>分担项目工作内容</td><td>经费额度（万元）</td><td>分配经费占项目总经费的比例（%）</td></tr>
<tr><td>协作单位 2 名称</td><td rowspan="2"></td><td rowspan="2"></td><td rowspan="2"></td></tr>
<tr><td></td></tr>
<tr><td>协作单位 3 名称</td><td rowspan="2"></td><td rowspan="2"></td><td rowspan="2"></td></tr>
<tr><td></td></tr>
<tr><td>协作单位 4 名称</td><td rowspan="2"></td><td rowspan="2"></td><td rowspan="2"></td></tr>
<tr><td></td></tr>
<tr><td>协作单位 5 名称</td><td rowspan="2"></td><td rowspan="2"></td><td rowspan="2"></td></tr>
<tr><td></td></tr>
<tr><td>申报单位意见</td><td colspan="3">本单位已知悉并愿意遵守《国家环境保护标准制（修）订工作管理办 法》等规范性文件的规定，了解该类标准制（修）订计划项目的内容、经费使用规定、工作要求和承担单位的责任。
签字：
（盖公章）
年　月　日</td></tr>
<tr><td>协作单位意见</td><td colspan="3">协作单位 1：
签字：
（盖公章）
年　月　日</td></tr>
</table>

续表

协作单位意见	协作单位 2： 签字： （盖公章） 年　月　日
	协作单位 3： 签字： （盖公章） 年　月　日
	协作单位 4： 签字： （盖公章） 年　月　日
	协作单位 5： 签字： （盖公章） 年　月　日

说明：1. 填报内容要真实、客观、简明，并采用计算机录入。承担单位和协作单位均应有独立法人资格和独立银行账户，报送表格的同时应提交单位法人代码证书和银行开户证明的复印件。

2. 本表可登录环境保护部网站下载。

附 4

标准开题论证报告的主要内容

一、标准开题论证报告的主要内容应包括：

（一）项目背景情况，包括任务来源和工作过程；

（二）标准制（修）订必要性分析；

（三）国内外相关标准情况（强制性国家环保标准项目需包括国家环境监测类标准的匹配情况）；

（四）拟采用的原则、方法和技术路线；

（五）拟开展的主要工作；

（六）需要讨论的重大问题；

（七）拟提交的工作成果；

（八）项目承担单位与标准制（修）订相关的工作基础条件；

（九）协作单位与任务分工；

（十）经费使用方案及人员投入情况；

（十一）时间进度安排；

（十二）标准草案（见附 12、附 13）。

二、国家污染物排放（控制）标准的开题论证报告还应包括：

（一）标准的控制对象与范围，包括行业或污染源类别、污染物控制项目等；

（二）行业背景情况、产业发展政策、国家有关环境保护政策、法律、法规、规划；

（三）行业产排污情况及污染控制技术分析；

（四）国外相关行业或污染源控制立法与执行情况。

三、国家环境监测分析方法标准的开题论证报告还应包括：

（一）目标化合物的来源和环境危害；

（二）实验室内工作技术路线和实验室间验证的初步方案。

附 5

标准管理技术支持单位对标准的审查内容

一、标准开题论证报告的审查内容

（一）开题论证材料的完整性；

（二）开题论证报告的格式与体例；

（三）对开题论证报告的技术内容，提出参考意见。

二、标准征求意见材料的审查内容

（一）标准征求意见材料的完整性；

（二）项目承担单位在工作中执行计划的情况；

（三）项目承担单位落实开题论证意见的情况；

（四）对征求意见稿技术审查会的审查内容，提出参考意见。

三、标准送审材料的审查内容

（一）标准送审材料的完整性；

（二）项目承担单位在工作中执行计划的情况；

（三）标准送审稿及编制说明的格式与体例；

（四）对送审稿技术审查会的审查内容，提出参考意见。

四、标准报批材料的审查内容

（一）标准报批材料的完整性；

（二）项目承担单位落实送审稿技术审查意见的情况；

（三）标准报批稿及编制说明的格式与体例。

附 6

标准开题论证会/技术审查会审查内容

一、标准开题论证会的论证内容

（一）标准制（修）订必要性分析；

（二）国内外相关标准情况及与本标准的关系（强制性国家环保标准项目需包括国家环境监测类标准的匹配情况）；

（三）拟采用的原则、方法和技术路线；

（四）拟开展的主要工作；

（五）拟提交的工作成果；

（六）协作单位与任务分工；

（七）经费使用方案；

（八）标准草案的基本框架。

二、标准征求意见稿技术审查会的审查内容

（一）计划任务书目标完成情况；

（二）标准征求意见稿及编制说明内容的完整性；

（三）标准适用范围以及与相关标准的协调性；

（四）标准技术内容的科学性、适用性和技术经济可行性；

（五）制定标准的重大原则问题；

（六）标准的格式和体例；

（七）其他问题。

三、标准送审稿技术审查会的审查内容

（一）计划任务书目标完成情况；

（二）标准送审稿及编制说明内容的完整性；

（三）标准适用范围以及与相关标准的协调性；

（四）标准对环境管理的适用性；

（五）标准的技术经济可行性；

（六）标准实施所具备的条件和存在的重要问题；

（七）重大分歧意见的处理情况和依据；

（八）标准征求意见处理的合理性；

（九）其他重大问题。

附 7

国家环境保护标准开题论证/征求意见稿技术审查会/送审稿技术审查会审查（或论证）意见（格式）

标准名称			
主持单位			
项目承担单位			
时间		地点	
开题论证/审查结论	通过□	不通过□	

专家意见：

专家组组长签字：

年　月　日

国家环境保护标准开题论证会/征求意见稿技术审查会/送审稿
技术审查会参会人员名单

专家

姓名	职称/职务	工作单位	签字

管理部门代表

姓名	职务/职称	工作单位	签字

附 8

标准编制说明的主要内容

一、标准编制说明的主要内容应包括：

（一）项目背景情况，包括任务来源和工作过程；

（二）标准制（修）订必要性分析；

（三）国内外相关标准情况，其中环境质量标准和污染物排放（控制）标准需包括国家环境监测类标准的匹配情况；

（四）标准制（修）订的基本原则和技术路线；

（五）标准主要技术内容，说明确定标准主要技术内容（技术指标、参数、公式、性能要求、试验方法、检验规则等）的论据（包括试验、统计数据）及说明；

（六）与国内外同类标准或技术法规的水平对比和分析，修订现行标准的，应有与该标准技术或控制水平、主要参数的对比分析的内容；

（七）实施本标准的管理措施、技术措施、实施方案建议；

（八）标准征求意见工作情况及对意见的处理情况（送审稿编制说明增加内容）；

（九）标准送审稿技术审查的情况（报批稿编制说明增加内容）；

（十）附件：征求意见汇总处理表（送审稿编制说明增加内容）；

（十一）其他附件：调研监测报告，试验和验证报告，采用国际或国外标准的原文和翻译稿等。

二、国家污染物排放（控制）标准的编制说明还应包括：

（一）行业概况；

（二）行业产排污情况及污染控制技术分析；

（三）实施本标准的环境、社会、经济效益和实施成本分析；

（四）实施本标准的经济、技术、管理措施的可行性分析。

附 9

世界贸易组织技术性贸易措施中、英文通报表格式

世界贸易组织

技术性贸易壁垒委员会

G/TBT/N/

年　月　日

（xx－xxxx）

原文：英语

通　　报

以下通报根据 TBT 协定第 10.6 条分发

1.	通报成员：中国 如可能，列出涉及的地方政府名称（3.2 条和 7.2 条）：
2.	负责机构：
3.	通报依据的条款 2.9.2 [ ]，2.10.1 [ ]，5.6.2 [ ]，5.7.1 [ ]，其他：
4.	覆盖的产品（如可能，提供产品的 HS 或 CCCN 编码，否则提供国家减让表中所列关税税目号。如可能，可另提供国际标准分类 ICS 号）： ICS：　　HS：
5.	通报文件的标题、页数和使用语言：
6.	内容简述：
7.	目标和理由，如是紧急措施，说明紧急问题的性质：
8.	相关文件：
9.	拟批准日期： 拟生效日期：
10.	提意见截止日期：
11.	文本可从以下机构得到：国家咨询点 [X] 或其他机构，地址、电话和传真号，E-mail 地址和网址： 中国 WTO/TBT 国家通报咨询中心 电话：+86 10 84603950/84603882 传真：+86 10 84603811 电子信箱：tbt@aqsiq.gov.cn

WORLD TRADE ORGANIZATION

G/TBT/N/CHN/No.

（01－0000）

Committee on Technical Barriers to Trade

Original：

NOTIFICATION

The following notification is being circulated in accordance with Article 10.6.

1.	Member to Agreement notifying：<u>China</u> If applicable，name of local government involved（Articles 3.2 and 7.2）：
2.	Agency responsible： Name and address（including telephone and fax numbers，e-mail and web-site addresses，if available）of agency or authority designated to handle comments regarding the notification shall be indicated if different from above：
3.	Notified under Article 2.9.2 [ ]，2.10.1 [ ]，5.6.2 [ ]，5.7.1 [ ]，other：
4.	Products covered（HS or CCCN where applicable，otherwise national tariff heading. ICS numbers may be provided in addition，where applicable）： ICS： HS：
5.	Title，number of pages and language（s）of the notified document：
6.	Description of content：
7.	Objective and rationale，including the nature of urgent problems where applicable：
8.	Relevant documents：
9.	Proposed date of adoption： Proposed date of entry into force：
10.	Final date for comments：
11.	Texts available from：National enquiry point [X] or address，telephone and fax numbers，E-mail and website addresses，if available of the other body： China WTO/TBT National Notification and Consultation Center Telephone：+86 10 84603950/84603882 Fax：+86 10 84603811 E-mail：tbt@aqsiq.gov.cn

附 10

国家环境保护标准征求意见情况汇总处理表

标准名称	×××标准（中文名称）				
标准主编单位	×××				
序号	标准条款编号	意见内容	提出单位	处理意见及理由	备注
一、国务院有关部门的意见					
1				采纳。（不需另加说明）	
2				原则采纳。×××（标准中处理该问题的情况）	
3				部分采纳。×××（部分采纳的理由）	
4				未采纳。×××（未采纳的理由）	
5			……		
二、地方有关部门、科研机构、高等院校、有关企业及其他单位的意见					
6					
7			……		
三、环境保护部有关归口业务司局的意见					
8			……		
四、通过环境保护部政府网站留言、寄送信函等方式提出的意见					
9			……		
五、征求意见单位名单及返回意见情况：					
序号	发送征求意见稿单位名称		是否复函	是否提出书面意见	备注
1					
2					
六、附加说明					
征求意见单位数量：××家；征求意见数目：××条；采纳××条，占××%；未采纳××条，占××%；部分采纳××条，占××%。					

填写要求：填写的内容应全面、真实地反映征求意见的情况，包括征求意见的范围、各单位提出的修改意见和建议、复函无意见和未复函单位的名称等。

附 11

标准归档文件材料清单

1. 标准制（修）订项目计划任务书
2. 标准制（修）订项目任务合同书
3. 标准开题论证报告
4. 标准开题论证会会议通知
5. 标准开题论证会参会人员签到表
6. 标准开题论证会会议纪要
7. 标准征求意见稿技术审查会会议通知
8. 标准征求意见稿技术审查会参会人员签到表
9. 标准征求意见稿技术审查会会议纪要
10. 向有关单位及社会公众征求意见的公文
11. 标准征求意见稿
12. 标准征求意见稿编制说明
13. 各单位对标准征求意见稿的回复意见（可为传真件或扫描打印件）
14. 标准送审稿
15. 标准送审稿编制说明
16. 标准送审稿技术审查会会议通知
17. 标准送审稿技术审查会参会人员签到表
18. 标准送审稿技术审查会会议纪要
19. 标准报批稿（司务会稿）
20. 标准报批稿编制说明（司务会稿）
21. 标准报批说明（司务会稿）
22. 提请司务会审查标准的签报
23. 司务会审查标准的会议纪要
24. 标准报批稿（部长专题会稿）
25. 标准报批稿编制说明（部长专题会稿）
26. 标准报批说明（部长专题会稿）

27. 提请部长专题会审查标准的签报
28. 部长专题会审查标准的会议纪要
29. 标准报批稿（部常务会稿）
30. 标准报批稿编制说明（部常务会稿）
31. 标准报批说明（部常务会稿）
32. 提请部常务会审查标准的签报
33. 部常务会审查标准的会议纪要
34. 标准发布公告
35. 标准发布稿
36. 标准铅印本

附 12

国家环境质量标准、国家污染物排放（控制）标准前言和内容参考格式

前　言

为贯彻《中华人民共和国环境保护法》和《中华人民共和国□、□□□□法》，防治环境污染，改善环境质量，制定本标准（制定标准的依据和目的）。

本标准规定了……（简述标准的主要内容）。

自本标准实施之日起，……废止（明确本标准与现行其他标准的替代关系）。

本标准由环境保护部□□□□司、科技标准司组织制订。本标准主要起草单位：

本标准环境保护部20□□年□□月□□日批准。本标准自20□□年□□月□□日起实施。

本标准由环境保护部解释。

（标准中文名称）

1　适用范围

本标准规定了……

本标准适用于……

2　规范性引用文件

本标准内容引用了下列文件或其中的条款。凡是不注明日期的引用文件，其有效版本适用于本标准。（以下为举例，排列顺序为先国标再行标，标准代号相同时，按编号大小排序）

GB/T 6920　水质 pH 的测定玻璃电极法

GB/T 7478　水质铵的测定蒸馏和滴定法

HJ/T 55　大气污染物无组织排放监测技术导则

……

《污染源自动监控管理办法》（国家环境保护总局令第 28 号）

《环境监测管理办法》（国家环境保护总局令第 39 号）

3　术语和定义

下列术语和定义适用于本标准。

3.1　××××

……

3.2　××××

……

4　技术内容（根据标准实际情况确定标题名称）

……

附 13

其他国家环境保护标准前言和内容参考格式

前　言

为贯彻《中华人民共和国环境保护法》和《中华人民共和国□□□□□法》，防治□□□□污染，改善环境质量，规范……工作，制定本标准（制定标准的依据和目的）。

本标准规定了……（简述标准的主要内容）。本标准是对……标准的修订。

自本标准实施之日起，……废止（明确本标准与现行其他标准的替代关系）。

本标准由环境保护部□□□□司、科技标准司组织制订。本标准主要起草单位：

本标准环境保护部20□□年□□月□□日批准。本标准自20□□年□□月□□日起实施。

本标准由环境保护部解释。

（标准中文名称）

1 适用范围

本标准规定了……

本标准适用于……

2 规范性引用文件

本标准内容引用了下列文件中的条款。凡是不注明日期的引用文件，其有效版本适用于本标准。

GB××× ××××××××× HJ ×××

《×××××××××》（环境保护部公告××××第×号）

3 术语和定义

下列术语和定义适用于本标准。

……

4 技术内容（根据标准实际情况确定标题名称）

……

生态环境部行政规范性文件制定和管理办法

环办法规〔2020〕7号

第一章 总 则

第一条 为规范生态环境部行政规范性文件（以下简称部规范性文件）的制定、管理以及合法性审核工作，根据国务院办公厅《关于加强行政规范性文件制定和监督管理工作的通知》《关于全面推行行政规范性文件合法性审核机制的指导意见》的有关规定，结合生态环境部工作实际，制定本办法。

第二条 部规范性文件的起草、合法性审核、审议、决定、公布、清理等，适用本办法。

部规范性文件均应当纳入合法性审核范围，做到应审必审。

第三条 本办法所称部规范性文件，是指除生态环境部规章外，生态环境部依据法定的权限和程序制定并公开发布，影响公民、法人和其他组织的权利义务，在一定期限内能够反复适用，具有普遍约束力的文件。

生态环境部制定发布的内部工作规范，人事任免决定，请示和报告，对具体事项的通报、通知、批复以及行政处理决定等文件，不属于部规范性文件。

部规范性文件可以使用决定、公告、通知、意见等文种，可以使用规范、办法、意见、行动计划、实施方案等名称，但不得使用法、条例等名称。

第四条 制定部规范性文件应当符合生态环境部法定职责权限，符合法律、法规（包括行政法规和党内法规）、国务院规范性文件、生态环境部规章等规定，符合“放管服”改革、优化营商环境、减证便民等改革措施的精神，保障公民、法人和其他组织的合法权益。

第五条 部规范性文件应当经起草司（办、局、中心）（以下简称起草单位）主要负责人签批同意后，报经部务会议、部常务会议或者部长专题会议审议，重大问题应当报经部党组会议审议，并经部领导签批同意后发布。

第六条 部规范性文件实行统一登记、统一编号、统一印发。

第七条 办公厅负责部规范性文件的核稿、编号等工作。

法规与标准司负责部规范性文件的合法性审核工作。

起草单位依照本办法的规定，负责部规范性文件的起草、评估、论证、征求意见、发布等工作。

第二章 起 草

第八条 起草单位在起草文件时，对该文件是否属于部规范性文件把握不准的，可以商法规与标准司确定。

第九条 部规范性文件的起草单位应当对拟设立的有关政策措施的必要性、可行性进行评估；按照有关规定需要开展生态环境政策社会风险评估的，应当开展社会风险评估。

起草专业性、技术性较强的部规范性文件，起草单位应当组织相关专家进行论证。

起草单位可以委托第三方机构进行评估、论证。

第十条 部规范性文件拟设立的有关政策措施，在起草前已经按照相关规定开展了评估、论证，有关材料和结论可以直接引用的，不再重复评估、论证。

第十一条 涉及部内其他司（办、局、中心）和有关直属单位职责的部规范性文件，起草单位应当征求部内其他司（办、局、中心）和有关直属单位的意见。

第十二条 涉及国务院其他有关部门职责的部规范性文件，起草单位应当征求有关部门的意见；必要时，可以采取部门联合发布的方式制定。

第十三条 涉及有关地方人民政府、地方生态环境主管部门职责的部规范性文件，起草单位应当征求有关地方人民政府、地方生态环境主管部门的意见。

第十四条 涉及公民、法人和其他组织重大利益调整的部规范性文件，起草单位应当深入调查研究，采取座谈会、论证会、实地走访等形式充分听取各方面意见，特别是利益相关方的意见。

部规范性文件对企业切身利益或者权利义务有较大影响的，起草单位应当按照国务院办公厅《关于在制定行政法规规章行政规范性文件过程中充分听取企业和行业协会商会意见的通知》要求，充分听取各类有代表性的企业和行业协会商会以及律师协会的意见，特别是民营企业、劳动密集型企业、中小企业等市场主体的意见。

第十五条 除依法需要保密的外，起草单位应当将部规范性文件征求意见稿及起草说明等材料通过部政府网站、政务新媒体、中国环境报或者其他便于公众知晓的媒体向社会公开征求意见。公开征求意见的期限不得少于十日。

部规范性文件起草说明应当包括制定目的、依据、必要性、可行性、起草过程、征求意见情况、主要内容、评估论证情况、主要问题的协调情况，以及其他需要说明的事项等。

第十六条 起草单位就部规范性文件的内容，与部内其他有关司（办、局、中心）、国务院有关部门、有关地方人民政府或者地方生态环境主管部门意见不一致的，应当充分协商。

第十七条 起草单位应当认真分析研究各方意见，吸收采纳合理建议，对征求意见稿进行修改，并在起草说明中对各方重要、有争议意见的研究处理情况作出说明。

第十八条 起草单位应当对部规范性文件是否符合法律、法规和国家政策进行把关，并在提请审议前移送法规与标准司进行合法性审核。

起草单位移送法规与标准司进行合法性审核时，应当填写经主要负责人同意的《行政规范性文件合法性审核移送函》（见附件 1），同时附具下列材料：

（一）起草说明；

（二）征求意见情况和意见的采纳情况；

（三）行政规范性文件合法性自评表（见附件 2）；

（四）其他相关材料。

第十九条 对未经合法性审核的部规范性文件，起草单位直接报办公厅印发的，办公厅可以退回起草单位，或者要求起草单位移送法规与标准司进行合法性审核。

第三章　合法性审核

第二十条 法规与标准司应当对起草单位移送材料的完备性、规范性进行审查；不符合要求的，可以要求起草单位在规定时间内补充材料。

第二十一条 对起草单位移送合法性审核的部规范性文件，法规与标准司应当对下列事项进行重点审核：

（一）是否超越法定职权；

（二）内容是否符合宪法、法律、法规、国务院规范性文件和部门规章的规定；

（三）是否存在违法设立行政许可、行政处罚、行政强制、行政征收、行政收费，增加办理行政许可事项的条件，规定出具循环证明、重复证明、无谓证明等内容；

（四）是否存在没有法律、法规依据作出减损公民、法人和其他组织合法权益或者增加其义务的情形；

（五）是否存在没有法律、法规依据作出增加本单位权力或者减少本单位法定职责的情形；

（六）是否存在干预下级机构设置、职能配置和编制分配的内容；

（七）是否符合有关部规范性文件制定程序；

（八）是否与其他部规范性文件相衔接、相协调；

（九）其他需要审核的内容。

第二十二条 除特殊情况外，法规与标准司应当在五至十五日内完成部规范性文件合法性审核工作。

第二十三条 开展合法性审核的部规范性文件涉及法律、法规的理解与适用问题的，可以征求全国人大常委会法制工作委员会、司法部等机关的意见。

对合法性审核中遇到的疑难法律问题，法规与标准司可以组织召开座谈会、专家论证会、协调会等听取意见，必要时可以组织开展实地调研。

开展部规范性文件合法性审核工作，应当充分发挥法律顾问、公职律师的作用。

第二十四条 法规与标准司对部规范性文件进行合法性审核后，应当提出明确的审核意见，并填写《行政规范性文件合法性审核意见》（见附件 3）。

法规与标准司应当根据下列情形，向起草单位反馈合法性审核意见：

（一）认为不存在合法性问题的，提出“符合有关法律规定”的审核意见，并明确具体意见；

（二）认为存在一般性合法性问题、修改后可符合合法性审核要求的，提出

“应当予以修改”的审核意见，并明确修改意见；

（三）认为存在重大合法性问题的，可以作出“不符合有关法律规定”的审核意见，并说明理由。

法规与标准司认为还存在其他重要问题的，可以在反馈审核意见时一并提出。

不得以征求意见、会签、参加审议等方式代替合法性审核。

第二十五条 起草单位对法规与标准司提出的合法性审核意见应当认真研究，并对部规范性文件进行相应修改。

第四章 送审、决定与发布

第二十六条 部规范性文件草案由起草单位提请审议。审议时，起草单位应当就起草情况、合法性审核及修改情况等进行说明。对于未采纳的合法性审核意见，起草单位应当说明理由。

部规范性文件未经合法性审核的，不得提请审议。

第二十七条 部规范性文件草案审议通过后，起草单位应当按照公文办理程序报请部领导签批同意后发布。

审议未通过，或者需要作重大修改的，应当在修改后重新进行合法性审核，必要时重新征求意见。

第二十八条 对拟发布的部规范性文件，起草单位应当按照公文办理程序会签法规与标准司；对未经合法性审核的部规范性文件，法规与标准司不予会签并退回起草单位，或者要求起草单位按照本办法规定履行合法性审核程序。

对未经法规与标准司会签的部规范性文件，办公厅可以退回起草单位或者要求起草单位会签法规与标准司。

第二十九条 对涉及人民群众切身利益、社会关注度高、可能造成较大舆论影响的部规范性文件，起草单位应当做好出台时机评估工作，并根据评估结果制定应对预案。

第三十条 与企业生产经营活动密切相关，或者对营商环境具有较大影响的部规范性文件，应当结合实际设置合理的实施日期，为企业留出准备时间。

第三十一条 部规范性文件应当由起草单位通过部政府网站、政务新媒体、中国环境报等途径向社会公开发布。

未经公开发布的，不得作为生态环境行政管理依据。

第三十二条 公开发布部规范性文件时，起草单位应当同步对相关决策背景和依据、主要内容、实施范围、落实措施等进行解读和宣传；必要时，可以邀请有关专家、研究机构等，用通俗易懂的语言和易于公众接受的方式解读和宣传，便于社会公众理解和遵照执行。

第五章 监督管理

第三十三条 法规与标准司可以根据工作需要，梳理部规范性文件合法性审核中发现的典型问题，向起草单位进行提醒、警示、通报。

第三十四条 起草单位可以根据部规范性文件的实施情况，组织对其政策措施、执行情况、实施效果、存在问题等进行评估，并将评估结果作为部规范性文件修改或者废止的重要参考。评估过程中，起草单位应当充分听取企业和行业协会商会对有关制度实施效果的评价和完善建议。

第三十五条 部规范性文件应当及时进行清理。

对立法机关、有关部门统一部署的部规范性文件清理工作，由法规与标准司牵头组织开展；其他日常的部规范性文件清理工作，按照“谁起草、谁负责”的原则，由起草单位根据工作需要及时开展。

办公厅负责提供与清理相关的文件目录。

第三十六条 部规范性文件具有明显时效性的，应当注明有效期，有效期一般不得超过五年。

设定有效期的部规范性文件，有效期届满后自动失效。起草单位认为需要继续执行的，应当在部规范性文件有效期届满前重新发布；认为需要修改的，应当依照本办法在有效期届满前完成修改并重新发布。

第三十七条 部规范性文件的修改、废止适用本办法的有关规定。

部规范性文件修改、废止后，应当及时公开发布。

第三十八条 生态环境部积极探索利用信息化手段进行部规范性文件合法性审核工作。

第六章 附 则

第三十九条 生态环境部对生态环境标准文件的起草、审核，以及对行政执法解释文件的办理另有规定的，从其规定。

涉及市场准入、产业发展、招标投标、政府采购、经营行为规范、资质标准等市场主体经营活动的部规范性文件，有关公平竞争内容的审查，按照国家相关规定执行。

第四十条 本办法自印发之日起施行。原环境保护部2016年5月19日印发的《环境保护部规范性文件合法性审查办法》（环办政法〔2016〕52号）同时废止。

附件1

行政规范性文件合法性审核移送函

法规与标准司：

现将我司（办、局、中心）起草的《××××》、起草说明及其他相关材料转给你司，并已填写《行政规范性文件合法性自评表》（附后）。请对该文件的合法性予以审核，并按照《生态环境部行政规范性文件制定和管理办法》有关合法性审核的期限规定，将合法性审核意见反馈我司（办、局、中心）。

起草部门（签章）

20××年×月×日

附件 2

行政规范性文件合法性自评表

年　月　日

<table>
<tr><td>文件名称</td><td colspan="4"></td></tr>
<tr><td>文件发布主体</td><td colspan="4">生态环境部单独制发　□
生态环境部联合其他部门制发　□</td></tr>
<tr><td rowspan="2">起草部门</td><td colspan="4"></td></tr>
<tr><td>联系人</td><td></td><td>电话</td><td></td></tr>
<tr><td>自评结论</td><td colspan="4">起草部门（签章）</td></tr>
</table>

自　评　情　况	
一、评估论证情况	是/否
1. 制发依据是否充分	
2. 有关政策措施的必要性、可行性以及按有关规定需要开展社会风险评估的，是否进行了相关评估。	
二、征求意见情况	是/否/不涉及
3. 是否征求部内相关司局意见	
4. 是否征求相关部门意见	
5. 是否征求相关地方政府及生态环境主管部门意见	
6. 是否向社会公开征求意见	
7. 是否听取行政相对人、专家等意见	
8. 是否听取企业、行业协会商会意见	
三、文件内容的合法性	是/否
9. 是否属于生态环境部的法定职权范围	
10. 是否符合宪法、法律、法规、国务院规范性文件和部门规章的规定	
11. 是否存在增设行政许可、行政处罚、行政强制、行政征收、行政收费等事项，增加办理行政许可事项的条件，规定出具循环证明、重复证明、无谓证明等内容	
12. 是否存在没有法律、法规依据作出减损公民、法人和其他组织合法权益或者增加其义务的情形	
13. 是否存在没有法律、法规依据作出增加本单位权力或者减少本单位法定职责的情形	
14. 是否存在干预下级机构设置、职能配置和编制分配的内容	
15. 是否与现行其他规范性文件相衔接、相协调	

附件 3

行政规范性文件合法性审核意见

法核〔20××〕年　号

文件名称：______________________________

送审单位：______________　送审时间：__________

审查意见：

一、不符合有关法律规定。　☐　（如选择此项，则说明理由附后）

二、应当予以修改。　☐　（如选择此项，则修改意见附后）

三、符合有关法律规定。　☐　（如选择此项，具体审查意见为：）

（一）起草依据充分，属于我部职责范围。（具体说明）

（二）起草程序规范。（主要包括征求意见说明等。）

（三）文件内容符合相关法律、法规以及有关文件和政策规定；没有违法增设行政许可、行政处罚、行政强制、行政收费等事项以及增加办理行政许可事项的条件，规定出具循环证明、重复证明、无谓证明等内容；没有违法减损公民、法人和其他组织合法权益或者增加其义务的情形；没有违法增加本单位权力或者减少其法定职责的情形；没有干预下级机构设置、职能配置和编制分配的内容；没有与其他部规范性文件相冲突。

四、其他有关问题说明。

法规与标准司（签章）

20××年××月××日

核与辐射安全法规制（修）订工作指南

1. 目的

为规范核与辐射安全法规制（修）订工作程序，根据有关法律法规，结合工作实际，制定本工作指南。

2. 适用范围

本指南适用于核与辐射安全规章、导则在规划后实施阶段的制（修）订，包括立项、起草、审查、决定、公布等工作。

受上级机关委托，由核安全局负责起草的法律和行政法规参照核与辐射安全规章进行管理。

技术文件和其他规范性文件由各司按照生态环境部有关规定，自行组织编制，在司务会层级审议。

3. 术语和定义

规章：生态环境部（国家核安全局）根据法律和国务院的行政法规、决定、命令，在职权范围内发布的调整本部门管理事项的，并不得与宪法、法律和行政法规相抵触的规范性文件。

导则：为实现核安全法律、行政法规和部门规章所确定的核安全目标，而制定的推荐性指导文件。

法规：核与辐射安全部门规章与导则的统称。

专家委员会：核安全与环境专家委员会法规标准分委会的缩写。秘书处：专家委员会秘书处（核安全中心法规所）的缩写。

4. 组织机构与职责分工

4.1 核设施安全监管司

核设施安全监管司是生态环境部（国家核安全局）核与辐射安全法规制（修）

订的协调和管理部门，主要负责：

（1）提出核与辐射安全法规体系建设与调整建议；

（2）编制核与辐射安全法规制（修）订五年规划；

（3）归口协调核与辐射安全法规制（修）订进展，按季度向核安全局局长办公会通报；

（4）参与核与辐射安全法规编制，组织法规送审稿和报批稿的审查，归口对接政法司，实施立项、报批、发布等工作。

4.2 业务司

业务司指具体承担核与辐射安全法规制（修）订工作的部门，包括核设施安全监管司、核电安全监管司、辐射源安全监管司，负责具体实施法规制（修）订工作，对法规制（修）订进度负主体责任，主要职责包括：

（1）提出核与辐射安全法规制（修）订项目和法规体系调整建议；

（2）提出导则的立项报告；

（3）选定项目承担单位；

（4）组织核与辐射安全法规起草，征求意见，参与审查、报批和发布。

4.3 生态环境部其他相关职能部门

法规与标准司（简称法规司）归口管理核与辐射安全规章的协调、审核、报批等工作。

4.4 法规标准专家委员会及其秘书处

核与辐射安全法规标准专家委员会每五年一届，由国家核安全局选取专家组建，包括专业组和综合组。专家委员会会议在委员会秘书处组织下按季度召开，负责对需要审议的法规提出咨询意见。

核与辐射安全中心是法规标准专家委员会秘书处，承担全面技术支持单位职能，主要负责：

（1）承担法规标准专家委员会会务工作；

（2）统计法规制（修）订的进展；

（3）负责法规制（修）订过程中的文件登记和归档工作；

（4）对法规送审稿进行形式审查；

（5）其他技术支持工作。

5. 指导思想和工作目标

核与辐射安全法规修订工作应深入贯彻习近平总书记“理性、协调、并进”的核安全观，深入落实党中央、国务院关于核安全的重要部署，全面落实依法治国基本方略，认识到法规在依法从严监管中的核心作用，构建以法规为基础的现代化核与辐射安全监管体系，支撑监管能力的提升。

生态环境部（国家核安全局）各业务司应紧紧围绕核与辐射安全监管工作，保证核与辐射安全法规制（修）订质量和效率；对核与辐射安全法规制（修）订实施有效控制，识别履行监管职责所需的各类规章、导则，对其进行整体策划，明确编写要求；选择合格单位或人员完成规章、导则的编制和审核，保证其正确、适用、协调、自洽；对核与辐射安全法规的编制、审核、批准、发布、使用和修改进行有效管理控制；定期发布最新有效的核与辐射安全法规目录清单，确保相关人员能够及时获得所需文件；对法规体系文件定期进行系统审核和评价，必要时及时修订或升版，保持文件的正确性和适宜性。

6. 主要工作过程

6.1 法规制（修）订五年规划

法规制（修）订工作应当加强统筹性和计划性，发挥规划的顶层设计作用。

核设施安全监管司负责牵头编制法规制（修）订五年规划，并依据规划编制年度工作计划。编制规划应贯彻科学民主的原则，科学论证项目需求，统筹兼顾体系配置，充分征求核与辐射安全监管各业务司的意见，听取技术支持单位和地区监督站的建议。

规划项目按照轻重缓急分为一、二、三类，其中，一类为五年内必须完成的项目，二类为争取完成的项目，三类为前期研究项目。

核设施安全监管司对列入规划的项目采用清单式管理，按季度统计规划实施进展并向国家核安全局局长办公会通报。

6.2 立项

业务司提出核与辐射安全法规立项报告，立项报告应包括项目必要性、主要内容、所要解决的主要问题、与其他法规的关系和制定进度安排、责任处、编制单位等情况，立项报告应征求核设施安全监管司的法规衔接性审查意见，经会签后报局长办公会审议。

法规立项报告经局长办公会审议通过后，规章由业务司交法规司统一立项，立项成功后报核设施安全监管司备案，列入清单管理；导则由核设施安全监管司直接列入清单管理。

6.3　起草

业务司应当组织有实践经验的工作人员、技术和立法专家承担起草工作，形成法规征求意见稿及其编制说明。编制说明应当包括起草过程、主要制度和措施等情况的说明。

核设施安全监管司可以根据业务司的需要，适时参加起草。起草法规，应当深入调查研究，总结实践经验。

6.4　征求意见

业务司形成法规征求意见稿及其编制说明后，应当深入征求生态环境部相关司局、地区监督站和技术支持单位的意见。

法规征求意见稿涉及国务院有关部门、有关地方人民政府、省级及以下环境保护主管部门职能的或者与其职能关系紧密的，应充分征求其意见。

法规征求意见稿涉及社会公众或者企业切身利益的，要采取座谈会、论证会、听证会、问卷调查等形式广泛听取意见。听取意见可以采取书面征求意见、座谈会、专家会等多种形式。规章应当向社会公开征求意见 30 天。

业务司根据征求的意见，对法规征求意见稿及其编制说明进行修改，纳入征求意见情况以及未采纳意见的处理情况，形成专家委员会送审稿初稿及其编制说明，连同其他有关材料，经司务会议审议通过后，移送核设施安全监管司进行审查。

6.5　合法合规性审查

核设施安全监管司应当在 10 个工作日内组织对专家委员会送审稿初稿的合法性与合规性进行审查，并出具书面审查意见。审查应至少包括以下方面：

（一）是否符合核与辐射安全法律、行政法规的规定；

（二）是否与其他现行有效核与辐射安全规章相协调；

（三）是否符合核与辐射安全监管职责；

（四）是否含有规章不能设置的行政许可、行政处罚、行政强制、行政收费等事项以及其他不得由规章设定的事项；

（五）是否有减损公民、法人和其他组织合法权益或者增加公民、法人和其他组织的义务，从而带来行政复议或者行政诉讼风险的事项；

（六）是否就重大问题征求相关方面的意见并进行充分协调；

（七）是否符合立法技术要求。

起草工作的业务司在20个工作日内完成对送审稿初稿的修改，核设施安全监管司可根据需要适时参与。因涉及有关方面重大意见分歧需要协调等特殊情形的，可适当延长审查时限，但最长不得超过40个工作日。

6.6 专家委员会审议

6.6.1 专家委员会会议组织

核设施安全监管司委托专家委员会秘书处组织召开专家委员会会议，审议法规制（修）订过程稿。专家委员会会议每季度召开一次。因工作需要急需审议的法规，经国家核安全局局领导批准，可以即时组织专家委员会会议进行审议。

举办法规委员会会议，应当根据每一部待审议法规科学选择相应业务领域专家，指定主审人，并根据需要邀请特邀专家出席。审议应形成书面意见，作出结论的专家应留有签字，对意见负责。

业务司应当在法规标准专家委员会会议召开前10天将待审议的法规过程稿以及编制说明、征求意见汇总表等有关材料，移交专家委员会秘书处。专家委员会秘书处应当在专家委员会会议召开前 5 天将送审稿初稿或送审稿以及编制说明、征求意见汇总表等有关材料，发送给法规标准专家委员会专家。

6.6.2 审议流程

法规送审稿初稿提交专家委员会专业组审议，秘书处在送审稿初稿上会前进行形式审查。负责起草的业务司根据专家组审议意见对送审稿初稿进行修改，形成法规送审稿。

法规送审稿提交综合组审议。业务司根据专家委员会审查的意见对送审稿进行修改完善后，形成规章报批稿初稿和导则报批稿。

专家委员会认为送审稿初稿或送审稿涉及的技术或法律问题需要进一步研究论证的，负责起草工作的业务司可以组织专家进行实地调查，召开专家论证会进行研究论证，核设施安全监管司可以根据需要适时参与。

6.7 部（局）领导层审批发布

6.7.1 规章审批发布流程

6.7.1.1 部长专题会审议

规章报批稿初稿经业务司司务会审议通过后，提交部长专题会审议。

部长专题会审议报批稿初稿时，负责起草的业务司做起草说明，并负责就具体管理现状、主要管理制度和措施的必要性、可行性等专业性问题做说明。核设施安全监管司做审查说明，并就行政许可、行政处罚和行政强制的合法性以及与其他核与辐射安全法律法规的衔接等法律问题做说明。

规章报批稿初稿在部长专题会审议通过后，负责起草工作的业务司根据部长专题会意见及时修改，在20个工作日内形成规章报批稿。

6.7.1.2　部务会审议

业务司将规章报批稿提交法规司审查，由法规司提交部务会审议。

部务会审议时，业务司做起草说明，法规司做审查说明。核设施安全监管司可根据需要列席。

规章报批稿在部务会审议通过后，业务司配合法规司，根据部务会意见及时修改，形成核与辐射安全规章。

6.7.1.3　规章发布

法规司将规章报请生态环境部部长签署命令发布。

核与辐射安全规章公布后，业务司应及时会同核设施安全监管司组织专题培训。

6.7.2　导则审批发布流程

6.7.2.1　局长办公会审议

业务司将导则报批稿，提交局长办公会审议。

局长办公会审议时，负责起草工作的业务司做起草说明，核设施安全监管司做审查说明。

局长办公会审议通过后，负责起草的业务司根据局长办公会意见及时修改，形成核与辐射安全导则。

6.7.2.2　导则公布

业务司将导则报请国家核安全局局长签署后予以公布。

6.8　归档

秘书处负责法规制（修）订过程文件的归档，业务司应当在法规发布或公布后，将重要文件的原始记录送交专家委员会秘书处。

规章制（修）订过程中产生的发文按照办公厅有关规定进行归档。

6.9 流程图

6.9.1 规章制（修）订流程图

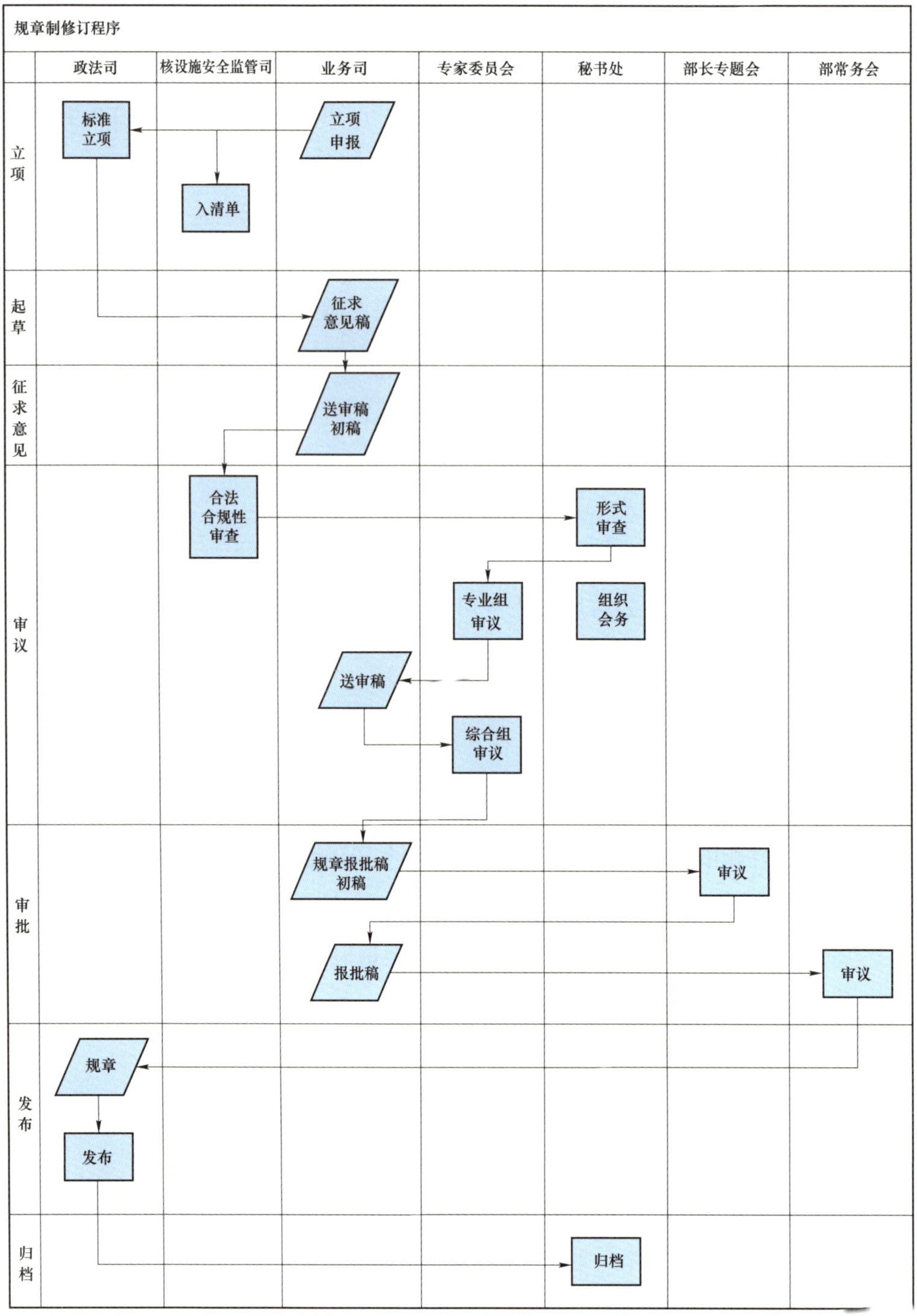

6.9.2 导则制（修）订流程图

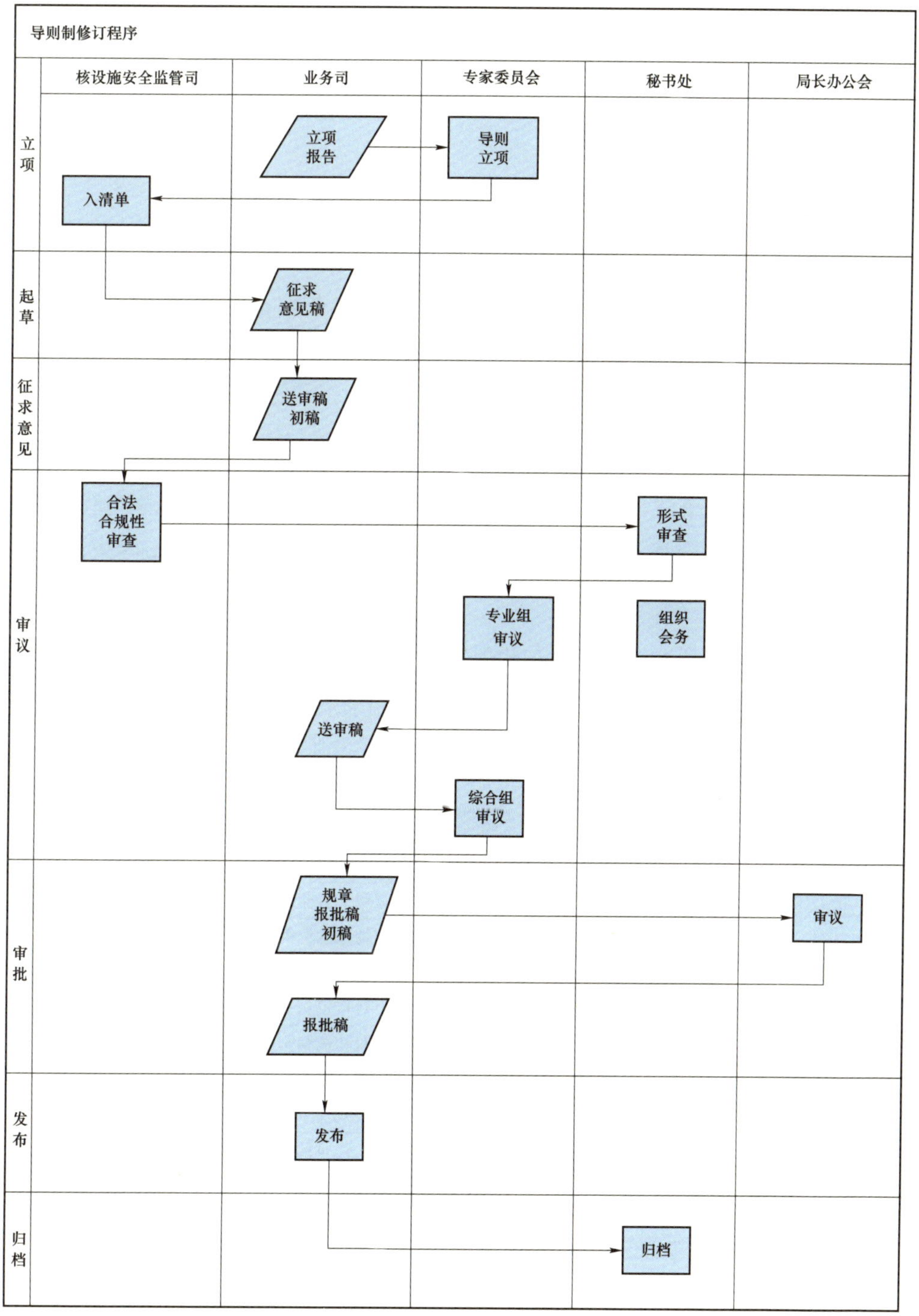
导则制修订程序
核设施安全监管司
业务司
专家委员会
秘书处
局长办公会
立项
立项报告
导则立项
入清单
起草
征求意见稿
征求意见
送审稿初稿
审议
合法合规性审查
形式审查
专业组审议
组织会务
送审稿
综合组审议
审批
规章报批稿初稿
审议
报批稿
发布
发布
归档
归档

7. 管理数据库的开发与维护

核设施安全监管司与业务司应当充分利用国家核安全局办公自动化信息系统平台，建立法规数据库，管理法规制（修）订过程，收集成果文件。

8. 对工作质量的检查与评价

负责起草法规的业务司对法规质量和进度负主体责任。

核设施安全监管司对法规标准合法性与合规性负审查责任，对列入清单的法规制（修）订工作的进展情况按季度向核安全局局长办公会通报。

9. 需收集和保存的文档

对核与辐射安全法规制（修）订活动中产生的文档记录应实施规范化管理。

专家委员会秘书处负责完整收集、整理和保存活动实施过程中产生或获得的文档资料。

对重要的文档资料，包括核与辐射安全法规制（修）订活动中的重要执行文件和重要活动成果文件，应当按照生态环境部相关规定，提交办公厅归档管理。

需收集和保存的详细文档清单如下表所示。

工作过程类别	序号	归档清单
立项阶段	1	立项报告
	2	专家审查会会议纪要
征求意见稿阶段	1	征求意见稿
	2	征求意见稿编制说明
送审稿初稿阶段	1	送审稿初稿
	2	送审稿初稿编制说明
	3	征求意见汇总表
	4	合法合规性审查意见
送审稿阶段	1	送审稿
	2	送审稿编制说明
	3	送审稿初稿审查会会议纪要
	4	根据送审稿审初稿查会会议做的修改说明
报批稿初稿阶段	1	报批稿初稿
	2	报批稿初稿编制说明
	3	送审稿审查会会议纪要
	4	根据送审稿审查会做的修改说明

续表

工作过程类别	序号	归档清单
报批稿阶段	1	报批稿
	2	报批稿编制说明
	3	部长专题会会议纪要
	4	根据部长专题会做的修改说明
发布阶段	1	正式文本
	2	部务会（局长办公会）会议纪要
	3	根据部务会（局长办公会）做的修改说明

10. 附件：本指南的支持文件清单

（1）《中华人民共和国核安全法》（见本书第 184 页）

（2）《中华人民共和国立法法》（见本书第 213 页）

（3）《规章制定程序条例》（见本书第 250 页）

（4）《环境保护法规制定程序办法》（见本书第 262 页）

核与辐射安全标准制（修）订工作指南

1. 目的

为规范核与辐射安全标准的制（修）订工作程序，根据有关法律法规，结合工作实际，制定本工作指南。

2. 适用范围

本指南适用于核与辐射安全标准的制（修）订管理，包括立项、起草、审查、决定、公布等工作。本指南未规定的内容，应按照《国家环境保护标准制（修）订工作管理办法》执行。

3. 术语和定义

标准：农业、工业、服务业以及社会事业等领域需要统一的技术要求。

强制性国家标准：对保障人身健康和生命财产安全、国家安全、生态环境安全以及满足经济社会管理基本需要的技术要求。

推荐性国家标准：对满足基础通用、与强制性国家标准配套、对各有关行业起引领作用等需要的技术要求。

行业标准：对没有推荐性国家标准、需要在全国某个行业范围内统一的技术要求。

4. 组织机构与职责分工

4.1 核设施安全监管司

核设施安全监管司是国家核安全局核与辐射安全标准制（修）订的协调和管理部门，主要负责：

（1）提出核与辐射安全标准框架体系建设与调整建议；

（2）编制核与辐射安全标准制（修）订规划；

（3）归口协调核与辐射安全标准制（修）订进展，按季度向国家核安全局局长办公会通报；

（4）参与核与辐射安全标准编制、审查、报批、发布等，归口对接科财司，实施标准立项工作。

4.2　业务司

业务司指具体承担核与辐射安全标准制（修）订工作的部门，包括核设施安全监管司、核电安全监管司、辐射源安全监管司，负责具体实施标准制（修）订工作，对标准制（修）订工作负主体责任，主要职责包括：

（1）提出核与辐射安全标准制（修）订项目和标准体系调整建议；

（2）选定项目承担单位；

（3）组织核与辐射安全标准起草、征求意见、审查、报批和发布。

4.3　生态环境部其他相关职能部门

法规与标准司（简称法规司）归口管理核与辐射安全标准的审核、报批与发布工作。

4.4　法规标准专家委员会及其秘书处

核与辐射安全法规标准专家委员会每五年一届，由国家核安全局选取专家组建，包括专业组和综合组。专家委员会会议在委员会秘书处的组织下，按季度召开，对需要审议的标准提出咨询意见。

法规标准专家委员会秘书处设在核与辐射安全中心政策法规研究所，主要负责：

（1）开展标准有关科学研究，跟踪国内外核与辐射安全标准进展，提出标准制（修）订建议；

（2）承担法规标准专家委员会会务工作；

（3）统计标准制（修）订的进展；

（4）负责标准制（修）订过程中的文件登记和归档工作；

（5）对标准送审稿、报批稿及编制说明和相关材料进行形式审查。

5. 指导思想和工作目标

核与辐射安全标准制（修）订工作应深入贯彻习近平总书记理性、协调、并进的核安全观，深入落实党中央、国务院关于核安全的重要部署，全面落实《核安全法》《放射性污染防治法》等法律法规对标准的要求，建立并完善核与辐射安全标准体系，夯实核与辐射安全监管体系现代化基础，不断提升核与辐射安全监管能力。

生态环境部（国家核安全局）各业务司应紧紧围绕核与辐射安全监管工作，保证核与辐射安全标准制（修）订质量和效率；对核与辐射安全标准制（修）订实施有效控制，识别履行监管职责所需的各类标准，对其进行整体策划，明确编写要求；选择合格单位或人员完成标准的编制和审核，保证其正确、适用、协调、自洽；对核与辐射安全标准的编制、审核、批准、发布、使用和修改进行有效管理控制；定期发布最新有效核与辐射安全标准清单，确保相关人员能够及时获得所需文件；对标准体系进行定期审核和评价，必要时及时修订或升版，保持标准的正确性和适宜性。

6. 主要工作过程

6.1 法规标准制（修）订五年规划

标准制（修）订工作应当加强统筹性和计划性，发挥规划的引领作用。

核设施安全监管司负责牵头编制标准制（修）订五年规划。编制规划应贯彻科学民主的原则，科学论证项目需求，统筹兼顾体系配置，充分征求核与辐射安全监管各业务司的意见，听取技术支持单位和地区监督站的建议。

规划项目按照轻重缓急分为一、二、三类，其中，一类为五年内必须完成的项目，二类为争取完成的项目，三类为前期研究项目。列入规划的项目采用清单式管理，核设施安全监管司按季度统计规划实施进展并向国家核安全局局长办公会通报。

6.2 核与辐射安全标准制（修）订

6.2.1 立项

核与辐射安全标准分为强制性标准和推荐性标准，具体制（修）订流程见附表 1、附表 2。

业务司提出标准立项需求，根据《国家环境保护标准制（修）订工作管理办法》要求填写《国家环境保护标准制（修）订项目申报表》，送核设施安全监管司汇总后，报法规司立项。

6.2.2　起草

标准立项后，业务司组织有关实际工作者和技术专家，承担征求意见稿起草工作。

因工作需要急需发布的核与辐射安全标准，经核安全局局领导批准后，可以先行开展编制工作。

起草核与辐射安全标准，应当深入调查研究，总结实践经验。

6.2.3　征求意见

负责起草核与辐射安全标准的业务司完成征求意见稿后，面向社会公众及各有关单位征求意见。征求意见时间为 1 至 2 个月，重大标准可以多次征求意见，必要时可召开听证会或座谈会。若征求意见结束后 18 个月未发布的，需重新征求意见。

6.2.4　合法合规性审查

业务司根据征求的意见，对征求意见稿进行修改，形成专家委员会送审稿及其编制说明，连同其他有关材料，移送核设施安全监管司进行合法合规性审查。

核设施安全监管司应当在 10 个工作日内对送审稿的合法性与合规性组织审查，并出具书面审查意见。审查应至少包括以下方面：

（1）是否符合核与辐射安全法律、行政法规的规定；

（2）是否与其他现行有效核与辐射安全标准相协调；

（3）是否符合核与辐射安全监管职责；

（4）是否就重大问题征求相关方面的意见并进行充分协调；

（5）是否符合标准制定技术要求。

核设施安全监管司会同业务司应当在 20 个工作日内完成对送审稿的修改。因涉及有关方面重大意见分歧需要协调等特殊情形的，可适当延长时限，但最长不得超过 40 个工作日。

6.2.5　专家委员会审查

核设施安全监管司委托专家委员会秘书处组织召开专家委员会会议，审查送审稿。秘书处在送审稿上会前应进行文字审查。

送审稿首先提交专业组审议，业务司根据专家组审议意见修改形成报批稿初稿，然后提交综合组审议。专业组和综合组审议都要形成书面审议意见，由主审专家签字确认。业务司在法规标准专家委员会会议召开前 10 个工作日将待审议的标准过程稿以及编制说明等有关材料，移交专家委员会秘书处。专家委员会秘书处应当对这些资料进行审查，并在专家委员会会议召开前 5 个工作日将待审议的标准过程稿以及编制说明等有关材料，发送给法规标准专家委员会专家审查。

因工作需要急需发布的标准，经核安全局局领导批准，可以即时组织专家委员会会议进行审议。

6.2.6　强制性标准的部长专题会审议

对于强制性标准，业务司根据专家委员会综合组审查的意见进行修改完善后，提交司务会审议，根据司务会意见修改后，提交部长专题会审议。

部长专题会审议时，负责起草工作的业务司做起草说明，并负责就制定标准的必要性、可行性等专业性问题做说明或答辩。

核设施安全监管司就标准合法性、合规性以及与其他核与辐射安全标准的衔接等问题做说明。

6.2.7　强制性标准的部常务会审议

强制性标准经过部长专题会审议通过后，由业务司根据审议意见及时修改，在 20 个工作日内转法规司提交部常务会审议。

部常务会审议时，业务司做起草说明，法规司做审查说明。

6.2.8　强制性标准的发布

部常务会审议通过后，业务司根据审议意见及时修改，并转科技标准司办理标准发布事宜。

6.2.9　推荐性标准的发布

对于推荐性标准，业务司根据专家委员会综合组审查意见修改完善后，经司务会审议通过并经国家核安全局局长批准后，会签核设施安全监管司、科财司发布。

6.2.10　归档

秘书处负责标准制（修）订过程文件的归档，业务司应当在标准发布后，将重要文件的原始记录送交专家委员会秘书处。

标准制（修）订过程中产生的发文按照办公厅有关规定归档。

7. 管理数据库的开发与维护

核设施安全监管司与业务司应当充分利用生态环境部（国家核安全局）办公自动化信息系统平台，建立法规标准数据库，管理法规标准制（修）订过程，收集成果文件。

8. 对工作质量的检查与评价

生态环境部（国家核安全局）各业务司对标准质量和进度负主体责任。

核设施安全监管司对标准合法性与合规性负审查责任，对核与辐射安全标准制（修）订工作的进展情况按季度向核安全局局长办公会通报。

9. 需收集和保存的文档

生态环境部（国家核安全局）对核与辐射安全标准制（修）订活动中产生的文档记录实施规范化管理。

专家委员会秘书处负责完整收集、整理和保存活动实施过程中产生或获得的文档资料。

对重要的文档资料，包括核与辐射安全标准制（修）订活动中的重要执行文件和重要活动成果文件，应当按照生态环境部相关规定，提交办公厅归档管理。

需收集和保存的详细文档清单如下表所示。

工作过程类别	序号	归档清单
立项阶段	1	国家环境保护标准制（修）订项目申报表
征求意见稿阶段	1	征求意见稿
	2	征求意见稿编制说明
送审稿阶段	1	送审稿
	2	送审稿编制说明
	3	征求意见汇总表
	4	合法合规性审查意见
报批稿初稿阶段	1	报批稿初稿
	2	报批稿初稿编制说明
	3	送审稿审查会会议纪要
	4	根据送审稿审查会会议做的修改说明

续表

工作过程类别	序号	归档清单
报批稿阶段	1	报批稿（司务会审查稿）
	2	报批稿编制说明（司务会审查稿）
	3	标准报批说明（司务会审查稿）
	4	报批稿初稿审查会会议纪要
	5	根据报批稿初稿审查会做的修改说明
	6	司务会会议纪要
	7	报批稿（部长专题会审查稿）
	8	报批稿编制说明（部长专题会审查稿）
	9	标准报批说明（部长专题会审查稿）
	10	部长专题会会议纪要
	11	报批稿（部常务会审查稿）
	12	报批稿编制说明（部常务会审查稿）
	13	标准报批说明（部常务会审查稿）
	14	部常务会会议纪要
发布阶段	1	标准发布稿
	2	标准发布公告
	3	标准铅印本

10. 附件：本指南的支持文件清单

（1）《中华人民共和国核安全法》（见本书第 184 页）

（2）《中华人民共和国放射性污染防治法》（见本书第 202 页）

（3）《中华人民共和国立法法》（见本书第 213 页）

（4）《中华人民共和国标准化法》（见本书第 232 页）

（5）《规章制定程序条例》（见本书第 250 页）

（6）《环境保护法规制定程序办法》（见本书第 262 页）

（7）《生态环境标准管理办法》（见本书第 270 页）

附表 1

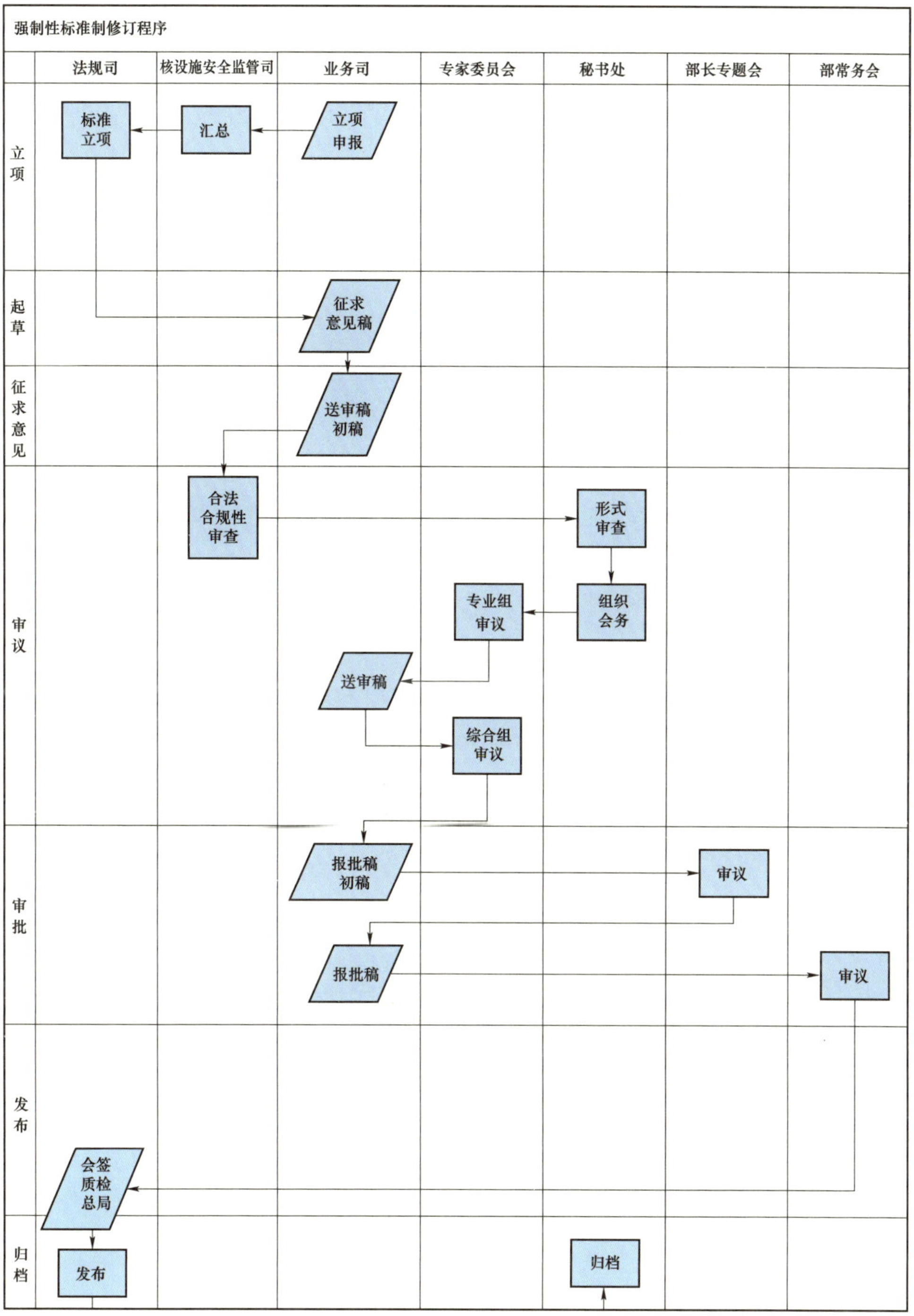
强制性标准制修订程序
法规司
核设施安全监管司
业务司
专家委员会
秘书处
部长专题会
部常务会
立项
起草
征求意见
审议
审批
发布
归档
标准立项
汇总
立项申报
征求意见稿
送审稿初稿
合法合规性审查
形式审查
组织会务
专业组审议
送审稿
综合组审议
报批稿初稿
审议
报批稿
审议
会签质检总局
发布
归档

附表 2

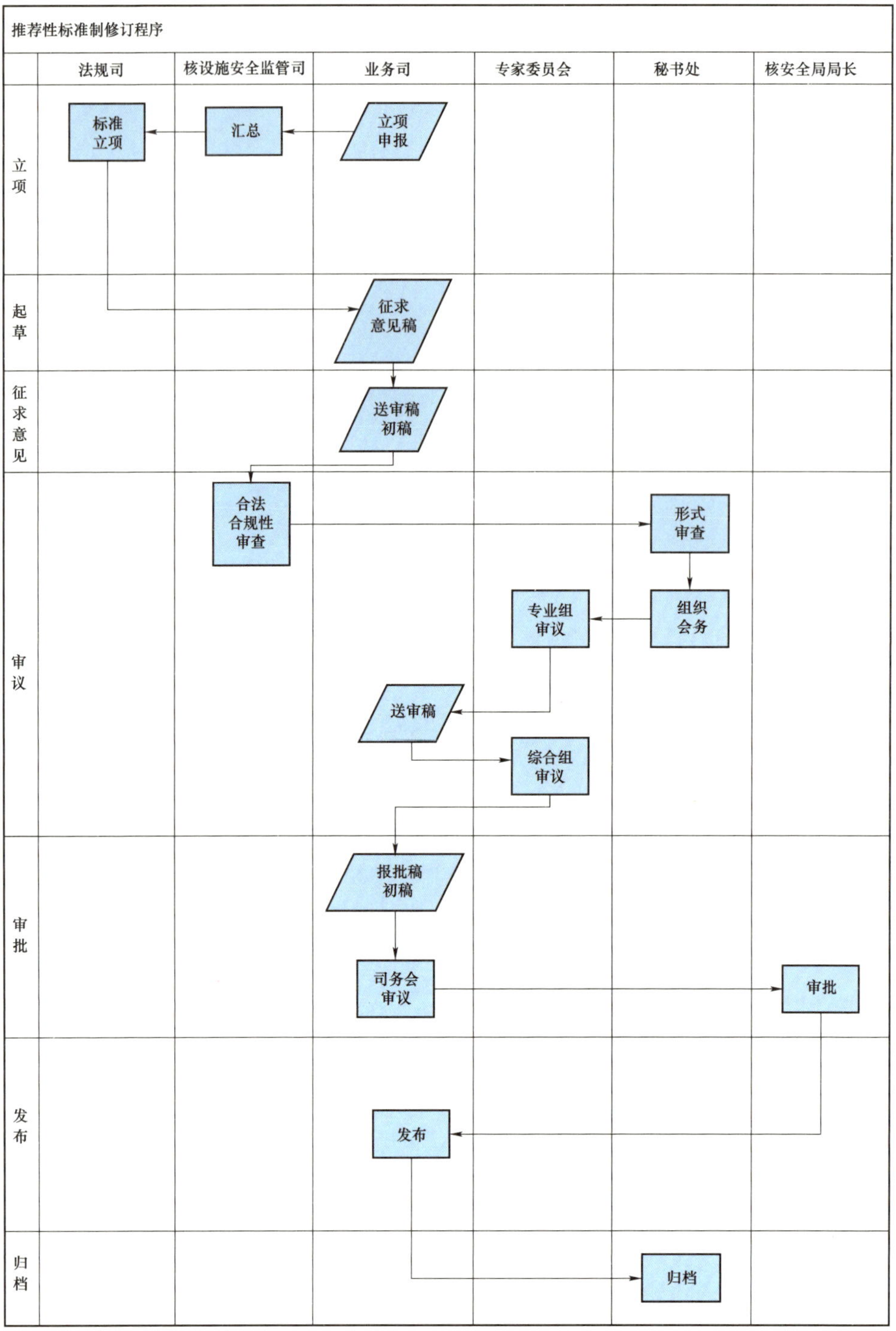
推荐性标准制修订程序
法规司
核设施安全监管司
业务司
专家委员会
秘书处
核安全局局长
立项
起草
征求意见
审议
审批
发布
归档
标准立项
汇总
立项申报
征求意见稿
送审稿初稿
合法合规性审查
形式审查
专业组审议
组织会务
送审稿
综合组审议
报批稿初稿
司务会审议
审批
发布
归档

强制性国家标准管理办法

国家市场监督管理总局令

国家市场监督管理总局令第 25 号

《强制性国家标准管理办法》已于 2019 年 12 月 13 日经国家市场监督管理总局 2019 年第 16 次局务会议审议通过，现予公布，自 2020 年 6 月 1 日起施行。

局长：肖亚庆

2020 年 1 月 6 日

强制性国家标准管理办法

（2020 年 1 月 6 日国家市场监督管理总局令第 25 号公布）

第一条 为了加强强制性国家标准管理，规范强制性国家标准的制定、实施和监督，根据《中华人民共和国标准化法》，制定本办法。

第二条 强制性国家标准的制定（包括项目提出、立项、组织起草、征求意见、技术审查、对外通报、编号、批准发布）、组织实施以及监督工作，适用本办法。

第三条 对保障人身健康和生命财产安全、国家安全、生态环境安全以及满足经济社会管理基本需要的技术要求，应当制定强制性国家标准。

第四条 制定强制性国家标准应当坚持通用性原则，优先制定适用于跨领域跨专业的产品、过程或者服务的标准。

第五条 制定强制性国家标准应当在科学技术研究成果和社会实践经验的基础上，深入调查论证，保证标准的科学性、规范性、时效性。

第六条 制定强制性国家标准应当结合国情采用国际标准。

第七条 制定强制性国家标准应当公开、透明，按照便捷有效的原则采取多种方式，广泛听取各方意见。

第八条 强制性国家标准应当有明确的标准实施监督管理部门，并能够依据法律、行政法规、部门规章的规定对违反强制性国家标准的行为予以处理。

第九条 国务院标准化行政主管部门统一管理全国标准化工作，负责强制性国家标准的立项、编号和对外通报。国务院有关行政主管部门依据职责负责强制性国家标准的项目提出、组织起草、征求意见和技术审查。强制性国家标准由国务院批准发布或者授权批准发布。

县级以上人民政府标准化行政主管部门和有关行政主管部门依据法定职责，对强制性国家标准的实施进行监督检查。

第十条 省、自治区、直辖市人民政府标准化行政主管部门可以向国务院标准化行政主管部门提出强制性国家标准的立项建议，由国务院标准化行政主管部门会同国务院有关行政主管部门研究决定。确有必要制定强制性国家标准的，国务院标准化行政主管部门应当明确项目提出部门，无需立项的应当说明理由。

社会团体、企业事业组织以及公民可以向国务院标准化行政主管部门提出强制性国家标准的立项建议，国务院标准化行政主管部门认为需要立项的，会同国务院有关行政主管部门研究决定。确有必要制定强制性国家标准的，国务院标准化行政主管部门应当明确项目提出部门，无需立项的应当说明理由。

第十一条 国务院有关行政主管部门依据职责向国务院标准化行政主管部门提出强制性国家标准项目。

涉及两个以上国务院有关行政主管部门的强制性国家标准项目，可以由牵头部门会同有关部门联合提出。

第十二条 国务院有关行政主管部门提出强制性国家标准项目前，应当充分征求国务院其他有关行政主管部门的意见，调查企业事业组织、社会团体、消费者和教育、科研机构等方面的实际需求，对项目的必要性和可行性进行论证评估。

第十三条 国务院有关行政主管部门提出强制性国家标准项目时，应当报送项目申报书和标准立项草案。项目申报书应当包括下列内容：

（一）制定强制性国家标准的必要性、可行性；

（二）主要技术要求；

（三）国内相关强制性标准和配套推荐性标准制定情况；

（四）国际标准化组织、其他国家或者地区相关法律法规和标准制定情况；

（五）强制性国家标准的实施监督管理部门以及对违反强制性国家标准行为进行处理的有关法律、行政法规、部门规章依据；

（六）强制性国家标准所涉及的产品、过程或者服务目录；

（七）征求国务院有关部门意见的情况；

（八）经费预算以及进度安排；

（九）需要申报的其他事项。

第十四条 国务院标准化行政主管部门应当按照下列要求对强制性国家标准项目进行审查：

（一）是否符合本办法第三条和第四条规定的原则；

（二）是否符合有关法律、行政法规的规定，是否与有关强制性标准的技术要求协调衔接；

（三）是否符合本办法第十二条和第十三条的要求；

（四）需要审查的其他内容。

第十五条 国务院标准化行政主管部门应当将符合本办法第十四条规定的强制性国家标准项目在全国标准信息公共服务平台向社会公开征求意见。

征求意见期限不得少于三十日。紧急情况下可以缩短征求意见期限，但一般不得少于七日。

第十六条 对于公众提出的意见，国务院标准化行政主管部门根据需要可以组织专家论证、召开会议进行协调或者反馈项目提出部门予以研究处理。

第十七条 国务院标准化行政主管部门应当根据审查意见以及协调情况，决定是否立项。

决定予以立项的，国务院标准化行政主管部门应当下达项目计划，明确组织起草部门和报送批准发布时限。涉及两个以上国务院有关行政主管部门的，还应当明确牵头组织起草部门。

决定不予立项的，国务院标准化行政主管部门应当以书面形式告知项目提出部门不予立项的理由。

第十八条 组织起草部门可以委托相关标准化技术委员会承担起草工作。

未组成标准化技术委员会的，组织起草部门应当成立起草专家组承担强制性国家标准起草工作。涉及两个以上国务院有关行政主管部门的强制性国家标准项目，牵头组织起草部门应当会同其他组织起草部门成立起草专家组。起草专家组应当具有权威性和代表性。

第十九条 强制性国家标准的技术要求应当全部强制，并且可验证、可操作。

强制性国家标准编写应当遵守国家有关规定，并在前言中载明组织起草部门信息，但不得涉及具体的起草单位和起草人信息。

第二十条 强制性国家标准应当对相关事项进行调查分析、实验、论证。

有关技术要求需要进行试验验证的，应当委托具有相应能力的技术单位开展。

第二十一条 起草强制性国家标准应当同时编写编制说明。编制说明应当包括下列内容：

（一）工作简况，包括任务来源、起草人员及其所在单位、起草过程等；

（二）编制原则、强制性国家标准主要技术要求的依据（包括验证报告、统计数据等）及理由；

（三）与有关法律、行政法规和其他强制性标准的关系，配套推荐性标准的制定情况；

（四）与国际标准化组织、其他国家或者地区有关法律法规和标准的比对分析；

（五）重大分歧意见的处理过程、处理意见及其依据；

（六）对强制性国家标准自发布日期至实施日期之间的过渡期（以下简称过渡期）的建议及理由，包括实施强制性国家标准所需要的技术改造、成本投入、老旧产品退出市场时间等；

（七）与实施强制性国家标准有关的政策措施，包括实施监督管理部门以及对违反强制性国家标准的行为进行处理的有关法律、行政法规、部门规章依据等；

（八）是否需要对外通报的建议及理由；

（九）废止现行有关标准的建议；

（十）涉及专利的有关说明；

（十一）强制性国家标准所涉及的产品、过程或者服务目录；

（十二）其他应当予以说明的事项。

第二十二条 组织起草部门应当以书面形式向涉及的有关行政主管部门以及企业事业组织、社会团体、消费者组织和教育、科研机构等方面征求意见。

书面征求意见的有关行政主管部门应当包括强制性国家标准的实施监督管理部门。

第二十三条 组织起草部门应当将强制性国家标准征求意见稿、编制说明以及拟订的过渡期，通过本部门门户网站和全国标准信息公共服务平台向社会公开征求意见。

公开征求意见期限不少于六十日。紧急情况下可以缩短公开征求意见期限，但一般不得少于三十日。

第二十四条 对于涉及面广、关注度高的强制性国家标准，组织起草部门可以采取座谈会、论证会、听证会等多种形式听取意见。

第二十五条 对于不采用国际标准或者与有关国际标准技术要求不一致，并且对世界贸易组织（WTO）其他成员的贸易有重大影响的强制性国家标准，组织起草部门应当按照要求将强制性国家标准征求意见稿和中英文通报表送国务院标准化行政主管部门。

国务院标准化行政主管部门应当按照世界贸易组织（WTO）的要求对外通报，并将收到的意见反馈组织起草部门。

第二十六条 制定中的强制性国家标准有关技术要求发生重大变化的，应当再次向社会公开征求意见。需要对外通报的，还应当再次对外通报。

第二十七条 组织起草部门应当根据各方意见修改形成强制性国家标准送审稿。

第二十八条 组织起草部门可以委托相关标准化技术委员会承担对强制性国家标准送审稿的技术审查工作。

未组成标准化技术委员会的，组织起草部门应当成立审查专家组承担强制性国家标准送审稿的技术审查。涉及两个以上国务院有关行政主管部门的强制性国家标准项目，牵头组织起草部门应当会同其他组织起草部门成立审查专家组。审查专家组应当具有权威性和代表性，人数不得少于十五人。

起草人员不得承担技术审查工作。

第二十九条 技术审查应当采取会议形式，重点审查技术要求的科学性、合理性、适用性、规范性，与相关政策要求的符合性，以及与其他强制性标准的协调性。

审查会议应当形成会议纪要，并经与会全体专家签字。会议纪要应当真实反映审查情况，包括会议时间地点、会议议程、专家名单、具体的审查意见、审查结论等。

第三十条 组织起草部门根据技术审查意见决定报送批准发布的，应当形成报批稿，送国务院标准化行政主管部门统一编号。

两个以上国务院有关行政主管部门联合起草的，牵头组织起草部门应当经其他组织起草部门同意后，送国务院标准化行政主管部门统一编号。

第三十一条 组织起草部门应当提供下列材料，并对强制性国家标准报批稿的内容负责：

（一）报送公文；

（二）强制性国家标准报批稿；

（三）编制说明；

（四）征求意见汇总处理表；

（五）审查会议纪要；

（六）需要报送的其他材料。

报送公文应当包括过渡期的建议。

第三十二条 强制性国家标准不能按照项目计划规定时限报送的，组织起草部门应当提前三十日向国务院标准化行政主管部门说明情况，并申请延长期限。

延长的期限不得超过一年。

第三十三条 强制性国家标准报送编号前，组织起草部门认为相关技术要求存在重大问题或者出现政策性变化的，可以重新组织起草或者向国务院标准化行政主管部门提出项目终止建议。

第三十四条 国务院标准化行政主管部门应当对符合下列要求的强制性国家标准予以编号：

（一）制定程序规范、报送材料齐全；

（二）符合本办法第三条和第四条规定的原则；

（三）符合有关法律、行政法规的规定，并与有关强制性标准的技术要求协调衔接；

（四）妥善处理重大分歧意见。

第三十五条 强制性国家标准的编号由强制性国家标准代号（GB）、顺序号和年代号构成。

第三十六条 国务院标准化行政主管部门依据国务院授权批准发布强制性国家标准。强制性国家标准应当以国务院标准化行政主管部门公告的形式发布。

第三十七条 国务院标准化行政主管部门应当自发布之日起二十日内在全国标准信息公共服务平台上免费公开强制性国家标准文本。

第三十八条 强制性国家标准从项目计划下达到报送强制性国家标准报批稿的期限一般不得超过两年，国务院标准化行政主管部门从收到强制性国家标准报批稿到授权批准发布的期限一般不得超过两个月。

第三十九条 强制性国家标准发布后实施前，企业可以选择执行原强制性国家标准或者新强制性国家标准。

新强制性国家标准实施后，原强制性国家标准同时废止。

第四十条 强制性国家标准发布后，起草单位和起草人信息可以通过全国标准信息公共服务平台予以查询。

第四十一条 强制性国家标准发布后，有下列情形之一的，由国务院标准化行政主管部门依据国务院授权解释：

（一）强制性国家标准的规定需要进一步明确具体含义的；

（二）出现新的情况，需要明确适用强制性国家标准依据的；

（三）需要解释的其他事项。

强制性国家标准解释草案由组织起草部门研究提出并报国务院标准化行政主管部门。

强制性国家标准的解释与标准具有同等效力。解释发布后，国务院标准化行政主管部门应当自发布之日起二十日内在全国标准信息公共服务平台上免费公开解释文本。

属于强制性国家标准实施过程中有关具体问题的咨询，由组织起草部门研究答复。

第四十二条 国务院标准化行政主管部门应当通过全国标准信息公共服务平台接收社会各方对强制性国家标准实施情况的意见建议，并及时反馈组织起草部门。

第四十三条 组织起草部门应当收集强制性国家标准实施效果和存在问题，及时研究处理，并对实施情况进行跟踪评估。

强制性国家标准的实施监督管理部门与组织起草部门为不同部门的，监督管理部门应当将行政检查、行政处罚以及其他有关信息及时反馈组织起草部门。

第四十四条 强制性国家标准实施后，组织起草部门应当定期组织对强制性国家标准实施情况进行统计分析，形成实施情况统计分析报告并送国务院标准化行政主管部门。

强制性国家标准实施情况统计分析报告应当包括强制性国家标准实施情况总体评估以及具体实施效果、存在的问题、改进建议等。

第四十五条 组织起草部门应当根据反馈和评估情况，对强制性国家标准进行复审，提出继续有效、修订或者废止的结论，并送国务院标准化行政主管部门。

复审周期一般不得超过五年。

第四十六条 复审结论为修订强制性国家标准的，组织起草部门应当在报送复审结论时提出修订项目。

强制性国家标准的修订，按照本办法规定的强制性国家标准制定程序执行；个别技术要求需要调整、补充或者删减，采用修改单方式予以修订的，无需经国务院标准化行政主管部门立项。

第四十七条 复审结论为废止强制性国家标准的，由国务院标准化行政主管部门通过全国标准信息公共服务平台向社会公开征求意见，并以书面形式征求强制性国家标准的实施监督管理部门意见。公开征求意见一般不得少于三十日。

无重大分歧意见或者经协调一致的，由国务院标准化行政主管部门依据国务院授权以公告形式废止强制性国家标准。

第四十八条 强制性国家标准制定实施中出现争议的，由国务院标准化行政主管部门组织协商；经协商未形成一致意见的，提交国务院标准化协调推进部际联席会议研究解决。

第四十九条 任何单位或者个人有权向标准化行政主管部门、有关行政主管部门举报、投诉违反本办法规定的行为。

标准化行政主管部门、有关行政主管部门依据职责予以处理，对于实名举报人或者投诉人，应当告知处理结果，为举报人保密，并按照国家有关规定对举报人给予奖励。

第五十条 强制性国家标准制定过程中涉及国家秘密的，应当遵守有关保密规定。

第五十一条 强制性国家标准涉及专利的，应当按照国家标准涉及专利的有关管理规定执行。

制定强制性国家标准参考相关国际标准的，应当遵守相关国际标准化组织的版权政策。

第五十二条 本办法所称企业包括内资企业和外商投资企业。强制性国家标准对内资企业和外商投资企业平等适用。外商投资企业依法和内资企业平等参与强制性国家标准的制定、修订工作。

第五十三条 本办法所称日为公历日。

第五十四条 法律、行政法规和国务院决定对强制性标准的制定另有规定的，从其规定。

第五十五条 本办法自 2020 年 6 月 1 日起施行。有关部门规章中涉及强制性国家标准管理的内容与本办法规定不一致的，以本办法规定为准。

全国专业标准化技术委员会管理办法

（2017年10月30日国家质量监督检验检疫总局令第191号公布，
根据2020年10月23日国家市场监督管理总局令第31号修订）

第一章　总　则

第一条　为加强全国专业标准化技术委员会（以下简称技术委员会）管理，科学公正开展各专业技术领域标准化工作，提高标准制定质量，根据《中华人民共和国标准化法》《中华人民共和国标准化法实施条例》，制定本办法。

第二条　技术委员会是在一定专业领域内，从事国家标准起草和技术审查等标准化工作的非法人技术组织。

本办法适用于技术委员会的构成、组建、换届、调整和监督管理。

第三条　国务院标准化行政主管部门统一管理技术委员会工作，负责技术委员会的规划、协调、组建和管理，并履行以下职责：

（一）组织实施技术委员会管理相关的政策和制度；

（二）规划技术委员会整体建设和布局；

（三）协调和决定技术委员会的组建、换届、调整、撤销、注销等事项；

（四）组织技术委员会相关人员的培训；

（五）监督检查技术委员会的工作，组织对技术委员会的考核评估；

（六）直接管理综合性、基础性和跨部门跨领域的技术委员会；

（七）其他与技术委员会管理有关的职责。

第四条　国务院有关行政主管部门、有关行业协会受国务院标准化行政主管部门委托，管理本部门、本行业的技术委员会，对技术委员会开展国家标准制（修）订以及国际标准化等工作进行业务指导。

第五条　省、自治区、直辖市人民政府标准化行政主管部门受国务院标准化行政主管部门委托，协助国务院标准化行政主管部门管理本行政区域内的技术委员会，为技术委员会开展工作创造条件。

第六条 技术委员会应当科学合理、公开公正、规范透明地开展工作，在本专业领域内承担以下工作职责：

（一）提出本专业领域标准化工作的政策和措施建议；

（二）编制本专业领域国家标准体系，根据社会各方的需求，提出本专业领域制（修）订国家标准项目建议；

（三）开展国家标准的起草、征求意见、技术审查、复审及国家标准外文版的组织翻译和审查工作；

（四）开展本专业领域国家标准的宣贯和国家标准起草人员的培训工作；

（五）受国务院标准化行政主管部门委托，承担归口国家标准的解释工作；

（六）开展标准实施情况的评估、研究分析；

（七）组织开展本领域国内外标准一致性比对分析，跟踪、研究相关领域国际标准化的发展趋势和工作动态；

（八）管理下设分技术委员会；

（九）承担国务院标准化行政主管部门交办的其他工作。

技术委员会可以接受政府部门、社会团体、企事业单位委托，开展与本专业领域有关的标准化工作。

分技术委员会的工作职责参照技术委员会的工作职责执行。

第二章　组织机构

第七条 技术委员会由委员组成，委员应当具有广泛性和代表性，可以来自生产者、经营者、使用者、消费者、公共利益方等相关方。来自任意一方的委员人数不得超过委员总数的 1/2。教育科研机构、有关行政主管部门、检测及认证机构、社会团体等可以作为公共利益方代表。

第八条 技术委员会委员不少于 25 人，其中主任委员 1 名，副主任委员不超过 5 名。

同一单位在同一技术委员会任职的委员不得超过 3 名。主任委员和副主任委员不得来自同一单位。同一人不得同时在 3 个以上技术委员会担任委员。

第九条 技术委员会委员应当具备以下条件：

（一）具有中级以上专业技术职称，或者具有与中级以上专业技术职称相对应的职务；

（二）熟悉本专业领域业务工作，具有较高理论水平、扎实的专业知识和丰富的实践经验；

（三）掌握标准化基础知识，热心标准化事业，能积极参加标准化活动，认真履行委员的各项职责和义务；

（四）在我国境内依法设立的法人组织任职的人员，并经其任职单位同意推荐；

（五）技术委员会章程规定的其他条件。

第十条 技术委员会主任委员和副主任委员应当具备以下条件：

（一）本专业领域的技术专家；

（二）在本专业领域内享有较高声誉，具有影响力；

（三）具有高级以上专业技术职称，或者具有与高级以上专业技术职称相对应的职务；

（四）熟悉技术委员会管理程序和工作流程；

（五）能够高效、公正履行职责，并能兼顾各方利益。

第十一条 主任委员负责技术委员会全面工作，应当保持公平公正立场。主任委员负责签发会议决议、标准报批文件等技术委员会重要文件。主任委员可以委托副主任委员签发标准报批文件等重要文件。

第十二条 技术委员会设秘书处，负责技术委员会的日常工作。秘书处承担单位应当符合以下条件：

（一）在我国境内依法设立、具有独立法人资格的企事业单位或者社会团体；

（二）有较强的技术实力和行业影响力；

（三）有连续 3 年以上开展标准化工作的经验，牵头起草过 3 项以上国际标准、国家标准或者行业标准；

（四）将秘书处工作纳入本单位工作计划和日常工作，并为秘书处开展工作提供必要的经费和办公条件；

（五）有专职工作人员，能够督促秘书处专职工作人员认真履行职责，确保秘书处各项工作公正、公平地开展；

（六）国务院标准化行政主管部门规定的其他条件。

秘书处具体职责和工作制度，由技术委员会章程和秘书处工作细则规定。

两个单位联合承担秘书处，应当在秘书处工作细则中明确牵头承担单位及各自职责。

第十三条 技术委员会秘书处设秘书长 1 名，副秘书长不超过 5 名。秘书长和副秘书长应当由委员兼任，不得来自同一单位。

秘书长应当由秘书处承担单位技术专家担任，具有较强的组织协调能力，熟悉本领域技术发展情况以及国内外标准化工作情况，具有连续 3 年以上标准化工作经历。

第十四条 秘书长负责技术委员会秘书处日常工作，副秘书长协助秘书长开展工作。秘书长和副秘书长具体职责由技术委员会章程规定。

第十五条 技术委员会委员应当积极参加技术委员会的活动，履行以下职责：

（一）提出标准制（修）订等方面的工作建议；

（二）按时参加标准技术审查和标准复审，按时参加技术委员会年会等工作会议；

（三）履行委员投票表决义务；

（四）监督主任委员、副主任委员、秘书长、副秘书长及秘书处的工作；

（五）监督技术委员会经费的使用；

（六）及时反馈技术委员会归口标准实施情况；

（七）参与本专业领域国际标准化工作；

（八）参加国务院标准化行政主管部门及技术委员会组织的培训；

（九）承担技术委员会职责范围内的相关工作；

（十）技术委员会章程规定的其他职责。

委员享有表决权，有权获取技术委员会的资料和文件。

第十六条 根据工作需要，技术委员会可以设顾问，顾问不超过 5 人。顾问应当为本专业领域的专家或者学者，由技术委员会聘任，无表决权。

第十七条 根据工作需要，技术委员会可以设观察员。观察员可以获得技术委员会的资料和文件，列席技术委员会会议、发表意见、提出建议，无表决权。观察员条件由技术委员会章程规定。

第十八条 专业领域相关联的技术委员会之间应当建立联络关系，互派联络员，协调相关技术问题。联络员可以获得其负责联络的技术委员会的资料和文件，列席相关工作会议，发表意见、提出建议，无表决权。联络员应当及时向所属技术委员会报告联络工作情况。

第十九条 技术委员会应当每年至少召开一次年会，总结上年度工作，安排下年度计划，通报经费使用情况等。全体委员应当参加年会。技术委员会可以根据需要不定期召开会议，研究处理相关工作。技术委员会召开会议时，应当提前通知全体委员。

第二十条 以下事项应当由秘书处形成提案，提交全体委员审议，并形成会议纪要：

（一）技术委员会章程和秘书处工作细则；

（二）工作计划；

（三）本专业领域标准体系表；

（四）国家标准制（修）订立项建议；

（五）国家标准送审稿；

（六）技术委员会委员调整建议；

（七）工作经费的预决算及执行情况；

（八）分技术委员会的组建、调整、撤销、注销等事项；

（九）分技术委员会的决议；

（十）技术委员会章程规定应当审议的其他事项。

（一）、（四）、（五）、（六）、（七）、（八）事项审议时，应当提交全体委员表决，参加投票的委员不得少于 3/4。参加投票委员 2/3 以上赞成，且反对意见不超过参加投票委员的 1/4，方为通过。表决结果应当形成决议，由秘书处存档。

第二十一条 技术委员会开展国家标准制（修）订和国际标准化工作的程序按照有关规定执行。

第二十二条 专业领域较宽的技术委员会可以组建分技术委员会。分技术委员会委员不少于 15 人，其中主任委员和秘书长各 1 名，副主任委员和副秘书长各不超过 3 名。

分技术委员会的其他要求参照本章规定执行。

第三章 组建、换届、调整

第二十三条 技术委员会组建应当遵循发展需要、科学合理、公开公正、国际接轨的原则。

第二十四条 技术委员会的组建应当符合以下条件：

（一）涉及的专业领域为国民经济和社会发展的重要领域，符合国家标准化发展战略、规划要求；

（二）专业领域一般应当与国际标准化组织（ISO）、国际电工委员会（IEC）等国际组织已设立技术委员会的专业领域相对应；

（三）业务范围明晰，与其他技术委员会无业务交叉；

（四）标准体系框架明确，有较多的国家标准制（修）订工作需求；

（五）秘书处承担单位具备开展工作的能力和条件。

业务范围能纳入现有技术委员会的，不得组建新的技术委员会。

第二十五条 技术委员会的组建程序包括提出申请、公示、筹建、成立。

第二十六条 国务院有关行政主管部门、有关行业协会以及省、自治区、直辖市人民政府标准化行政主管部门（以下简称筹建单位）可以向国务院标准化行政主管部门提出技术委员会筹建申请。筹建申请应当说明技术委员会筹建的必要性、可行性、工作范围、标准体系、国内外相关技术组织情况、秘书处承担单位有关情况等。

综合性、基础性和跨部门跨领域的技术委员会由国务院标准化行政主管部门研究决定筹建单位。

第二十七条 国务院标准化行政主管部门组织专家对筹建申请材料进行评审。经评审符合组建条件的，由国务院标准化行政主管部门对外公示技术委员会的名称、专业领域、对口国际组织、筹建单位、业务指导单位、秘书处承担单位等，并征集意向委员。公示期为30日。

公示期届满，符合要求的，予以筹建。

第二十八条 筹建单位应当在同意筹建后6个月内，向国务院标准化行政主管部门报送组建方案。组建方案应当包括：

（一）技术委员会基本信息表；

（二）技术委员会委员名单及登记表；

（三）技术委员会章程草案，包括工作原则、范围、任务、程序，秘书处职责，委员、顾问、观察员的条件和职责，经费管理制度等；

（四）秘书处工作细则草案，包括工作原则、秘书处工作人员条件和职责、会议制度、文件制度、档案制度、财务制度等；

（五）标准体系框架及标准体系表草案；

（六）秘书处承担单位支持措施；

（七）未来 3 年工作规划以及下一年度工作计划草案；

（八）国务院标准化行政主管部门规定的其他内容。

第二十九条 国务院标准化行政主管部门应当将技术委员会委员名单向社会公示，公示期为 30 日。

公示期届满，符合要求的，由国务院标准化行政主管部门公告成立。

第三十条 组建分技术委员会，应当符合以下条件：

（一）业务范围明晰，并在所属技术委员会的业务范围内；

（二）标准体系框架明确，且可以归口的国家标准或者国家标准计划项目不得少于 5 项；

（三）有国际对口技术委员会的，原则上应当与国际对口保持一致。

第三十一条 技术委员会组建分技术委员会的建议，应当经全体委员表决通过。同意组建的，由技术委员会公开征集委员，制定组建方案。组建方案经技术委员会业务指导单位同意后，报送国务院标准化行政主管部门。

国务院有关行政主管部门、有关行业协会以及省、自治区、直辖市人民政府标准化行政主管部门组建分技术委员会的建议，应当经分技术委员会所属技术委员会全体委员表决通过。同意组建的，由提出分技术委员会组建建议的单位公开征集委员，制定组建方案，报送国务院标准化行政主管部门。

分技术委员会组建方案的内容应当符合本办法第二十八条有关规定。

国务院标准化行政主管部门按照本办法第二十九条有关规定公告成立分技术委员会。

第三十二条 对新技术新产业新业态有标准化需求但暂不具备组建技术委员会或者分技术委员会条件的，国务院标准化行政主管部门可以成立标准化工作组，承担国家标准制（修）订相关工作。标准化工作组不设分工作组，由国务院标准化行政主管部门直接管理，组建程序和管理要求参照技术委员会执行。

标准化工作组成立 3 年后，国务院标准化行政主管部门应当组织专家进行评估。具备组建技术委员会或者分技术委员会条件的，按本办法有关规定组建；仍不具备组建条件的，予以撤销。

第三十三条 技术委员会、分技术委员会、标准化工作组由国务院标准化行政主管部门统一顺序编号，分别为 SAC/TC×××、SAC/TC×××/SC××、SAC/SWG×××。

第三十四条 技术委员会每届任期 5 年，任期届满应当换届。换届前应当公开征集委员，技术委员会秘书处提出换届方案报送筹建单位。

筹建单位应当对换届方案进行审核，并于技术委员会任期届满前 3 个月将换届方案报送国务院标准化行政主管部门。

国务院标准化行政主管部门按照本办法第二十九条有关规定进行公示，公示期届满，符合要求的，予以换届。

分技术委员会换届程序和要求参照技术委员会执行。

第三十五条 根据工作需要，经技术委员会全体委员表决，技术委员会可以提出委员调整的建议，并报送国务院标准化行政主管部门予以调整。委员调整原则上每年不得超过一次，每次调整不得超过委员总数的 1/5。

分技术委员会的委员调整参照技术委员会执行。

第三十六条 筹建单位可以提出调整相关技术委员会工作范围或者名称、秘书处承担单位以及注销技术委员会等建议，并报送国务院标准化行政主管部门予以调整、注销。

分技术委员会筹建单位、技术委员会可以提出调整分技术委员会工作范围或者名称、秘书处承担单位以及注销分技术委员会等建议。相关建议应当经技术委员会全体委员表决通过，并由分技术委员会筹建单位报送国务院标准化行政主管部门调整、注销。

第三十七条 根据技术委员会整体规划和国际对口变化需要，国务院标准化行政主管部门可以直接调整技术委员会、分技术委员会工作范围、名称、秘书处承担单位等。对标准化工作需求很少或者相关工作可以并入其他技术委员会的，国务院标准化行政主管部门对技术委员会或者分技术委员会予以注销。

第四章 监督管理

第三十八条 国务院标准化行政主管部门、国务院有关行政主管部门、有关行业协会以及省、自治区、直辖市人民政府标准化行政主管部门应当对技术委员会进行监督检查。国务院有关行政主管部门、有关行业协会以及省、自治区、直辖市人民政府标准化行政主管部门应当将技术委员会的监督检查情况报送国务院标准化行政主管部门。

第三十九条 国务院标准化行政主管部门建立考核评估制度，定期对技术委员会的工作等进行考核评估，并将考核评估结果向社会公开。

第四十条 技术委员会应当建立内部监督检查制度，加强自律管理，并接受社会监督。

第四十一条 技术委员会秘书处承担单位应当严格按照国家有关财务制度的规定，将技术委员会的工作经费纳入单位财务统一管理，单独核算，专款专用。秘书处应当向全体委员报告年度经费收支情况。

禁止技术委员会以营利为目的收取费用。严禁采取摊派、有偿署名等方式收取不合理费用。

第四十二条 国家标准制（修）订补助经费按照财政部有关规定进行列支。任何单位和个人不得截留或者挪用国家标准制（修）订补助经费。技术委员会秘书处承担单位应当接受国务院标准化行政主管部门对国家标准制（修）订补助经费使用情况的监督检查，应当接受审计机关的审计。

第四十三条 技术委员会印章由国务院标准化行政主管部门统一制发，秘书处负责管理。技术委员会撤销、注销、变更名称时，应当将原印章交还国务院标准化行政主管部门。

技术委员会印章属于业务专用章，在开展本专业领域标准化工作时使用，主要用于上报材料、请示工作、征求意见、召开会议、对外联络以及国务院标准化行政主管部门规定的其他事项，不得超出范围使用。印章使用需经技术委员会主任委员或者其授权的副主任委员签字批准。

第四十四条 技术委员会应当每年向国务院标准化行政主管部门报送年度工作报告，并抄送业务指导单位、筹建单位和秘书处承担单位。分技术委员会应当定期向技术委员会报告工作。

第四十五条 技术委员会应当按照国家档案管理的相关要求管理标准档案。技术委员会日常工作的文件材料应当及时归档，妥善保管，保管期限不得少于 5 年。

第四十六条 任何单位和个人可以向国务院标准化行政主管部门、国务院有关行政主管部门、有关行业协会以及省、自治区、直辖市人民政府标准化行政主管部门举报、投诉技术委员会、委员和秘书处违反本办法的行为。举报、投诉的受理单位应当及时调查。对查证属实的，由国务院标准化行政主管部门作出处理决定。

第四十七条 技术委员会有下列情形之一的，国务院标准化行政主管部门责令其限期整改：

（一）未按计划完成国家标准制（修）订和复审任务，且无正当理由的；

（二）标准存在质量问题的；

（三）连续两年没有国家标准制（修）订、国家标准复审或者国际标准化工作任务的；

（四）未按本办法有关规定履行表决程序的；

（五）未按规定使用和管理工作经费的；

（六）违规使用技术委员会印章的；

（七）对分技术委员会管理不力的；

（八）考核评估不合格的；

（九）存在其他违规行为的。

限期整改期间，国务院标准化行政主管部门不再向其下达新的工作任务。整改期满后仍不符合要求的，国务院标准化行政主管部门可以视情况调整秘书处承担单位或者重新组建、撤销技术委员会。

被撤销的技术委员会的工作并入国务院标准化行政主管部门指定的技术委员会。

第四十八条 技术委员会有下列情形之一的，由国务院标准化行政主管部门重新组建：

（一）排斥相关方参与国家标准制（修）订活动、为少数相关方谋取不正当利益，严重影响国家标准制（修）订工作的公正、公平的；

（二）在工作中有弄虚作假行为的；

（三）长期不开展工作的；

（四）存在其他重大违法违规行为的。

重新组建期间，技术委员会停止一切活动。

第四十九条 技术委员会秘书处承担单位有下列情形之一的，国务院标准化行政主管部门对秘书处承担单位进行调整：

（一）秘书处工作不力，致使技术委员会无法正常开展工作的；

（二）利用技术委员会工作为本单位或者相关方谋取不正当利益的；

（三）违规使用技术委员会经费，情节严重的；

（四）存在其他重大违规行为的。

第五十条 委员有下列情形之一的，由技术委员会报国务院标准化行政主管部门撤销委员资格：

（一）未履行本办法和技术委员会章程规定的职责的；

（二）连续两次无故不参加投票表决的；

（三）利用委员身份为本人或者他人谋取不正当利益的；

（四）存在违法违纪行为的。

第五十一条 对违反本办法有关规定的技术委员会直接责任人由国务院标准化行政主管部门通报其所在单位，由所在单位视情节依规给予处分。

第五十二条 分技术委员会的监督管理参照技术委员会的监督管理执行。

第五章 附 则

第五十三条 技术委员会在工作中涉及国家安全、国家秘密的，应当遵守国家相关法律法规要求。

第五十四条 军民共建的技术委员会管理参照本办法执行。

其他制定标准的机构组建技术委员会可以参照本办法。

第五十五条 本办法由国务院标准化行政主管部门负责解释。

第五十六条 本办法自 2018 年 1 月 1 日起施行。国务院标准化行政主管部门以前发布的部门规章与本办法规定不一致的，适用本办法。

关于进一步加强行业标准管理的指导意见

（2020 年 4 月 10 日发布）

为适应我国经济社会高质量发展的需求，根据《中华人民共和国标准化法》和国务院印发的《深化标准化工作改革方案》要求，加快建立协调配套、简化高效的标准体系，充分发挥行业标准的技术支撑作用，现就进一步加强行业标准管理提出以下意见。

一、明晰行业标准的范围

行业标准是对没有国家标准而又需要在全国某个行业范围内统一的技术要求所制定的标准，是国务院有关行政主管部门（以下称行业主管部门）组织制定的公益类标准。行业标准的范围应限定在行业主管部门职责范围内，重点围绕本行业领域重要产品、工程技术、服务和行业管理需求制定行业标准。适量控制新增行业标准数量，鼓励进一步整合优化相关行业标准，提升单项行业标准覆盖面，增强行业标准的系统性、通用性。行业标准范围根据经济社会发展需要、国务院机构改革要求、行业标准交叉问题等需要调整的，应由行业主管部门向国务院标准化行政主管部门（以下称标准化主管部门）提出调整建议，经征求其他相关行业主管部门意见后由标准化主管部门审查确定。跨部门、跨行业的技术要求应按规定申报制定国家标准。

二、优化行业标准供给结构

贯彻落实"放管服"改革总体要求，推动行业标准更多聚焦支撑行业主管部门履行行政管理提供公共服务的公益属性，逐步清理和缩减不适应改革要求的行业标准数量和规模，为市场自主制定的标准留出发展空间。探索建立一般性产品和服务行业标准退出机制，鼓励社会团体承担相应行业领域内标准的供给工作，充分发挥市场自主制定标准对政府组织制定标准的补充支撑作用。

三、加强行业标准制（修）订管理

加强行业标准立项评估，完善意见征求机制，把好行业标准准入关。增强行业标准起草组的代表性、专业性，加强关键技术指标的调查论证、比对分析、试验验证。行业标准征求意见范围应具有广泛性，覆盖标准利益相关方。注重发挥标准化技术委员会或标准审查专家组的作用，提升标准审查结论的科学性、公正性。对已有全国专业标准化技术委员会能够满足行业需求的，原则上不再新增专业领域的行业标准化技术委员会，鼓励行业主管部门委托全国专业标准化技术委员会开展行业标准相关工作。优化行业标准审批发布流程，提高审批效率。鼓励行业标准制定部门建立涵盖立项、起草、征求意见、审查、批准发布等环节的信息平台，强化标准制定信息公开和社会监督。保障外商投资企业依法平等参与行业标准制定工作。

四、注重行业标准的协调性

建立完善行业标准协调机制，充分发挥标准化主管部门对行业标准的统筹协调作用，加快完善统一的标准信息公共服务平台，增强行业标准与国家标准之间、行业标准之间的信息交流，强化行业标准制（修）订工作信息的公开透明。鼓励行业主管部门加强与本行业相关社会团体之间的联系沟通，探索建立行业标准与团体标准协同推进的工作机制，增强团体标准与行业标准的协调性，切实解决相关标准间的重复交叉矛盾问题。

五、规范行业标准备案管理

健全行业标准备案工作机制，切实履行行业标准备案职责，确保“应备尽备”。充分应用信息化手段，推行行业标准备案“无纸化”，实行“即报即备”“即备即公开”。建立行业标准备案信息维护更新机制，确保备案信息的准确性、时效性。

六、推动行业标准公开

坚持行业标准“公开为常态、不公开为例外”。加强行业标准出版与公开的紧密衔接，增强行业标准公开信息的准确性、时效性。加强行业标准信息公开平台建设，提升社会公众获取标准公开信息的便捷性。2020 年起新发布的行业标准文本依法全部公开，推进存量行业标准文本向社会公开。

七、强化行业标准实施与监督

行业主管部门根据法律法规和本部门职责负责行业标准的组织实施与监督

工作。加大行业政策制定对行业标准的引用力度，以行业标准规范行业管理。建立行业标准实施评估机制，开展行业标准实施情况统计分析。围绕行业管理需要，适时开展行业标准实施情况监督检查。行业标准解释工作由行业标准审批发布部门负责。行业标准技术咨询可委托相关标准化技术委员会专家提供答复意见。

八、加强行业标准复审修订

建立健全行业标准复审工作机制，落实行业标准复审主体责任。加快建立行业标准实施信息反馈机制，加强行业标准实施评估与复审工作的衔接，根据科学技术和行业发展需求及时修订标准，有效解决行业标准老化滞后问题。2021年年底前完成实施超过五年的行业标准复审工作。

九、规范使用行业标准代号

健全行业标准代号管理机制，严格行业标准代号申请、变更、使用等程序和要求。严格控制新增行业标准代号，确需新增或调整的按程序审批。严格行业标准代号使用，确保在标准、文件和出版物中准确使用标准化主管部门批准的标准代号。2020 年年底前完成行业标准代号清理工作，公布合法有效的行业标准代号。